전 세계 1억 명이 수지 독송하고 있는
무량수경이 바로 아미타 부처님이시다

아미타불 현세가피

무량수경 현대 영험록

정종학회淨宗學會 지음
허만항 거사 편역

일러두기

1. 이 책은 하련거 거사의 무량수경 회집본이 출간된 후 전 세계 1억 명 이상의 인구에 유통되면서 축적된 무량수경 선본 수지 독송 수행담을 대만 타이난 시 정종학회 학겸學謙 거사가 엮은 『무량수경 계신록無量壽經啟信錄』을 중심으로 편역 소개한 것이다. 이 책은 종래의 아미타경 수지 독송을 근간으로 한 염불수행법에 무량수경 수지 독송을 근간으로 한 염불수행법을 추가함으로써 다양한 사람들의 근기와 수행환경에 맞추어 자신에 맞는 염불법을 선택하여 염불할 수 있는 방편을 제공함으로써 염불수행의 다양화에 도움이 될 것으로 확신한다.

2. 부록에 게재된 「정공법사 참회발원문」은 『정공법사최신 참회문淨空法師最新忏悔文』을 번역한 글로 허공법계에 두루 존재하는 일체 원친 채주 선보살님들에게 회향합니다.

佛說大乘無量壽莊嚴

清淨平等覺經 古音讀本

釋淨空敬題

목 차

[매광희 거사, 무량수경 선본 서문]

"한가롭게 연못과 보배수 사이로 거닌다. 자애로운 광명을 참배하는 듯하고, 법어를 경청하는 듯하고, 염송하는 사람은 권태로움을 잊고 경청하는 자는 기쁜 마음이 생겨서 본분에 따라 이해하는 것이 각자 그 도량과 같다. 범부의 탁하고 좁게 갇힌 마음을 거두어 들여 성중과 함께 하는 경계에 들어가고, 전체 진여가 그대로 망상이 되는 생각을 바꾸어 세속 티끌을 등지고 깨달음에 계합하는 행이 된다(攝凡濁介爾之心, 入聖衆俱會之境 ; 易全眞成妄之念, 爲背塵合覺之行). 만약 무량수경을 수지 독송하고 말씀대로 닦으면 장래의 괴로운 과보를 뽑아내고 진실로 현전의 복리福利를 획득하게 될 것이다. 진실로 정업淨業을 닦지 않는 자는 그 미묘함을 깨닫지 못하고 가르침의 바다(敎海)를 건넌 적이 없는 자는 아무도 그 깊이를 엿보지 못한다."

[정공 법사, 무량수경 선본 서문 강설]

"무량수경을 염송하면 당신의 분별 · 망상 업장의 생각을 돌려서 자성청정을 회복할 수 있다. 우리들이 구하는 「**무량수**無量壽」와 우리들이 바라는 「**장엄**莊嚴」(바로 원만하게 행복하고, 생활상에 갖가지가 흠결이 없으며, 모든 일이 원하는대로 이루어짐을 말한다)을 어디로부터 구하는가? 「**청정**淸淨」심, 「**평등**平等」심, 「**각**覺」심으로, 모두 이 경의 제목에 있다! 마음이 청정하지 않으면 어떻게 행해야 하는가? 어떻게 청정한 마음을 회복하여야 하는가? 『무량수경』을 독송하라!"

정종 수학淨宗修學의 근본

보리심을 발하고 내 마음속에 아미타부처님을 모셔서

일향으로 아미타불부처님 명호를 전념함에 있습니다.

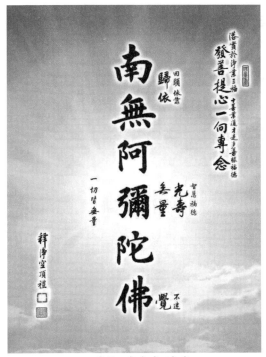

정공 법사님 친필

발보리심發菩提心 일향전념一向專念

정종淨宗에서 부처님 공부를 하는 근본은,

1) 보리심을 발하고 지극한 정성으로 정토에 태어나길 구하며,

2) 마음속에 정말로 아미타 부처님께서 계신다고 믿고 아미타 부처님 이외의 모든 인연을 놓아버리고서

한결같이 아미타불 부처님 명호를 염불함에 있습니다.

이와 같이 염불하면서 정업삼복(淨業三福; 인륜·계율·보리행)과 열 가지 바른 행위(十善業道)를 실행에 옮길 때 비로소 많은 선근과 복덕이 됩니다.

.

나무 南無

우리들은 일체의 잘못으로부터 마음을 돌려서, 아미타 부처님께 의지하여야 합니다.

아미타 阿彌陀

아미타 부처님께서는 무한한 광명·무한한 수명의 부처님이

십니다. 무한한 광명은 지혜로, 아미타 부처님께서는 지혜가 원만하십니다. 무한한 수명은 복덕으로, 아미타 부처님께서는 복덕이 원만하십니다.

[귀歸]는 회귀이자 마음을 돌리는 것이고, [依]는 의지입니다.

어디로부터 마음을 돌려야 합니까? 일체 잘못으로부터 마음을 돌려야 합니다.

무엇에 의지해야 합니까? 스승의 진실한 가르침에 의지해야 합니다. 귀의는 한 분 법사에게 귀의하는 것이 아님을 기억해야 합니다. 만약 여러분들이 오늘 여기서 "저는 정공 법사에게 귀의합니다."라고 말한다면 틀렸습니다. 이것은 잘못이고, 이 죄명으로 지옥에 떨어질 것입니다. 그렇다면 당신은 귀의를 받으러 오지 말아야 하고, 이런 죄업을 짓지 말아야 합니다. 왜냐하면 귀의를 받으러 와서 이런 죄업을 지으면 장래에 악도에 떨어지기 때문입니다. 그렇다면 누구에게 귀의해야 합니까? 우리들은 특정인에게 귀의하는 것이 아니라 삼보에 귀의해야 합니다. 만약 이것을 잘 알지 못하고 이런 의식을 받는 것에 그치면 이것은 실제와 부합하지 않습니다.

불 佛

1) 깨달아서, 미혹하지 않습니다.

육근(六根; 눈·귀·코·혀·몸·뜻)이 육진(六塵; 색·소리·향기·맛·

촉감·법)의 경계에 접촉하여, 눈으로 물건을 보고, 귀로 소리를 들어서 마음이 일어나고 생각이 움직일지라도 하나하나 모두 다 깨달아 미혹하지 않습니다.

2) 일체의 모든 것이 무량합니다.

아미타 부처님께서는 복덕이 무량일 뿐만 아니라 그 신통과 변재(辯才; 말솜씨), 상호相好와 깨달음을 구하는 마음(道心), 일체의 모든 것이 다 무량하십니다. 무량無量이란 곧 끝없이 넓다는 뜻입니다. 따라서 아미타 부처님께서는 우리 눈앞에 계시지는 않으나 어디에나 다 계십니다.

> 무량수경에서 우리들에게 「발보리심發菩提心 , 일향전념一向專念」을 가르쳐 주십니다. 일향으로 전념하여야 공부가 성편(成片; 덩어리)을 이룹니다. 발보리심은 지혜입니다. 일향전념은 공부입니다. 옛 고덕께서는 보리심은 직심直心·심심深心·대비심大悲心이라고 말씀하셨습니다. 관무량수경에서는 보리심은 지성심至誠心·심심深心·발원회향심發願迴向心이라고 말씀하셨습니다. 우리들은 들을수록 잘 모릅니다.

> 우익대사께서는 《아미타경요해》에서 우리들에게 매우 쉽고 명료하게 말씀하셨습니다. 그 어르신께서는 "당신이 성심·성의를 다해 정토를 구하면 이 마음이 바로 무상보리심이다." 라고 하셨습니다. 우리들은 비로소 문득 크게 깨닫습니다.

> 수많은 할머님들께서 아미타불을 염하시다 서서 왕생하시고, 앉아서 왕생하셨습니다. 그분들은 발보리심이 무엇인지 몰랐지만, 아미타불을 염하는 것을 알았을 뿐입니다. 보리심을 발하지 않고는 왕생할 수 없는데, 그분들은 어떻게 왕생하셨겠습니까? 그분들은 염염히 정토에 태어나길 구하셨습니다. 이 일념이 바로

무상보리심입니다. 서방극락세계에 태어나 물러나지 않고 성불하는 것은 일반 보살도 해낼 수 없는 것입니다![1] 따라서 이것은 수승한 보리심입니다.

우리들에게 이러한 심원心願이 있으면, 일생 한가운데 이 염두念頭만 있으면, 단지 이 원망願望만 있으면 됩니다. 이 일념, 이 원망이 석가모니 부처님께서 우리들에게 가르쳐 주신 것으로 우리들이 이렇게 해낼 수 있다면 바로 석가모니 부처님께서 우리들에게 기대하신 것을 만족시키는 것입니다. 이것이 진정으로 스승을 존중하고 도를 중시하는 것이자 효도의 대원만입니다.

아미타 부처님을 제외하고 아무것도 염하지 않으며, 아미타 부처님을 제외하고는 아무것도 생각하지 않으며, 오직 아미타불만 생각하고 아미타불만 염하는 것을 일향전념이라고 합니다.

이것이 바로 정종에서 말하는 의심을 품지 않고 뒤섞지 않으며 중단하지 않는 것으로 단지 이렇게 수행할 수 있으면 왕생하지 못하는 사람은 한 사람도 없습니다. 이것이 정종수학의 방법이자 비결입니다. 여러분 모두 이번 생 가운데 진정으로 왕생하여 부처님을 친견하고 싶으시면 절대로 잊지 말아야 합니다. 지금부터 한 마음 한 뜻으로 아미타불을 전념하십시오.

---

1) "일반적으로 범부로부터 부처가 되기까지 3대아승지겁三大阿僧祇劫을 수행해야 원만하다. 1아승지겁, 2아승지겁을 닦아도 보살의 지위에 있고 원만하지 않다."
"일반수행인은 3대아승지겁이 필요하지만 이것을 초월한다. 이것이 필요하지 않으며, 건너뛰고 단숨에 뛰어넘는다. 즉 보살 51계급을 초월한다. 보살들은 십신·십주·십행·십회향을 거쳐야만 하지만 당신은 이렇게 번거로울 필요가 없고 단숨에 뛰어넘는다. 뛰어넘어 서방극락세계에 왕생한다." 정공법사

일심으로 나무아미타불을 칭념하라.

의심을 품지 말고 뒤섞지 말고, 중단하지 말고!

이번 일생이 다 가면 반드시 극락정토에 왕생할 것이다.

재판再版 들어가는 말

「무량수경 수학보고修學報告」라는 이름으로 책을 낸 후 동수(同修; 함께 수행하는 분) 여러분으로부터 아낌없는 가르침을 받았습니다. 여러 방면에서 반응이 뜨거웠습니다. 발행한지 1개월 되지 않아, 초판 2천권이 열람요청으로 남김없이 다 나갔습니다. 이를 통해 정법을 향한 대중의 마음을 알 수 있었고, 그 치열한 구도 정진은 깊이 찬탄할 만합니다. 특히 해외 동수 여러분은 전화를 걸어 관련된 정보를 제공하여 지극한 정을 느낄 수 있었습니다.

원서초판은 「수학보고修學報告」라고 이름을 붙였습니다. 비록 내용과 글의 뜻에 상당히 적합하였지만, 어떤 분이 서명을 딱딱한 관공서 식이라 거부감이 들고, 제목으로는 맞지만 생동감이 부족하다고 충고하셨습니다. 대중의 뜻에 수순하기 위해 고견을 널리 구하여 「무량수경無量壽經 계신록啓信錄」이라 이름을 붙이고, 교정을 보고서 재판 2천5백 권을 인쇄하여 널리 유통하고자 합니다. 독자들께서는 유사한 수학修學 심득心得 사례가 있으면 본회에 원고를 보내주셔서 내용을 빛내주십시오.

가까스로 본서를 편집하고 말학은 마음에 걸리지만 보잘

것없는 책을 바칩니다. 편집하고 교정하는 작업에 단지 두 사람의 조그만 수고가 있었을 뿐, 감히 공로가 있었다 말하지 못하지 못하겠습니다. 동수 여러분께서 잘못을 지적하고 찬탄하신 부분에 대해 부끄러운 마음을 감당할 수 없습니다. 잘못이 있으면 원컨대 삼가 가르침을 바랍니다. 공덕이라 할 만한 것이 있으면 오직 원컨대 정토에 회향하고 중생에게 회향하겠습니다.

아미타불!

학겸學謙,

타이난台南 시 정종학회淨宗學會에서

삼가 서문을 달다

2003년 1월

대경(무량수경) 수학의 첫 성적표

법은 홀로 일어나지 않고, 연에 의지해 일어난다(法不孤起, 仗緣仍生)고 하였습니다. 정공 법사님과 황념조 거사께서 「무량수경無量壽經」 하련거 회집본(대경으로 약칭)의 홍양을 제창하신 이래 20년이 다가오면서 불경 중에서 가장 널리 수학되기에 이르렀습니다. 비교적 보수적인 평가에 근거하여 전 세계 인구에서 최소한도로 잡아 1억 명에 달하는 동수여러분께서 수지 독송하시고 경건히 정진수행하면서 날로 번성하여 대세로 자리 잡았으니, 이는 지극히 기쁜 현상이라 말할 수 있습니다.

그렇지만 수많은 동수 여러분 가운데는 근기가 예리하거나 둔한 차이가 있고, 지송을 부지런히 하거나 게으르게 하는 등 각자의 몫이 있습니다. 무량수경 수학에 있어 물론 어떤 사람은 타고난 총명으로 일찍 깊이 법요를 얻은 이도 있고, 여전히 문지방을 뛰어넘어 집안 깊숙이 들어오지 못하는 이도 역시 적지 않습니다. 더 심한 경우, 몇몇 오래 수습한 동수께서는 시종 감응도교感應道交가 어려워 지금까지 소식이 없는 분도 계십니다. 그들로 하여금 경험을 함께 나누고 법익에 같이 젖도록 하기 위해 「무량수경 수학보고」를 선별 편집하는 것이 확실히 지극히 중요하여 한시도 늦출 수가 없었습니다.

본서 정보망의 범위는 국내외 종교 정기간행물·기념문집·정종회보를 포함하였습니다. 취재 시간은 최근 십년을 원칙으로 삼았고, 취재공간은 중화권(중국·홍콩·대만)·미국·캐나다·호주 및 동남아시아에 두루 미칩니다. 수학보고를 제출한 동수들은 대체로 재가 거사를 위주로 하였습니다. 그 중에서도 특히 여성분들이 다수를 차지하였는데, 실로 무척이나 남성분들을 부끄럽게 합니다. 이러한 여성분들의 당기當機[2] 현황은 일반도량에서 함께 수행하는 중에 관찰하면 이내 알 수 있습니다. 진지하게 생각해볼 일입니다.

"여법하게 수지 독송하라. 감응도교感應道交[3]는 불가사의하다!" 이 말은 여러분들도 귀에 익어서 자세하고 말할 수 있는 범어입니다. 그렇지만, 이 「수학보고」는 그동안 무량수경을 홍양한 20년 이래 제출받은 첫 성적표라 그런지 편자가 무심결에 이른바 감응感應의 신기한 현상을 강조하였지만, 단지 소박하게 보고한 사람들이 얻은 수승한 이익일 뿐입니다. 예컨대 생활이 안락하고 신심이 자재하다든지, 아니면 업장을 소멸시켜서 곤경을 벗어났다든지, 아니면 수지 독송한 공덕이 깊어 남을 도와 병을 낫게 하였다든지, 아니면 불치병에 개의치 않고 지송을 그만두지 않아 위험한 상황에서 벗어나 무사하였다든지, 심지어 일심으로 지송하여 부처님을 친견하여 접인을 받아 자재하게 왕생하는 등등의 사례가 충실하게 여러분

---

2) 어떤 질문에 대해 능히 대답할 만하고, 어떤 일을 능히 감당할 만한 근기, 또는 그런 근기를 가진 사람
3) 중생의 간구懇求와 불보살의 응답이 서로 소통하는 것을 일컫는다.

앞에 나타났습니다.

개인의 신변 자료이기 때문에 완전히 갖추지 못해 본서는 3년간 여러 차례 선별하여 수집하였고, 반년 간 편집 교정으로 다듬어 마침내 정종학회 동수 여러분과 만날 수 있게 되었습니다. 편자는 특별히 임항林港 사형師兄께서 원고의 잘못된 부분과 부적당한 부분을 삭제·수정하는데 탁견을 제공하여주시고 전력을 다해 교정 작업을 도와주신 점에 대해 감사드립니다. 당연히 우리들은 본서가 포전인옥(拋磚引玉 ; 성숙되지 않은 의견으로 다른 사람의 고견을 끌어내는)의 공을 발휘하여 동수 여러분의 공감과 반응을 교묘히 잘 불러일으키고, 나아가 사부대중이 수학하는데 실질적인 도움과 이익이 있기를 간절히 기대합니다. 아미타불!

2002년 12월

타이난台南 시 정종학회에서 학겸學謙 삼가 쓰다.

제1부
무량수경 생활가피

1. 내가 아는 무량수경

캐나다, 이효민李曉民

저는 불법을 수학한 시간이 오래되지 않았습니다. 정공淨空 은사님께서 강연하신『불설대승무량수장엄청정평등각경佛說 大乘無量壽莊嚴淸淨平等覺經』을 듣고 난 뒤로 비로소 진정으로 불법 의 진실된 가르침(眞諦)를 명백히 이해하였고, 진심으로 견줄 수 없는 법희를 얻었습니다. 저의 아내와 딸은 점차 불법의 이치(佛理)에 계입契入하여 온 가족이 삼보三寶에 귀의하였습니 다. 지금 생활·학습·일에서 모두 무량수경의 표준대로 항상 스스로 자신을 성찰하고 서로 다독이며 살아갑니다. 그래서 생활은 매우 즐겁고 몸과 마음은 매우 건강합니다.

과거를 회상해 보면 저는 중국대륙 출생으로 40여 년을 질탕 으로 놀면서 뜻을 이루지 못하는 나날을 겪는 동안 저로 하여금 우주와 인생의 진상을 탐구하고 싶은 강력한 바람을 품고 45년을 생활했습니다. 1980년 중국에서 사상의 속박이 점차 느긋하게 풀리면서 길고 긴 어두운 사회 가운데 탐색할 기회가 생겼습니다. 20여 년간 저는 잇따라 5, 6가지 기공氣

功[4]을 배우고 익혔으며, 초감각적 지각(ESP)·비행접시……
등 신비현상에 관한 자료를 광범위하게 수집하였고, 동시에
적지 않은 철학서적을 읽었습니다. 비록 많은 시간과 정력을
허비했지만, 언제나 결론을 얻을 수 없었습니다. 이들 학설과
종파는 어쨌든 그럴 듯해 보이지만 실제로는 그렇지 못했고,
우주와 인생의 진상을 구경 원만하게 해석할 수 없습니다.

1993년 저는 남회근南懷瑾 선생의 『금강경, 무엇을 말했나(金剛
經說什麼)?』[5] 한 권을 얻어 보배 땅을 얻은 것처럼 여러 번
읽고서 암흑 가운데 마치 한줄기 광명이 나타난 것과 같았습니
다. 그 후로 몇 년 저는 남회근 선생께서 대륙에서 재판한
서적을 수십 권 두루 읽었고, 그 환희는 말로 설명하기 힘들었
지만, 저의 바람을 철저히 만족시킬 수 없었습니다. 마치
불법의 보물이 가득한 산이 자기 부근에 있지만, 다시 짙은
안개가 겹겹이 싸여 시종 보물이 가득한 산으로 들어가는
지름길을 찾을 수 없는 것처럼 기뻐서 기대하는 마음 한편으로
초조한 느낌이 뒤따랐습니다.

1997년 우리는 전 식구가 캐나다로 이민을 갔습니다. 우연한
기회에 저는 텔레비전에서 정공 은사님의 불학강좌를 보았습
니다. 당시 저는 매우 깊이 불법에 매료되어 있었는데, 정공
은사께서 자상한 얼굴과 자애로운 언어로 전해주시는 법문이
저의 마음 밭(心田)으로 한 방울 한 방울 떨어져 흘러 들어와
20년간 마음에 남아있던 의문이 점차 눈 녹듯이 풀렸습니다.
그 때부터 저는 인생의 길잡이를 찾았고, 불법의 보물이 가득

---

4) 인체의 생명활동 에너지인 내공을 중시해 내공을 길러 그것을 이용하는 도가
   수련법.
5) 국내에서 『금강경 강의』(2008년, 부키)로 소개되었다.

한 산의 지름길로 들어가서, 그것이 앞으로 곧 저의 눈앞에 펼쳐질 것입니다.

텔레비전에 나온 실마리를 따라서 저는 미국 정종학회와 연락하였습니다. 그들은 매우 자비로우신 분들로 몇천 킬로미터 바깥에서 느닷없이 낯선 사람의 요청에도 조금도 개의치 않으시고 금방 경서와 녹음테이프가 든 큰 상자를 보내왔습니다. 그 가운데 정공 은사님의 제9차 강연 세트 『불설대승무량수장엄청정평등각경』이 들어 있었습니다. 이 불법 상자를 얻은 날, 우리들은 날마다 시간을 다잡아 경전을 독송하고 들었습니다. 한 세트를 다 듣고서 저의 마음속 지혜의 등이 점화되어 진정으로 우주와 인생의 진실한 가르침을 몸으로 깨달았고, 인생길을 응당 어떻게 걸어가야 하는지 알게 되었습니다.

2년간 우리 가족은 모두 정공 은사님의 인도 하에 끊임없이 몸에 배이도록 닦으면서, 몸과 마음은 날이 갈수록 안락해지고, 생활은 날이 갈수록 자재하며, 생활의 목표도 날아 갈수록 일치되어 불법의 큰 이익을 얻었습니다. 이로써 우리 집안은 모두 하나가 되어 금후의 생활 속에 언제 어느 곳에서든지 한 분 부처님 아미타 부처님께 의지하고, 불경 『불설대승무량수장엄청정평등각경』에 의지하며, 한 분 스승님 정공법사에 의지하여 몸이 마치도록 변하지 않겠다고 발원하였습니다.

20여 년간 우주와 인생의 진리를 탐구하는 과정에 저는 적지 않은 고난과 좌절과 맞닥뜨렸고, 최종적으로 『불설대승무량수장엄청정평등각경』을 찾았습니다. 이 경전을 쉽게 얻을 수 없음을 깊이 알고서 더욱 더 소중히 여기게 되었습니다. 2년간 끊임없이 지송하였고, 정공 은사님의 강해를 반복해서 공손히 듣고 이 경전 속에 오처(悟處; 깨닫는 곳)가 헤아릴 수 없을 정도로 많고, 들을수록 자신이 보잘 것 없이 가련함을 느꼈고 들을수록 이 경이 넓고도 깊으며 의리가 무궁함을 느끼게 되었습니다. 자신의 생활을 참조하여 어떠한 고난과 장애를 만나도 모두 이 경전 속에서 원만한 해답을 얻을 수 있다고 말할 수 있습니다. 이 경전이야 말로 진정으로 세간에 얻기 어려운 불법의 보전입니다.

근래에 어떤 사람이 이 경전이 부처님의 진실설인지 불신하고 다른 사람이 위조한 경전이라 생각한다고 말하는 것을 듣고서 저절로 주먹을 불끈 쥐고 탄식하지 않을 수 없었습니다. 인생 백년은 쉽게 지나가고, 대다수 사람들은 평범하게 살아갑니다. 온갖 고생을 하면서 고매한 일부 사람은 이름을 날리고 이익을 취하기 위해 산다고 말할 수 있지만, 실제로 이들은 의식주가 풍족하길 바라고 도모하는 것에 불과할 뿐이라고 말할 수 있습니다. 과거의 일을 돌이켜 보면 모든 것이 다 공하여 세월을 헛되이 보냈으며, 미혹하여 업을 지어서 금수와 전혀 다르지 않습니다. 인간 세계에 와서 왜 살아있는지? 왜 살아가는지? "태어날 때 어디에서 왔는지, 죽을 때 어디로 가는지 알지 못하고(不知生所從來, 死所趣向)"(무량수경 선본 제35품), 어떻게 생사윤회의 괴로움을 벗어날 수 있을지 전혀 모른다면 진정으로 불쌍한 사람입니다. 지금 백천만겁에 이 불법의 진귀한 보배를 만나, 진실로 자신을 도와 괴로운 과보를 벗어날 수 있고, 행복하고 원만한 보리대도를 열 수 있는데, 오히려 면전에서 기회를 놓치고, 또 고해의 바다에 떨어지며, 더 심한 경우는 스스로 갑자기 엉망진창이 되어 잘못 판단하고, 다른 사람이 살 길을 찾고 구제받는 길을 방해한다면 이 사람은 진정으로 불쌍한 사람입니다!

이 경전은 하련거夏蓮居 거사께서 한 평생 닦은 것을 모으고, 현재 존재하는 5종의 『무량수경』 원역본을 모아서, 그 원고를 10번 바꿔가며 회집하여 이룬 것입니다. 이 회집본은 경의 제목에서부터 전체 경의 내용에 이르기까지 한 글자 한 뜻도 원역본 밖에서 흘러넘치는 것이 없고, 한 글자 한 문구도 하련거 거사 자신의 뜻에서 나온 것이 없으므로 위조한 설법이란 근거가 어디에 있는지 결코 알지 못합니다. 만약 불경은 단지 고본에 의거하여 표준으로 삼아야 인정할 수 있다고 집착한다면 중국의 불교경전은 전부 인도 범어본에서 유래되었고, 범어본도 반드시 아난존자가 그 당시 결집한 판본에 의거하여 표준으로 삼아야 할 것입니다. 그렇다면 우리들이 불법을 수학하는데 근거할 수 있는 경전을 찾을 수 없다는 것이 아닙니까? 만약 불경은 단지 삼장법사三藏法師의 손에서만 이루어질 수 있다고 집착한다면 송대 왕용서王龍舒 거사의 『무량수경』 회집본 또한 어떻게 역대 고승의 인가를 얻을 수 있었고, 게다가 『대장경』에 들어가 지금까지 널리 전해질 수 있었겠습니까? 하련거 거사의 회집본을 위경이라고 경망스럽게 말하는 사람은 설마 그 자신이 닦은 것이 역대 조사와 고승에 도달했거나 뛰어넘을 수 있다는 말입니까? 불교 역사를 이해하고 있는 동수 여러분들은 모두 삼장법사는 역경사의 자격이고, 경전을 회집하는 것은 번역경전과 같을 수 없음을 알 것입니다.

부처님께서 세상에 머물러 계실 때 후세 사람들이 불법을 수학함에 있어 불필요한 쟁론과 미혹을 피하기 위해 특별히 「사의법四依法」을 설하셨으니, 불경의 진위를 판별하는 시금석으로 삼아야 합니다. 「사의법」은 법에 의지하되 사람에 의지하지 말라(依法不依人)·뜻에 의지하되 말에 의지하지 말라(依義不

依語)・요의경에 의지하되 불요의경에 의지하지 말라(依了義經不依不了義經)・지혜에 의지하되 식에 의지하지 말라(依智不依識)는 것입니다. 사의법은 또렷하게 부처님의 진실한 뜻에 부합하기만 하면 어떤 사람이 말하든지(依法不依人), 어떤 언어・문자와 형식으로 표현하든지(依義不依語) 상관없이 모두 불법일 뿐만 아니라 진실하고 헛됨이 없는 불법임을 현시합니다.

「지혜에 의지하되 식에 의지하지 말라」는 곧 우리들에게 불법에 대해 조금도 정집情執이 있어서는 안 되고, 문파門派・고하高下・등급 상에 분별심을 일으켜서는 안 됨을 경고하는 것입니다. 「요의경에 의지하되 불요의경에 의지하지 말라」는 곧 우리들 후학에게 힘닿는 데까지 대승법・일승법一乘法을 선택하라고 권하시는 것입니다.

『불설대승무량수장엄청정평등각경』은 글자마다 문구마다 모두 우리들에게 어떻게 정근精勤 수행할 것인가를 가르치는 것이니, 당생에 직접 성불하는 일승의 근본법문입니다. 그래서 부처님께서 그 당시 설하신 「사의법四依法」은 직접 하련거 거사의 회집본을 인증하신 것이니, 어떻게 하련거 거사의 회집본이 부처님의 본의에 어긋날 수 있겠습니까?

현전하는 말법시대는 확실히 일부 사람이 가지각색의 이익을 위해서 학설을 위조하는 것이 우리들이 오랫동안 탐색하는 가운데 발견되고 있습니다. 이러한 위조된 학술은 모두 하나의 공통된 특성이 있는데, 그것은 바로 인간의 탐・진・치・교만을 증가시키는 것입니다. 이러한 삿된 설(邪說), 언어 문자는 화려하고, 깊고 신비한 장식이 있거나 고결하고 세속을 벗어나는 것을 표현하거나 이러한 방법에 비추어 수습하여 결과적으로 모종의 특수한 초능력・특이한 능력을 얻어 사람으로 하여금 흠모하고 우러러보는 마음을 일으켜서 자신의 각종 탐욕을 배로 증가시킬 뿐입니다.

불법교육의 진정한 목적은 중생들로 하여금 끊임없이 망상·분별·집착을 감소시키도록 하고, 점차로 자신의 욕망을 감소시켜서, 자신을 돌보지 않고 중생을 위하고, 최종적으로 삼계를 벗어나 성불하는 큰 목표에 도달하는 것입니다. 상호비교하면 위조된 학설과 불법은 완전히 상반됨을 매우 쉽게 볼 수 있습니다.

우리 가족은 『불설대승무량수장엄청정평등각경』을 배우고 익힌 이래 2년간 일상생활에서 각종 욕구와 탐욕이 날이 갈수록 엷어졌고, 중생을 위해 봉사하겠다는 도량이 더 넓어지는 것을 몸소 느꼈습니다. 그래서 우리들은 하련거 거사님의 회집본이 부처님의 진정한 의취義趣에 부합하는 선본善本[6]임을 굳게 믿습니다.

『불설대승무량수장엄청정평등각경』을 깊이 수지함에 따라 바깥의 일체 경계와 반연(境緣)이 곧 자기심리가 나타난 상(顯相)에 다름 아님을 깨닫기 시작하였습니다. 곧 일체물질 현상(자신의 신체를 포함) 및 물질 간의 관계·변화가 비록 삼라만상일지라도 그 근원을 궁구하면 자성으로부터 흘러나온 것일 뿐이고, 바깥세계와 무관한 것입니다. 바깥 경계는 확실히 자성에 근원하기 때문에 경계·반연의 정正과 사邪·시是와 비非·부처와 마구니의 분별에 대해 이치상으로 당연히 자심自心이 지은 바이고, 다른 사람과 무관합니다. 자성自性 한가운데는 청정한 본체가 있는데, 무명·진사의 번뇌에 심각하게 오염되

---

6) 사전적으로 학술·예술적 가치가 뛰어난[희귀한] 판본 혹은 필사본을 말하나, 하련거 거사의 무량수경 회집본을 무량수경 「선본」이라 한다.

어 망성妄性이 있습니다.

우리 범부는 일체 경계와 연분에 대해 가볍게 판별하여, 시是와 비非·남과 나를 망령되게 말하니, 바로 망심妄心입니다. 왜 이처럼 말하겠습니까? 왜냐하면 청정자성의 본체는 무아無我·무상無相·무념無念이기 때문입니다. 일체는 인아人我[7]가 잠시 머무는 곳입니다. 망심은 바로 부처님 제자가 중단없이 노력하여 버려야 하는 것입니다. 우리들은 무시 겁 이래로 항상 망심을 따라다녔고, 다생다겁에 날마다 번뇌와 한패가 되었습니다. 자신의 진심이 이미 흔적 없이 파묻혀 허위를 진실로 여기는 것이 일상의 습관이 되었습니다. 망심으로 바깥경계를 판별하고 결정코 취사선택함을 고칠 수 없는 도리(天經地義; 하늘의 변함 없는 길, 땅의 바른 이치)의 일로 여깁니다. 얼룩덜룩 부식되고 겹겹이 녹이 선 천년 동경銅鏡을 사용하여 물건을 비추는 것처럼 일체 경계의 모양(境相)이 모두 비틀어지고 변형되어 대대로 전해져서 오히려 그것을 닦아서 광을 내려하는 사람이 없습니다. 그리하여 그 광명을 회복하여 미세한 먼지도 물들지 않은 진실한 모습이 밝게 비추어야 하지만, 오히려 이러한 심각히 비뚤어진 경계의 모양을 논박할 수 없는 사실로 여겨서, 이러한 잘못된 인식을 자기 생활의 근거로 삼습니다. 그 때문에 우주와 인생의 진상과 점점 더 멀어지고 맙니다.

자신의 진실한 성품은 망심으로 인해 흠이 생기지 않고 바깥의 경계·반연 또한 이와 같아서 좋고 나쁨의 분별이 없습니다. 『화엄경華嚴經』에서는 우리들에게 진심이 작용을 일으킬 때

---

7) 5온(蘊)이 화합하여 이루어진 신체에 실재한 것같이 생각되는 상일주재(常一主宰)의 아(我)를 말함.

"하나가 참되면 일체가 참됨(一眞一切眞)"을 명백히 일러줍니다. 육조 혜능六祖惠能 대사께서는 "만약 진정으로 도를 닦는 사람은 세간의 허물이 보이지 않는다(若眞修道人, 不見世間過)"라고 말씀하셨습니다. 우리들은 언제나 경각심을 향상시켜야 합니다. 다른 사람을 의심하여, 함부로 다른 사람을 사마외도邪魔外道라고 여기면 곧 자기 마음속 망념이 주가 되어, 삿된 마가 자신의 주인이 됩니다. 진정한 불제자는 언제 어디서든 부처님의 가르침(敎導)과 분리되지 않고, 일체 사람 · 일 · 사물이 모두 선연善緣 · 조연助緣임을 보아서 마음속에 일체 대중을 이롭게 하려는 마음이 존재할 뿐 자신을 높이려는 아만심은 저절로 머무는 곳이 없으니, 그곳에서 어찌 다른 사람을 헐뜯겠습니까?

하련거 거사께서는 한평생 심혈을 기울여 『불설대승무량수장엄청정평등각경』을 회집하시어 일편단심 지극한 정성으로 후인이 학불하여 한나라 시대로부터 존재해온 5종의 『무량수경』 고본을 분명히 이해하도록 편의를 꾀하셨습니다. 하련거 거사께서 세상에 머무실 때 결코 이것으로 털끝만큼의 공양을 취하신 적도 없었고, 그것을 깔고 이름을 날리려고 많은 사람을 모은 적도 없었습니다. 정공법사로부터 힘껏 이 경전을 우러러 받들고 홍양한 이래 얼마간의 동수분들께서는 이 경본에 의지해 수행하여 불법의 진실한 큰 이익을 얻었고, 또한 얼마간의 동수분들께서는 서방정토에 왕생할 수 있었으니, 이렇게 자비로우신 대선지식에 대해 우리들이 큰 공경심 · 큰 찬탄심을 일으킬 수 없고, 오히려 의심을 품고 심지어 헐뜯고 억압한다면 진정으로 크게 부끄럽고 두려운 마음(慚愧心)을 내어야 됩니다. 우리 불제자는 반드시 이 회집된 부처님의 경전에 대해 위없는 신심을 일으켜서 일체 불필요한 망상 ·

분별·집착을 버려야 하고 몸이 마치도록 변하지 않아서
빨리 극락세계 연못에 꽃이 피길 기도하여야 됩니다.

2002년 1월 「모서慕西」 (제43기)에서 옮겨 적다

南無阿彌陀佛

朝念佛暮念
佛求生西方

아침에도 저녁에도 염불하여 윤회를 벗어난 서방정토에 화생하길 구하라!

대승불법을 섭렵하여 성숙해지면 염불법문으로 들어오게 됩니다.
이 사바세계가 고해라는 사실을 안다면 벗어날 길을 찾아야 합니다.
한마디의 "아미타불" 명호 외는 별다른 길이 없다고 생각하면
이 사람이 바로 진정으로 깨달은 사람입니다. 염불로 빨리 고개를
돌릴 수록 더욱 수승하며 품위는 반드시 높아질 것입니다.
-정공 법사(95세, 지구촌 정토종의 정신적 지도자)

2. 불법과 생활

타이베이(台北) 장수규張秀葵

1. 염불득력으로 대해탈을 얻다

「불교」는 석가모니 부처님께서 9법계 중생에게 펴신 교육입니다. 선종·밀종·정토종은 불교교육의 다른 법문입니다. 불교는 교육이지, 종교가 아닙니다. 불문에 들어감은 지혜를 여는 것에 다름 아닙니다. 지혜를 여는 것은 각문覺門으로부터 시작할 수 있지만, 오직 상근기의 날카로운 지혜를 가진 사람만이 얻을 수 있습니다. 지혜를 여는 것은 또한 정문正門에서 시작할 수 있는데, 그것은 바로 경전 연구를 통해 입문하여 개오하는 것입니다. 만약 정토법문으로 가면 곧 청정심을 닦아서 입문하는 것입니다. 우리 정종학회는 바로 정문淨門으로부터 시작합니다. 이 법문의 수학방법은 특정 스승님을 따를 필요도 없고, 반드시 도량이 있어야 성취할 수 있는 것도 아닙니다. 스승님의 가르침을 듣고 법에 의지하여 그대로 행하면 성취할 수 있습니다. 이번 강연에서 저는 과거 10년 간 어떻게 이고득락離苦得樂하였는지, 그 수학과정을 여러분들에게 말씀드리오니, 동수 여러분에게 참고가 되길 바랍니다.

저의 일생에서, 특히 청년기와 중년기에 몸과 마음에 온갖 고통과 번뇌를 다 겪으면서 지금 큰 해탈을 얻기까지 완전히 「염불念佛」에 의지해 득력得力하였습니다. 「아미타불阿彌陀佛」은 사람마다 모두 염하지만, 염불은 득력得力하여야 번뇌를 제거할 수 있고, 이익을 얻을 수 있습니다. 우리들은 일상적으로 가정생활이나 직장생활에서 정말 집집마다 걱정거리가 하나씩 다 있는데, 그 걱정거리는 서로 다르고, 번뇌도 별의별 것이 다 있습니다. **만약 우리들이 법에 의지해 수행한다면 생활에서 언행과 행동거지 및 사람을 상대하고 일을 처리함에 주위 사람을 기쁘게 하고 편안하게 할 수 있습니다. 이렇게 수학한다면 성공입니다. 한 걸음 더 나아가 인간의 고통을 여의게 하고 서방극락세계에 왕생하는 것이야 말로 우리가 정토종을 수학하는 최종목표입니다.**

부처님께서는 일체중생이 모두 여래의 지혜·덕상을 갖추고 있지만, 망상·분별·집착으로 인해 증득할 수 없다고 말씀하셨습니다. 이것은 제가 불교에 대해 신심을 일으킨 첫 번째 말씀입니다. 저도 이 말씀으로 여러분들을 격려하고자 합니다. 일반인은 아무래도 부처님께서는 우리와 떨어져 저 높은 곳에 계신 것으로 보여서 자신은 이처럼 보잘것없고, 부처님께서는 먼 곳에 있어 미칠 수 없다고 느낍니다. 실제로는 그렇지 않습니다. 어떠한 중생이라도 모두 본래 불성을 갖추고 있어 오늘 우리들은 부처와 다르지 않습니다. 번뇌·분별·집착이 너무 많기 때문에 하루 종일 이것저것 헛된 생각 때문에 불성이 가려져서 인생을 매우 괴롭고, 불편하게 지내고 있다고 느낍니다. 일상생활 속에서 언제나 상대방의 생각을 잘 알지 못하여 오해와 마찰을 낳습니다.

불법은 바로 우리들이 어떻게 자재하고 즐거운 생활을 할수 있을까를 가르칩니다. 중생들이 모두 여래의 지혜·덕상을 갖추고 있는 이상 보살도 할 수 있고, 우리들도 할 수 있습니다. 『육조단경六祖壇經』에 이르길, "자성이 본래 구족하고 있음을 어찌 알았으랴(何期自性 , 本自具足)"라고 하셨습니다. 불성은 모르는 것이 없고, 할 수 없는 것이 없습니다. 사람마다 본래 모두 구비하고 있으니, 바깥에서 구할 필요가 없습니다. 부처님은 우리들의 스승님이시고, 우리는 부처님의 학생이므로 부처님과 우리는 스승과 학생 관계입니다. 부처님께서 우리들을 대하시는 것은 마치 어머님이 외아들을 대하는 것과 같아서 원망도 후회도 없이 우리들을 사랑하고 보호하며, 가르치고 인도하십니다. 오늘 우리들은 부처님께서 펴신 교육이 무엇인지 잘 알고 있고, 인생은 자신의 모든 행동이고, 우주는 자신을 둘러싼 환경이며, 사람·일·사물은 모두 그 안에 포함되어 있음을 똑똑히 보고 있습니다. 이치대로 여법하게 수행하기만 하면 우리들의 생활은 저절로 만족할 것입니다.

『육조단경』에서는 또 "본래 한 물건도 없는데, 어디에 때가 묻고 먼지가 앉는단 말인가(本來無一物 , 何處惹塵埃)"라고 하셨습니다. 본래 번뇌가 없으니, 모든 번뇌는 우리가 자초한 것입니다. 그렇다면 어떻게 불법으로 가없는 번뇌를 벗어나겠습니까? 맨 먼저 돌이켜 자신을 비추어 보아야(反觀自照) 합니다. 『단경』에서는 "만약 진정으로 도를 닦는 사람은 세간의 허물이 보이지 않는다."고 하였습니다. 언제나 계속해서 다른 사람의 잘못을 보지 않아야 합니다. 남이 마음에 들어 보이지 않으면, 다른 사람도 마찬가지로 당신이 마음에 들어 보이지 않습니다. 따라서 수행인은 언제나 자기 자신을 점검하고 반성해야 합니다. 일반인은 일에 대해 모두 보답이 있기를 기대하는데, 이것이 바로 범부가 고통을 겪게 되는 원인이 됩니다. 그렇다면 부처님께서는 우리들에게 사람됨을 어떻게 가르치시는가? 사람됨이란 자신을 잊어버리고 다른 사람을 위해 복무하는 것입니다. 능력을 헤아려 행하고 행할 수 있는 만큼 행하면 됩니다. 다른 사람과 비교하지 말고 남만 못하다는 느낌을 가질 필요가 없습니다. 모든 것에 온 힘을 다하면 원만히 이룰 것입니다. 온 힘을 다 쏟는 중에는 반드시 정성과 공경(誠敬)하는 마음을 가져야 합니다. 그러면 행동하는 가운데 정성과 공경하는 태도가 저절로 흘러나옵니다. 만약 공경하는 마음이 없으면 이치에 맞지도 여법하지도 않고 쉽게 상대방에게 오해를 일으킵니다.

과거에 저는 아직 불문에 들어가기 전, 인생에 대해서 매우 비관적이었습니다. 일체 견해가 모두 암울했고, 인생의 태도는 바로 운명이라고 단념하였습니다. 직분과 본분을 다해 맡은 역할을 해내야 하고, 나아가 빨리 의무를 다 끝내고 일찍 해탈하길 희망하였습니다. 솔직히 말해 저는 지금까지 자살할 생각은 없었지만, 매우 괴롭고, 어쩔 수 없다는 느낌이 들었으며, 무력감도 가졌습니다. 지금 생각해보면 이 모두가 당시 잘못된 생각과 관념이 만들어 낸 것이었습니다. 대개는 저 자신이 너무 감성적이었고, 너무 이리저리 헛된 생각으로 흔들려서 그처럼 고통스러웠던 것입니다. 만약 그 당시 불법을 접촉할 수 있었다면 어떤 일이라도 해결하였을 것입니다. 대략 10년 전에 저는 좋은 스승님을 만나 그로부터 저 자신의 인생관을 바꾸었습니다. 이전에는 도량이 있는 곳이라면 어느 곳이라도 저는 모두 접촉하였습니다. 일주일 염불정진(打佛七)이든, 자원봉사자이든 무엇이든 다 시도하면서 번뇌를 벗어나는 방법을 찾기를 희망하지 않은 적이 없었으나, 결과는 모두 헛수고였습니다.

2. 한 경전에 깊이 들어가 전수專修하되 뒤섞지 말라

그러나 너무나 다행히도 저는 정공 법사님의 강연을 접촉하게 되었습니다. 저와 정공 스승님은 단상 위에서나 아래에서나 스승과 학생관계일 뿐입니다. 스승님의 교학은 모두 경서를 인용하고, 고전에 근거합니다. 우리들은 한 부 『무량수경』에 전념專念하길, 매일 3독, 1년에 1천 독, 3년에 3천 독 매일 중단하지 않고 염하며, 또한 매일 부처님 명호를 몇천 번 소리 내어 염불하고 있습니다. 그 목적은 우리들의 마음을 섭수(攝收; 거두어들임)하기 위함입니다. 모든 사람들은 날마다 온갖 사소하고 잡다한 일들이 있어 우리들의 마음은 곧바로 밖으로 달려 나가 안주할 수 없습니다. 그래서 경전을 염하는 힘에 의지해서 선정을 구해야 번뇌가 비로소 천천히 감소할 것입니다. 정공 법사님의 강연을 다 듣고 난 후, 저는 퇴직을 앞당겨서 일문에 깊이 들어가 전일하게 뒤섞지 않고 일체 모두 가르침대로 봉행하였습니다. 과연 3개월 만에 효과가 있었고, 번뇌가 현저하게 감소하였습니다.

불법은 일상생활에 응용할 수 있어야 비로소 진실한 이익을 얻을 수 있습니다. 우리들은 매일 일하는 중이나 일을 마감하거나 반드시 시간을 내어 불법을 수지修持하고 일체를 내려놓아야 합니다. 여러 해 묵은 옛 일을 꺼내서 생각하지 마십시오.

그것들은 모두 망념으로 한 번에 많이 생각하면 한 번에 업을 많이 짓게 됩니다. 진정으로 학불學佛한 후에 얻는 좋은 점은 싫어하는 사람도 볼수록 좋아지고, 싫어하는 일도 할수록 뜻대로 됩니다. 우리들이 생각(念頭: 생각이 일어나기 이전 상태)이 일어나서 이야기할 때 먼저 상대방의 표정을 살피고, 이 말을 하면 상대방에 상처가 될지 반드시 생각해야 합니다. 학불은 바로 보살도菩薩道를 행하는 것으로 만약 우리들이 마음을 일으키고 생각을 움직일 때 모두 자기를 고려한다면 이기심이 너무 지나치고, 행동거지 · 언행 · 사람됨이 원만하지 않을 것입니다. 만약 권력과 명망이 지나쳐 보이면 불법을 수학하기 어렵습니다. 만약 곳곳마다 다른 사람을 고려한다면 자신의 도량은 갈수록 관대해지고, 어떠한 일을 하던 모두 무아無我에서 남을 이롭게 할 수 있으며, 사람을 상대하고 일을 처리하는 방법이 저절로 상대에 따라서, 일에 따라서 변통하는 바가 있으니, 이것이 바로 지혜知慧입니다.

3. 독경은 계정혜 삼학 수행을 겸한다

학불學佛은 자신의 불성을 회복하려는 것입니다. 청정한 자성은 「수덕修德」에 의지해야 현현할 수 있고, 지혜가 저절로 현전합니다. 순경이든 역경이든 무엇을 만나든지 상관없이 이성적으로 행동하고, 충동적으로 행동하지 않으며, 너무 기쁘지도 너무 상심하지도 않고, 일은 이치대로 여법하게 처리하여야 합니다. 부처님께서는 경전 안에 계시므로 줄곧 간파看破하고 방하放下하여 망상 · 분별 · 집착을 제거하여야 합니다. 왜냐하면 이것으로 인해 괴롭고, 이것이 바로 업을 짓는 근원이기 때문입니다. 수행은 우리들의 생활로부터 떼어

낼 수 없습니다. 일부 사람은 산속의 청정한 수행에서 보충하길 희망하지만, 실제로는 시끄러운 환경을 떼어놓고 싶은 것에 불과합니다. 그렇지만 참말로 몸은 산속에 있을지라도 마음은 집안의 크고 작은 일에 생각이 매여 있으면 이것은 아무 소용이 없습니다. 만약 홀로 있을 수 있으면서 집에 며칠 동안 머물러도 조금도 적막하지도 무섭지도 않다면 공력功力이 있는 것입니다.

독경의 공력은 불교의 강령인 계정혜 삼학三學을 동시에 닦는 것입니다. 「계戒」는 규율을 지키는 것입니다. 마음에 망상이 일어나지 않도록 굳게 지키면 이에 저절로 도리에 어긋나지 않아 마음이 편안하고, 「선정定」을 얻을 수 있습니다. 「선정」을 얻어 독경하면 비로소 경전의 뜻을 분명히 알 수 있고, 지혜가 생길 수 있습니다. 많은 경전을 독송할 필요는 없습니다. 한 부의 『무량수경』을 노력해서 5년간 독송하고, 아미타불 부처님 명호를 수시로 염불하며, 한편으로는 정공 스승님의 강경설법 테이프를 찬찬히 들으십시오. 오늘 진실한 이익을 얻을 수 있는 길은 바로 「말씀을 잘 듣는 것(聽話)」으로 착실히 스승님의 가르침대로 해나가는 것입니다.

부처님께서는 『금강경』에서 "무릇 상이 있는 것은 모두 허망하니라(凡所有相 , 皆是虛妄)"라고 말씀하셨습니다. 왜 우리들은 「상相」이 허망하다고 말합니까? 사람은 태어나서 죽을 때까지 생김새가 줄곧 바뀝니다. 부부의 연이 다하면 한쪽이 먼저 죽습니다. 인정과 돈은 수시로 변하고, 영원히 같지 않습니다. 만약 모든 일을 꽉 잡고 놓지 않는다면 매우 괴로울 것이고, 그것이 바로 번뇌의 근원입니다. 진실하지 않는 이상 구태여 그것에 크게 의미를 둘 필요가 있겠습니까? 이러한 「상」은 모두 인연으로 일어나는 것입니다. 인연이 다르면 상도 저절로 다릅니다. 그래서 우리들은 자주 비교분별해서는 안됩니다. 욕심을 적게 가져야 만족할 줄 압니다. "모든 법은 마음이 지은 것입니다(萬法唯心造)." 그래서 「상」도 우리 자신의 생각에서 나온 것입니다. 만약 육근六根이 접촉하는 상에 집착하지 않는다면 「상」이 저절로 사라져서, 마음은 청정하고, 일체가 편안할 것입니다.

불법을 실천하기 위해 우리들이 중생에게 복무하는 것으로부터 시작해야 한다면 맨 먼저 부모님을 위해 복무해야 합니다. 즉 부모님께 효도하고 순응해야 합니다. 어떻게 해야 효도를 다했다고 할까요? 부모님께서 돌아가실 때 부모님께서 편안한 마음으로 돌아가시게 할 수 있어야 합니다. 이 불법을 실천할 수 있으려면 잘 수행해야 합니다. 최소한 5년 공부를 하여 부모님께서 살아계시는지 여부나 몸이 육도 가운데 어느 한 세계에 계시는지 상관없이 우리들이 수행을 성취하면 똑같이 그들을 제도·해탈시킬 수 있으니, 이것이야말로 지극히 선하고 원만한 효이고, 부처님의 은혜에 보답하는 것이자 부모님의 은혜에 보답하는 것입니다.

『영진회억록影塵回憶錄』8) 에는 일칙一則의 공안公案이 있습니다. 담허倓虛 노화상의 친한 친구인 유문화劉文化는 노화상과 같이 『능엄경楞嚴經』을 깊이 연구하였습니다. 그들은 7년간 줄곧 경건하고 정성스럽게 『능엄경』을 연구하고 익혔습니다. 유문화는 한번은 꿈속 경계에서 보니, 과거 그와 장사를 하던 지난 시절, 소송을 걸어 패소하여 자살한 채주債主가 와서

---

8) 담허 대사는 "상좌들의 요청으로 평생의 사적을 구술(口述)하고 제자 대광(大光)이 영진회억록(影塵回憶錄)을 편성했다." 담허대사 『염불론 』

그에게 천도(超度)해줄 것을 청하였습니다. 과거 그들이 맺은 악연도 이로써 풀렸습니다. 잇따라 그의 과거 세상의 아내와 딸도 그의 꿈속에 와서 그의 어깨를 밟고 승천하였습니다. 이것이 바로 수행의 공력으로 진실한 수행이라야 원만하게 효도를 다할 수 있습니다. 자심自心 불성佛性의 「체體」를 우리들이 비록 느끼지 못할지라도 그것의 「상相」은 한번 형상을 나타내 작용(用)을 일으키면 그것의 능력과 지혜는 무량무변합니다. 그래서 저는 성심으로 염불 공경하고 가르침대로 봉행하기만 하면 우리들의 육친권속 및 일체중생을 도울 수 있다고 깊이 믿습니다. 그것이 바로 효를 다하는 것입니다.

4. 식물인간을 도와 고난을 벗어나게 하다

제가 염불수행을 하면서 직접 겪은 체험이 몇 가지 있습니다. 과거 세 명의 식물인간을 도와 고난을 벗어나게 한 적이 있습니다.

3년 전에 한 여자아이가 미국에서 정신을 잃고 깨어나지 못했습니다. 의사는 이미 구할 수 없다고 선포한 터라 저는 그녀의 손을 잡고서 함께 성심으로 염불하는 방법 밖에 없었습니다. 우리들이 부처님을 그리워하고(憶佛) 부처님을 생각할(念佛) 때 아미타 부처님께서 접인하러 오시겠다는 것이 아미타 부처님께서 세우신 서원입니다. 만약 아직도 남은 수명이 있으면 병이 나을 것이고, 세상 인연이 다하였다면 편안히 돌아가실 것입니다. 이에 저는 여자 아이의 손을 잡고 그녀의 귀에 대고 법문을 들려 준 후 그녀에게 나와 같이 염불하자고 청했습니다. 저는 그녀의 손가락을 꼽으면서 염불하였습니다. 대략 60번을 소리 내어 염불한 후에 그녀의 식구에게 틈나는 대로 곁에서 그녀가 염불하는 것을 도와줄 것을 부탁했습니다. 제가 타이베이로 돌아온 지 2주일 후에 그 여자아이가 깨어났다는 연락을 받았습니다.

다른 한 사람은 5살 꼬마친구였습니다. 제가 병원에 그를 보러 갔을 때 같은 방법으로 대략 100번 소리 내어 부처님 명호를 염하였습니다. 제가 막 병실을 떠나려고 하는데 그가 뜻밖에 "아야! 나 오줌 쌌어!"라고 크게 소리쳤습니다. 세 번째 분은 노부인으로 중풍이 들어 정신을 잃고 병상에서 여러 해를 보내신 분이셨습니다. 같은 방법으로 염불하여 드렸더니, 3개월 후에 그 노부인께서 안상히 돌아가셨다고 합니다. 그녀의 집안 식구 말로는 그녀가 임종하기 전에 "아阿…"라고 소리내어 외쳤다고 합니다. 아마도 아미타불을 외쳤을 것입니다. 원래 노부인의 사지는 잔뜩 웅크려 매우 무서운 모습이었는데, 돌아가실 때 전신이 부드럽게 열리고 매우 자상하셨다고 합니다. 아미타 부처님의 원력은 진실로 불가사의합니다.

동수 여러분, 정종淨宗은 정문淨門[9]으로부터 시작하여 제일 먼저 우리들 마음속 망상을 제거하여 반드시 우리들의 마음을 비워야 합니다. 학불學佛은 바로 청정심을 닦는 것입니다. 마음이 청정하면 번뇌는 저절로 감소합니다. 심량도 줄곧 확장되어서 어떠한 일에 대해서도 포용할 뿐, 원망하는 말이 없습니다. 이렇게 전일한 마음(專心)으로 수행하여 5년 후 우리들은 임종자, 병으로 인해 고통이 있거나 고난이 있어 도움이

---

9) 천태종에서, 열반에 이르는 여섯 수행문. 수식문數息門, 수식문隨息門, 지문止門, 관문觀門, 환문還門, 정문淨門을 이른다. 마음에 온갖 번뇌가 쉬어 진리의 청정을 깨닫는 것을 「정문淨門」이라 한다.

필요한 사람을 도와서 그들로 하여금 빠른 시일 내에 이고득락
離苦得樂하게 할 수 있는 능력이 생깁니다. 이것도 일종의 「효孝」
입니다. 수행하여 득력하면 저절로 인생의 쾌락·원만을 체득
할 수 있고, 동시에 인간의 명예·이득과 재물욕·색욕·명예
욕·식욕·수면욕의 다섯 가지 욕망 등을 모두 냉철하게 볼
수 있고, 득실得失의 마음과 탐욕의 생각(欲念)이 줄어들어서
쉽게 만족합니다. 불법은 이념을 그리 중시하지 않고, 행지行持
를 더 중시합니다. 인과를 믿게 깊고, 부처님께서 말씀하신
것을 믿어야 합니다. 모두들 다시는 변명할 필요 없고 진정으
로 노력하여야(眞幹)10)합니다. 「아미타불」은 우리들이 가장
좋아하는 보약 양약입니다.

                    1998년 8월 「모서慕西」 제40기에서 옮겨 적다

---

10) 진간眞幹은 양심을 속이지 않고 게으르지 않음을 말한다. 정공 법사는 염불수행
   인의 자세로 노실老實, 청화(聽話; 가르치신 말씀을 듣고 그대로 따름), 진간眞干
   세 가지를 든다.

3. 무량수경 독송의 공덕과 이익

타이완, 전서傳西

대덕 여러분, 아미타불!

오늘 여러분께서 바쁜 와중에도 염불법문『무량수경』연구에 참가하신 인연은 특별히 수승합니다. 불법에서는 늘 "일체 법은 인연을 떠나지 않는다(一切法不離因緣)"고 말합니다. 선도 대사께서는 "여래께서 세상에 오신 까닭은 오직 아미타 부처 님 본원의 바다를 말씀하시기 위함이다(如來所以興出世 , 唯說彌陀本 願海)"라고 말씀하셨습니다. 다시 말해 한 부『무량수경』을 말씀하신 것에 불과합니다.

제가 금생에 학불한 인연은 특별히 수승합니다. 1986년 1월 5일, 광흠廣欽 노화상께서 막 왕생 하려고 하실 때 운 좋게도 저는 왕생법회에 참가하여 직접 목격하였습니다. 그분께서는 때가 이르렀음을 미리 아셨고, 정념正念이 분명하셨으며, 몸에 는 병고病苦가 없었고, 몸소 우리들을 인솔하여 염불하셨습니 다. 현장은 마치 서방극락세계와 같았으며, 모든 보살이 다 영접하러 오셨습니다. 그 장면은 사람들을 감동시켰고, 인연은 매우 수승하였습니다.

저는 노화상과 10년 전후로 가깝게 지냈습니다. 그분께서는 저에게 염불을 가르치셨으나, 저는 업장이 너무 무거워 신수봉행信受奉行할 수 없었습니다. 스승님께서 떠나시려는 것을 눈으로 보면서, 마음속은 몹시 초조하고 슬펐으며, 얼굴에는 온통 눈물 투성이였습니다. 광흠 노화상께서 세상에 더 머물러 계시길 희망하였지만, 그분께서는 왕생할 인연이 이미 성숙하여 매우 자비스럽게도 제게 『무량수경』을 청경聽經하라고 소개하여 주셨습니다. 이로 인해 『무량수경』을 알게 되었고, 비로소 염불의 수승함을 알게 되었습니다.

우리들이 학불하려면 먼저 불교를 알아야 합니다. 불교는 종교가 아니라 교육입니다. 왜냐하면 우리들은 부처님을 본사本師라 부르는데, 부처님과 우리들은 스승과 학생의 관계이기 때문입니다. 학불하는 목적은 우리들에게 본래 있는 무량한 지혜와 덕능을 회복시키는데 있습니다. 우리들로 하여금 자신을 알게 하고, 환경을 알게 하며, 우주와 인생의 사실·진상을 알게 할 수 있습니다. 그렇다면 우리들은 학불을 어디서부터 시작해야할까요? 맨 먼저 우리들은 「일문에 깊이 들어가야 합니다(一門深入)」. 주로 닦는 염불일과(功課)는 바로 『무량수경』을 독송하는 것입니다. 이 경의 분량은 적당하고 이사理事, 인과가 상세히 설명되어 있어, 신속히 감응도교할 수 있습니다.

먼저 『무량수경』의 대의를 간단하게 소개하겠습니다. 『무량수경』은 극락세계의 기원·역사·청사진과 의정장엄 및 아미타 부처님 48원의 수승한 공덕을 상세히 말씀하고 있습니다. 전체 경전은 48품으로 나뉘어져 있습니다. 제1품에서 제3품까지는 서분序分이고, 제4품에서 제42품까지는 정종분正宗分, 제43품에서 제48품은 유통분流通分입니다. 수학의 결과는 경의 제목에 전부 있으니, 바로 「무량수장엄청정평등정각無量壽莊嚴淸淨平等正覺」입니다.

정종분은 제4품 「법장인지法藏因地」로부터 시작합니다. 이것은 극락세계의 연기를 소개하는 품으로 법장 비구가 어떻게 발원하였는지, 어떻게 수행하였는지 서술하고 있습니다. 이 경을 독송함에 있어 가장 중요한 것은 「신원해행信願解行」이 부처님과 같아야 합니다. 우리들이 날마다 이 경을 읽으면서 일상생활 중에 자신의 「몸身·입口·뜻意」 삼업의 행위가 경전과 부합되지 않는지 대조해보고 만약 경전의 가르침과 어긋나는 것이 있다면 수정해야 합니다. 이것이 바로 수행修行입니다. 수행의 진정한 의미는 자신의 잘못된 몸·입·뜻으로 짓는 행위를 수정하는데 있습니다.

우리들은 극락세계의 성인成因인 법장 비구의 인지因地[11] 시절 수행을 본받아야 합니다. 이래야 아미타 부처님 극락세계와 상응할 수 있고, 법장비구가 어떻게 공덕을 쌓았는지 사유할 수 있습니다.

제5품 「지심정진至心精進」에서 법장 비구가 자신이 직접 우주간의 일체 국토를 보고 천천히 사유하면서 시방국토의 장점을 귀납하고 단점을 전부 버리고서 극락세계를 건립하는 청사진으로 삼은 것이 곧 아미타 부처님의 48원입니다. 그가 발원한 후 다시 48원에 따라 수행하여 한 원, 한 원 모두 원만하게 성취하여 비로소 극락세계를 건립하였습니다. 건립하신지

---

11) 범부지凡夫地에서 처음 발심하여 수학하는 것에서부터 원만히 성불하는 이전에 이르기까지 일단의 수학기간을 모두 인지因地라 부른다.

오늘날까지 십겁이 지났고, 날마다 강경·설법하고 계시면서, 우리들이 이곳에 얼른 와서 수학하길 희망하고 계십니다.

제6품 「발대서원發大誓願」은 법장 비구가 수학한 성적보고로 전체 경문은 48원의 해설입니다. 서방세계가 원력으로 성취된 것은 시방세계가 업력으로 성취된 것과 완전히 다른데, 왜 공덕이익이 견줄 수 없이 수승할까요? 왜냐하면 아미타 부처님께서 당신 자신이 수학하신 이익으로 일체중생을 도와 믿음과 발원으로 지명信願持名하여 업을 짊어진 채로 왕생(帶業往生)하게 하고, 그가 일생에 서방 극락세계에서 위불퇴位不退·행불퇴行不退·염불퇴念不退의 삼불퇴를 원만히 증득하도록 대중에게 공양하여, 늘 모든 상선인上善人과 한 곳에서 함께 모여 살 수 있고, 악연 및 물러나는 연이 없으며, 날마다 관음보살·대세지보살 등과 같은 등각等覺보살과 한 곳에서 학습하여 일생에 성불할 수 있기 때문입니다.

극락세계의 일체는 무량한데, 그중에서 무량수無量壽를 제일 수승함으로 삼습니다. 이것이 정토제일의 가장 수승함입니다. 왜냐하면 수명이 무량하여 오랜 시간 수행할 수 있어 물러남 없이 성불할 수 있기 때문입니다. 이 품이 본경의 핵심입니다. 핵심 중의 핵심은 바로 제18원 십념필생十念必生, 곧 한마디 부처님 명호로 시방제불께서 공동으로 선양·찬탄하는 것입니다. 우리들이 무량수경을 크게 선양하면 곧 시방제불께서 호지護持하시고 찬탄하시는 것이 됩니다. 이것이 제일득도得度의 대경大經입니다. 여러분들께서 오늘 이렇게 좋은 인연이 있어 이 경을 만날 수 있고 신수봉행할 수 있습니다. 이것은 결코 우연이 아닙니다. 왜냐하면 바로 무량수경에서 말한 것과 같이 무량겁 이래 무량한 제불께 공양한 적이 있고 선근이 상속되어 매우 소중히 여기는 까닭입니다.

제24품 「**삼배왕생**三輩往生」은 상배上輩·중배中輩·하배下輩 왕생의 조건은 모두 「발보리심發菩提心·일향전념一向專念」을 말하고 있습니다. 삼배구품三輩九品은 『관무량수불경觀無量壽佛經』에서 설한 것으로 가장 상세합니다. 어떤 인因을 심으면 어떤果 과를 얻습니다. 우리들은 극락세계에 가서 성불하길 희망하면 반드시 보리심을 발하고 일향으로 전념하여야 합니다. 왜냐하면 "염불이 인이고, 성불이 과이기(念佛是因, 成佛是果)" 때문입니다. 이것이 바로 왕생의 정인正因입니다.

왕생하기 위해 반드시 준비해야할 조건은 아래와 같습니다.

첫째 **정업삼복**淨業三福입니다. 첫째 부모님께 효도로 봉양하고(孝養父母), 스승과 어른을 받들어 모시며(奉事師長), 자비로운 마음으로 살생을 하지 말고(慈心不殺), 열 가지 선업을 닦아야(修十善業)(몸으로 살생·도둑질·삿된 음욕의 세 가지를 짓지 말고, 입으로는 거짓말·이간질 하는 말·험한 말·꾸미는 말의 네 가지를 짓지 말며, 뜻으로는 탐욕·성냄·어리석음의 세 가지를 짓지 않는다) 합니다. 둘째 삼보에 귀의하고(受持三歸), 온갖 계행을 다 지키며(具足衆戒), 위의를 범하지 말아야(不犯威儀) 합니다. 셋째 보리심을 발하고(發菩提心), 깊이 인과를 믿으며(深信因果: 염불이 인이고 성불이 과입니다), 대승경전을 독송하고(讀誦大乘), 권면하고 이끌어주는 것(勸進行者)입니다. 이 세 가지 조항 열 마디 말은 마치 11층 누각과 같아서 뒤쪽이 앞쪽을 포함하고, 첫째 조항이 근본입니다. 이로써 효경孝敬이 큰 근본이고, 성불成佛은 효경을 확충하여 구경원만에 이르는 것임을 알 수 있습니다.

두 번째는 **육화경**六和敬으로 여섯 가지 조항이 있는데, 이것은 대중과 함께 살아가기 위해 필요한 조항입니다. 첫째 견해로 화합하여 함께 이해하고(見和同解), 둘째 계행으로 화합하여 함께 닦고(戒和同修), 셋째 몸으로 화합하여 함께 머물며(身和同住), 넷째 입으로 화합하여 다투지 않고(口和無諍), 다섯째 뜻으로 화합하여 함께 기뻐하며(意和同悅), 여섯째 이익으로 화합하여 함께 나누는 것(利和同均)입니다. 단체 생활하는 가운데 함께 일하고, 화합하는 것이 상당히 중요합니다. 작게는 가정·회사에서 크게는 사회·국가·세계에 이르기까지 화합(和)이 있어야 평화(平)가 있고, 평화가 있어야 안온(安)이 있으며, 안온이 있어야 즐거움(樂)이 있습니다.

세 번째는 **계정혜 삼학**三學으로 곧 계戒·정定·혜慧를 부지런히 닦는 것입니다. 독경으로 일차 완성합니다. 처음 배울 때 3천 독 독송으로 기초를 쌓습니다. 마음이 선정에 든 후 곧 지혜가 생깁니다.

네 번째는 보살의 **육바라밀**(六度)로 보시布施·지계持戒·인욕忍辱·정진精進·선정禪定·반야般若입니다. 이것은 바로 간파看破하고 방하放下하여 마음을 안온히 한마디 부처님 명호에 머무는 것입니다.

다섯째는 보현보살의 **십대원왕**十大願往으로 1) 제불께 예배 공경하고(禮敬諸佛), 2) 여래를 우러러 찬탄하고(稱讚如來), 3) 광대히 닦아 공양하고(廣修供養), 4) 업장을 참회하고(懺悔業障), 5) 공덕을 기뻐하고(隨喜功德), 6) 법륜 굴릴 것을 청하고(請轉法輪), 7) 부처님께서 세상에 머무시길 청하고(請佛住世), 8) 항상 부처님을 따라 배우고(常隨佛學), 9) 항상 중생을 수순하고(恆順衆生), 10) 모두 널리 회향하는 것(普皆回向)입니다.

마지막 한 단락에서 세존께서는 우리들에게 눈앞의 이 세계는 바로 오탁악세五濁惡世로 인간들의 몸과 마음이 오염된 상태가 모두 매우 엄중하여 세간은 명예를 다투고 이익을 차지하러 아득바득 급급하여서 마음에서 우울과 기쁨, 몸에서 괴로움과 즐거움을 떼어 낼 수 없어 사람마다 우울을 두려워하고 괴로움을 두려워하지만, 무엇이 우울이고 무엇이 괴로움인지 알지 못합니다. 다툴 줄 몰라 우울하고 괴롭다고 여기지만, 실제로는 다투어서 바로 괴롭습니다! 누구나 모두 기쁨을 좋아하고 즐거움을 좋아하지만, 세간에 어찌 기쁨만 있고, 어찌 즐거움만 있겠습니까? 우리들이 세간에 있는 것은 마치 죽음을 기다리는 죄수처럼 감옥에 갇혀 그럭저럭 살아가며 어느 날인지 알지 못한 채 죽음을 기다리다가 총살되는 것과 같습니다. 어떻게 기쁠 수 있겠습니까? 어떻게 즐거울 수 있겠습니까? 또한 닭장 안에 있는 닭과 같아서 사람 손에 잡혀 팔리면 일체 괴로움을 받아야만 합니다. 중생도 이러합니다. 닭들은 빤히 죽임을 당할 것인데, 쌀 한 톨을 위해 다투며 서로 싸웁니다. 참으로 가련해 보입니다. 죽음을 기다리는 죄수가 어떻게 기쁠 수 있겠습니까? 어떻게 즐거울 수 있겠습니까?

세간 사람은 모두 성공에 기뻐하지만, 성공과 실패가 서로 인과가 됩니다. 오직 지혜 있는 자만이 이른바 성공은 실패의 어머니이고, 이른바 실패는 성공의 어머니임을 압니다. 실패가 없다면 성공도 없고, 성공이 있으면 반드시 실패가 있습니다. 우리들이 세간을 살펴보면 참으로 가련합니다. 성공을 위해 다투고 머리를 일그러뜨리고 얼굴을 일그러뜨립니다. 성공과 실패는 쌍둥이 형제자매입니다. 성공할 때 실패가 시작됩니다.

32품에서 37품까지 우리들은 이 경문들을 통해 매일 생활을 반성하고 신·구·의 삼업의 행위를 점검할 수 있습니다.

만약 잘못을 범하였다면 경의 가르침에 비추어 수정하여야 합니다. 이 여섯 품은 현재 사회 상황이 다섯 가지 악(五惡)·다섯 가지 고통(五痛)·다섯 가지 타오름(五燒)의 오탁五濁 세계임을 말합니다. 도덕윤리를 완전히 다 잃어버려 우리들 눈앞의 생활이 그 순간 파멸될 것임을 알지 못합니다. 세간의 사람들은 모두 자식을 키워서 노후를 대비한다고 하지만, 세상은 무상합니다. 일반적으로는 아버지가 죽어 아들이 울지만, 아들이 죽어 아버지가 우는 경우도 매우 많습니다. 남편은 아내가 죽어서 울고, 아내는 남편이 죽어서 울며, 형은 동생이 죽어서 울고, 동생은 형이 죽어서 웁니다. 비록 육친이 한자리에 모인다고 하지만, 마지막에는 돌아가면 한바탕 대성통곡하지 않을 수 없습니다. 중생은 선을 행한 것은 적고, 악을 저지른 것은 많으며, 훔치고 빼앗고 죽이고 하여 세간을 매우 공포에 떨게 하며, 악업의 인연으로 말미암아 삼악도에 떨어집니다. 살아있을 때 권속이 같이 있다가 목숨이 다한 후 서로 상관없이 각자 자기 길로 가니, 모두 인과응보에 속합니다.

그래서 부처님께서는 중생에게 악을 그치고 선을 행하며, 정진하고 도를 행하며, 나아가 서방정토에 태어나길 구하라고 권하십니다. 『유마경』에 이르길, "(보살이) 마음이 청정하면 불국토가 청정하다(心淨則佛土淨)"라고 하였습니다. 정토법문은 이행도易行道입니다. 이 법문은 업을 짊어진 채 왕생하고, 오역 십악의 죄인일지라도 임종시 십념·일념에 모두 왕생할 수 있습니다. 부처님께서는 "각자 부지런히 정진하고 노력하여 스스로 왕생하길 구하라"고 권하십니다. 사람 몸은 얻기 어려운데 지금 얻었고, 불법은 듣기 어려운데 지금 들었으니, 금생에 제도하지 않고 다시 어느 생을 기다려 이 몸을 제도하겠습니까?

연이어 유통분입니다. 제43품 「비시소승非是小乘」으로부터 수 많은 사람들은 자신이 문을 닫고 있고, 독경·염불은 이기적 이고 자신만 이롭게 하는 자기 자신밖에 모르는 사람, 소승의 방법이고, 보살도를 행하는 것이 아니라고 느낍니다. 실제 이는 매우 큰 오해입니다. 저 자신의 경력을 돌아볼 때 처음 스스로 집에서 문을 닫고 독송하여 진실한 이익을 얻은 다음에 운명을 전환하여 비로소 이고득락離苦得樂할 수 있고, 자행화타 自行化他12)할 수 있게 되었습니다.

오늘 여기에 와서 다들 그 이익을 널리 받을 수 있길 희망합니 다. 자신이 수학한 성과로 대중을 공양하는 것이 보살도를 행함입니다. 저 자신도 가르침대로 봉행하려고 노력하여 10 년간 끊임없이 독경하였기에 저는 80세의 부모님을 감동시켰 습니다. 최근 2년에 그들도 날마다 끊임없이 무량수경을 독송하여 날마다 법희충만하십니다. **무량수경을 수지 독송한 사람은 마음 바탕이 진정으로 평등하고 광대합니다.** 왜냐하면 가르침대로 봉행하기만 하면 시간이 아침이든 저녁이든 상관 없이 극락세계는 광대무변하여 언제나 우리들이 오기를 기다 립니다. 일단 극락세계에 가면 한 사람 한 사람 모두 평등합니 다. 만약 극락세계에 인원이 제한되어 있어 연합고사(대만 대입시험)처럼 3만 명만 뽑는다면 우리들은 경쟁심리가 있고 피차 시기심이 있어, 누가 더 잘 닦는가? 누가 더 독경을 많이 하나? 비교할 것이지만, 사실·진상을 분명히 이해하였 을 때 일체 의심과 근심이 깨끗하게 다 풀릴 것입니다. 앞에

---

12) 스스로 불도를 수행하고 그 깨친 바에 따라서 다시 다른 중생을 교화하는 것을 말한다.

간 사람이 뒤에 오는 사람을 도울 것입니다. 곧 무량수경에서 말씀하시는 것처럼 「어떤 하열한 마음도 없을 것이며, 또한 잘난 체하지도 않을 것(心無下劣, 亦不貢高)」입니다. 왜냐하면 착실하게 가르침대로 봉행하기만 하면 한 사람 한 사람 모두 반드시 극락세계에 왕생할 것이기 때문입니다. 정말 만인이 닦아 만인이 가서 모두 다 평등하게 성불할 수 있습니다. 이렇게 수승하고 장엄한 갈 곳이 있음을 알고 있는데, 세간의 일체 명성과 이득에서 다투고, 구하고, 비교할 만한 무언가가 아직도 있습니까? 이렇게 수승한 공덕과 이익이 있어 응당 좋아하고 즐겨 수행하며 희유한 마음을 내므로 세존께서는 거듭 우리들에게 성실하게 무량수경의 가르침에 따라 일상생활에서 진정으로 실천하길 권하십니다.

제44품에서 "일체 선근의 근본을 심고, 이미 일찍 무량제불께 공양하여(植諸善本, 已曾供養無量諸佛), 보리수기를 받았고 일체 여래께서 다 함께 칭찬하셨느니라(受菩提記, 一切如來同所稱讚). 이런 까닭에 전일한 마음으로 믿고 받아들이며, 수지·독송하고, 연설하며, 봉행하느니라(是故應當專心信受、持誦、說行)."라고 하였습니다. 이 경문으로부터 이번 생에 이 경전을 만날 수 있게 된 인연은 심상치 않음을 알 수 있다.

제45품 「독유차경獨留此經」에서 일체 법이 모두 사라지고 이 경전만 백 년 동안 세상에 머물게 할 것이라 말씀하셨습니다. 이로부터 무량수경은 말법시대 중생의 근기와 성품(根性)에 대치하여 이치에도 맞고 근기에도 맞아(契理契機) 이것이 말법에 중생을 구제하는 유일한 길잡이 등불임을 알 수 있습니다. 우리들은 반드시 이 무량수경을 매우 소중하게 여겨야 합니다. 이 경전에 대해 나를 인도하는 스승이라고 생각하고(生遠達

想), 언제나 부처님의 은혜는 드넓고 스승의 은혜는 보답하기 어렵다고 느끼면서 반드시 성실하게 수행하여야 합니다. 부처님께서는 무량한 중생이 하루속히 안온히 머물러 불퇴전을 얻도록 하십니다. 무량수경의 수승함은 무량무변의 중생을 접인하여 극락세계에 왕생시킬 수 있다는데 있습니다. 극락세계에 왕생하면 불퇴전을 얻습니다. 실제로 성실히 수행하기만 하면 당신은 이 사바세계에서 이미 불퇴전일 뿐만 아니라 날마다 법희충만할 것입니다.

마땅히 정진할 생각을 일으키고, 이 법문을 들으십시오. 우리들은 이론과 방법을 매우 또렷하게 매우 분명하게 이해하여야 비로소 신심을 견고히 할 수 있습니다. 이른바 이명理明·신심信深[13]으로 법을 구하는 까닭에 물러나고 웅크리며 속이는 마음이 생기지 않습니다. 우리들은 절대 속이는 심리상태로 수학해서는 안 됩니다. 왜냐하면 다른 사람을 속일 수는 있지만, 자신을 속이지 못하기 때문입니다. 경계를 마주하였을 때 스스로 분별·집착하고, 탐·진·치·교만·의심이 많은지 무거운지 날마다 자신을 반성해 보십시오. 절대로 자신을 속여서는 안 되고, 반드시 진실하고 정성스러운 마음·공경하는 마음으로 진정으로 경전의 가르침 따라 수행하십시오. **설사 큰 불길 속에 들어갈지라도 의심하거나 후회해서는 안 되고**(設入大火 不應疑悔) 이 경을 독송하기만 하면 아미타 부처님께서 25분의 보살을 파견하셔서 밤낮으로 우리들을 호념하십

---

13) "하련거 거사께서는 「이명理明·신심信深·원절願切·행전行專·공순功純·업정業淨·망소妄消·진현眞顯」 16글자는 깨달음에 이르는 길(覺路)을 전진함에 있어 처음부터 끝까지 전 과정을 가리킨다." 황념조 거사, 『불법의 기본과 지름길(佛法的基本與要徑)』, 부록 1 「깨달음으로 가는 길의 여정(覺路進程)」참조

니다. 그래서 무량수경을 지송하는 것 보다 더 즐겁고 더 길상한 일은 없습니다.

만약 무량수경을 지송한 후 여전히 순조롭지 않을 때 우리들은 반드시 이것은 무거운 죄가 가벼운 과보로 바뀌는 현상(重罪輕報)에 이르렀음을 경계해야 합니다. 만약 이 경을 만나지 않았다면 우리들이 받는 과보는 반드시 현재보다 더 크고 더 괴로울 것입니다. 그래서 우리들은 의심하지도 후회하지도 말고 반드시 노력정진해서 일체의 곤란을 극복하여야 합니다. 경전에서는 우리들이 과거 무량제불께 공양을 올려서 이러한 수승한 복덕과 지혜가 있어 이 경 만났다고 말합니다. 우리들이 과거에 세세생생 수행하고 무량제불께 공양한 이상 왜 오늘 단지 범부의 몸으로 떨어졌을까요? 반드시 세세생생 수행한 성적이 부족해서 모두 합격하지 못하고 1차고시 난관도 극복하지 못하였을 것입니다. 이 사실을 알고서 우리들은 금생에 이 견줄 수 없이 수승한 인연이 있을 수 있고, 반드시 다시는 이 경전을 스치고 지나갈 수 없음을 경계하지 않을 수 없습니다. 일체의 난관, 일체의 시련을 부딪쳐 깨뜨려서 절대 이번 생을 헛되이 보내지 말아야 합니다. 왜 그럴까요? 저 무량 억의 일체 보살 등은 모두 이 미묘한 법문을 구하고 있고, 십지이상의 보살조차도 염불을 여의지 않기 때문입니다. 문수·보현 이와 같은 등각보살들도 모두 정토법문을 수학합니다.

우리는 이제야 알았습니다. 천경만론이 곳곳마다 돌아갈 곳을 가리키는 모두 한마디 「나무아미타불南無阿彌陀佛」입니다. 정종 淨宗 제8대 조사이신 연지 대사蓮池大師께서는 「아미타경」을 위해 소초疏鈔 한 권을 지으셨습니다. 그가 만년에 일체에 통달하였을 때 「3장 12부는 다른 사람이 깨닫도록 넘겨주고, 8만4천 수행은 다른 사람이 닦도록 양보하라(三藏十二部讓與他人悟, 八萬四千行饒與他人行)」라고 말씀하셨습니다. 왜냐하면 그 자신은 이미 가장 온당하고 가장 신속하며 가장 구경의 염불법문을 찾아서 일체를 내려놓고, 전일하게 정성을 다해야 성취할 수 있었으니 이후 인쇄한 경서는 염불법문을 믿지 않는 사람들에게 보여주신 것입니다.

제47품에서 「과거 생에 복과 지혜 닦아놓지 않았다면 금생에서 염불법문 만나지를 못한다네. 이미 여러 부처님께 공양올린 공덕으로 비로소 환희하며 이 법문을 믿을 수 있네(若不往昔修福慧, 於此正法不能聞, 已曾供養諸如來, 則能歡喜信此事)」라고 하였습니다. 진실로 인과를 믿고, 금생今生에 염불법문을 움켜쥐고 당생當生에 성취합시다. 부처님께서는 우리들을 가르치고 인도하십니다. 아침부터 저녁까지 세상에 살면서 사람을 상대하고 사물을 접하며 각정정覺正淨하여야 합니다. 그것의 표준은 바로 한 부의 「무량수경」입니다. 이래서 우리들은 날마다 독송하고 염불해야 비로소 언제나 부처님을 생각하고 극락세계 의정장엄을 생각할 수 있으며, 날마다 독송해야 여러 상선인上善人과 한 곳에 모여서 날마다 몸을 청정장엄하고 수승한 경계에 둔 것처럼 느끼며 연못 보배수 사이로 한가로이 거닐 수 있습니다. 이처럼 무량수경은 원만한 경전으로 이사인과理事因果를 너무나 또렷하고 분명하게 말하고 있기 때문에 옛 대덕께서는 정토 제일경이라 찬탄하십니다. 일문에 깊이 들어가 보리심을 발하고 일향전념하면 금생에 반드시 왕생할 수 있습니다.

이제 독경과 염불 방법으로 망상을 제거하고 번뇌를 바꾸는 수행방법에 대한 이야기를 해보겠습니다. 독경은 두 가지 목적이 있습니다. 첫째, 계정혜를 원만히 수행하는 것입니다. 계율의 정신은 「모든 악을 짓지 말고 뭇 선을 받들어 행하라(諸惡莫作, 衆善奉行)」입니다. 만약 열 가지 악업을 짓지 않는다면 서방극락세계와 상응할 것입니다. 독경할 때 마음속에 어떠한 망념을 일으키지 않으면 모든 악을 짓지 않는 것입니다. 경전은 부처님의 진여자성에서 흘러나오는 진실한 말씀으로 선 중의 선입니다. 이런 까닭에 독경은 바로 뭇 선을 받들어 행하는 것입니다. 독경할 때 마음을 전일하게 하여야 합니다. 이는 선정을 닦는 것입니다. 경전을 염할 때 처음부터 끝까지 또렷하고 분명하게 염해야 합니다. 념할 때 뒤섞임(錯)도 새어나감(漏)도 없거나 전도됨도 없으면 바로 지혜를 닦는 것입니다. 독경할 때 너무 쉽게 망념이 나타나서 흩날리고 망상이 너무 많으면 즉시 날마다 끊임없이 독송하여 점차로 망념이 많다가 작아질 것입니다. 독경 횟수를 증가시키면 망념이 날이 갈수록 감소할 것입니다.

『능엄경楞嚴經』「대세지보살염불원통장」에 이르길, "부처님을 그리워하고 부처님을 생각하면 현전이나 당래에 반드시 부처님을 친견할 것이다(憶佛念佛 現前當來 必定見佛)" 하였습니다. 독경이 바로 부처님을 그리워하는 것입니다. 마음을 일으키고 생각을 움직이는 것도 모두 서방극락세계의 경계이면 바로 부처님을 그리워하는 것이고 일심一心입니다. 망념이 작아지면 바꾸어서 지계염불을 주된 수행으로 삼고, 독경을 보조 수행으로 삼습니다. 염불의 방법과 독경은 같은 이치로 반드시 매일 기도일과가 있어야 합니다. 부처님 명호를 부르는 횟수를 점차 늘려가되, 숫자를 헤아리고, 중간에 중단해서는 안 됩니다. 염불할 때 반드시 전체 마음 그대로가 부처님이어야 하고,

전체 부처님 그대로가 마음이어야 합니다(全心是佛, 全佛是心).14) 오직 이 법문만이 생사를 막아낼 수 있습니다. 왜냐하면 3장 12부의 대경대론大經大論이 모두 한마디 아미타 부처님 명호의 공덕·이익을 강해한 것이기 때문입니다. 그래서 선도 대사께서는 우리들에게 염불의 세 가지 요결要訣을 가르쳐주셨습니다. 즉 몸은 아미타 부처님께 절하고, 입은 아미타 부처님을 부르며, 마음은 전일하게 아미타 부처님을 생각하여 몸과 입과 뜻 삼업을 한가지로 전일하게 닦으면(專修) 만인이 닦으면 만인이 가지만, 반대로 이것저것 뒤섞어 닦으면(雜修) 만인 중에 한두 사람도 왕생하기 어렵다고 하셨습니다.

독경염불에서 가장 중요한 것은 의심을 품지 않고(不懷疑), 뒤섞지 않으며(不夾雜), 중간에 중단하지 않는(不間斷) 것입니다. 이로써 우리들은 전일하게 정성을 다하는 것이 중요함을 알 것입니다. 12시간 마음을 일으키고 생각을 움직일 때 오직 한 가지 생각(念頭), 바로 아미타불만 있을 뿐입니다. 부처님 명호를 전일하게 염해야 공부가 되고, 번뇌를 조복하여 안온히 머물 수 있습니다. 염불공부가 한 덩어리에 이를 때 왕생할 자신이 생깁니다.

둘째, 내용을 숙지할 때까지 경전을 염하면 아무 때나 부처님의 가르침을 일상생활에 응용할 수 있습니다. 경전의 가르침대로 표준을 삼아 우리들 자신의 잘못인 견해·사상·행위를 수정하고 우리들로 하여금 마음이 부처님과 같아지고, 원이 부처님과 같아지며, 이해가 부처님과 같아지며, 행동이 부처

---

14) "전체 부처님 그대로가 마음이니, 마음 밖에 부처님이 없다(全佛是心。心外無有佛) … 전체 마음 그대로가 부처님이니, 부처님 밖에 마음이 없다(全心即佛。佛外無有心)." 원영 대사, 『아미타경 요해강기』

님과 같아질 수 있습니다. 매광희梅光羲 노거사께서는 무량수경 회집본 서문에서 "정종淨宗을 홍양하려면 반드시 먼저 대경을 널리 유통시켜야 한다. 그래서 사람마다 지송할 수 있다면, 인과因果에 절로 밝고, 몸과 마음이 절로 이해되고, 겁운이 절로 바뀌며, 천하가 절로 다스려져 태평하다"라고 쓰셨습니다. 이치에 밝지 못하면 정토를 홍양하기 어렵습니다. 이런 까닭에 무량수경이때맞추어 출현하였습니다. 진실로 팽이림彭二林 거사께서 "이 경을 만날 수 있는 것은 실로 무량겁에 하루를 만나는 것만큼 어렵고 희유하다"라고 말씀하신 것과 같습니다.

왜 「무량수경」이 이렇게 수승하다고 말할까요? 왜냐하면 말법 시기의 중생은 근기가 이미 너무 약하여 생명이 사경에 이른 병자와 같습니다. 일반 약물로 이미 그의 병을 치료할 수 없을 뿐만 아니라 겨우 참으로 좋은 약이 있어도 약효가 매우 느려서 마찬가지로 그의 생명을 구하기에 이미 늦었고 반드시 빠르고 좋은 특효약이 있어야 이 병자를 구할 수 있습니다.

이 경전의 수승함은 그 감응이 대단히 빠르다는데 있습니다. 진정으로 공부에 전념하기만 하면 반년이면 효과가 있습니다. 어떤 효과입니까? 바로 마음이 점차 청정해지고 망상집착이 매우 엷어져서 사람을 상대하고 세상을 사는 지혜가 생깁니다. 경전에서 말씀한 것처럼 마음은 늘 진실로 세간 사람들을 제도하는 도에 머물고(心常諦住度世之道) 손에서는 늘 다함이 없는 보배가 흘러나옵니다(手中常出無盡之寶). 이것이 바로 독경의 좋은 점입니다. 독경할 때 반드시 공경하는 마음, 진실하고 정성을 다하는 마음으로 매일 일과를 정해서 점차 늘려가며, 또한 합쳐서 총 횟수를 기록하고 하루라도 중간에 중단해서는 안 됩니다. 지금 당신이 시간을 얼마 낼 수 있는지 능력에 따라 기도일과를 정하고 독송을 바로 시작한 후 500독을 넘기기가 가장 어렵습니다. 이것은 이전에 지은 자신의 업장이 그만큼 무겁기 때문입니다. 그래서 반드시 매우 큰 인내와 의지로 이 난관을 돌파하여야 합니다.

독경은 계정혜 삼학의 1차완성입니다. 그것의 비결은 중간에 중단하지 않고 뒤섞지 않으며, 의심을 품지 않는데 있습니다. 아무리 괴로워도 상관없이 매일의 기도일과를 하루라도 중단하지 말고 진정으로 착실히 가르침대로 봉행하여 당신이 1천 번을 초과하여 독경하면 경계는 대단히 수승하여 진정으로 감응도교感應道交가 이루어지고, 불가사의하며, 의보정보依報正報가 모두 즉시 전변轉變하여서 하는 일마다 순조롭게 이루어지고(事事順心), 몸과 마음이 건강하고 즐거우며, 마음먹은 대로 일이 이루어집니다(心想事成). 진정으로 1년의 시간을 들여 노력하면 자신의 심지가 매우 청정해지고, 망념은 매우 뚜렷하게 줄어듭니다. 마음은 청정하고 망념이 줄어들며, 정신이 좋아지고, 병도 번뇌도 줄어들며, 더욱더 지혜가 생깁니다.

저는 가정주부로 독송을 막 시작하였을 때 집안일이 많고 너무나 번잡하였습니다. 왜냐하면 이것은 저 자신의 의보로 그다지 큰 복보가 없었기 때문입니다. 1년차에 저는 하루에 3독을 중단 없이 독경하여 한 해를 지나 1천여 독을 독경하여 마음이 선정에 들었고, 몸 상태는 호전되기 시작하였으며, 감기도 적게 걸렸습니다. 이전에는 온 몸이 아팠는데, 최근에는 점차 몸이 서서히 좋아지기 시작함을 느꼈습니다. 가정일도 이전에 비해 수월해졌고, 경제상황도 날이 갈수록 좋아졌으며, 사업도 매우 순조로워졌습니다. 그 당시 저는 전혀 바라는 것이 없었고, 단지 착실히 가르침대로 봉행하였으며, 자신은 전혀 이것이 바로 감응인 것을 느끼지 못했습니다.

2년차에는 하루에 5독 독송하는 것으로 늘렸습니다. 한편으로는 숙독이 빨라져서 매우 빨리 독경하기 시작했습니다. 그렇게 매우 빨리 3천 독을 독경하였습니다. 그 때 감각은 더 없이 수승하였고, 몸은 매우 가뿐했으며, 수면은 줄어들었고, 1년 동안 계속 감기에 걸리지 않았습니다. 복보는 날이 갈수록 커져서, 마음먹은 대로 일이 이루어지는 것이 시간이 갈수록 많아졌으며, 망념도 날이 갈수록 줄어들었습니다.

3년차에는 수면은 더욱 줄어 아침 3시에 일어났고, 일어나자마자 독경을 시작하여 한번 앉으면 계속해서 5독 독경을 하였고, 한번 독경하는데 망념이 한 두 개만 남았습니다.

오래 전에 처음으로 독경하기 시작하였을 때 경전을 독송하는 처음부터 끝까지 온통 망념투성이었습니다. 몸도 정신도 건강이 매우 좋지 않았습니다. 그러나 독경을 시작해서 효과를 얻은 이후 그만두려 해도 그만둘 수 없었습니다. 청정한 마음의 이로운 점을 맛보면서 심지가 청정해졌고, 날마다 몸이 가뿐하고 유쾌하였습니다. 진정으로 망념이 적고 마음이 청정한 자재함을 체득하였습니다.

어느 날은 오후 1시 남짓까지 11독을 독송하고서 대단히 법희 충만하였고, 마음도 매우 청정하였습니다. 둘째 날에는 하루에 12독을 독경하여 진실로 더할 나위 없이 즐겁고 자재하였습니다. 줄곧 독경하여 4천 5백독을 독경하였을 때 1차 큰 수술을 시작하였고, 수술하는 가운데 불가사의 하게도 순조로웠습니다. 진실로 무거운 죄가 가벼운 과보로 바뀐 것이었습니다. 왜냐하면 저는 살생 업이 너무 무거워서 몸 또한 매우 좋지 않은데다 또 음식을 탐하여서 이전에 계속 낮잠을 잘 때 악몽을 꾸었습니다. 아침 10시까지 잠을 잤고, 정신을 차릴 수 없었으며, 매일 정신이 몽롱하고 산만하였습니다. 망념 또한 많고 복잡했으며, 꿈도 많이 꾸었습니다. 그러나 현재는 꿈도 적게 꾸고, 정신도 매우 맑습니다. 매일 잠자는 시간도 매우 적고, 먹는 것도 매우 적습니다. 매일 독경·염불하고 부처님께 절하고 경전을 듣습니다. 날짜가 지나갈수록 매우 즐겁고 자재하였으며, 정보·의보에 모두 큰 전변轉變이 있었습니다.

정공 노화상의 자비에 감사드립니다. 그는 제가 이치에 밝지 못해 믿고 받아드릴 수 없음을 깊이 아셨고, 제가 학불하여도 진실한 이익을 얻을 수 없음을 알았습니다. 몇년 간 저는 노력하여 힘껏 가르침대로 봉행하며 매일 힘껏 16시간을 운명을 바꾸어 나갔고, 체질을 바꾸어 나갔습니다. 확실히 경전에 말씀한 것처럼 "인연이 있어 그 광명을 보는 중생은 마음의 때가 멸하고, 선한 마음이 생겨나며, 몸과 뜻이 부드러워지고, 만약 삼악도의 극심한 고통을 받는 곳에 있다 해도 이 광명을 보기만 하면 모두 휴식을 얻게 되었습니다(其有衆生, 遇斯光者, 垢滅善生, 身意柔軟, 若在三途極若之處, 見此光明, 皆得休息)."

10년간 매우 많은 동수 여러분들이 매일 이치대로 여법하게 노력하여, 독경하고 가르침대로 봉행하였으며, 열 가지 악을 짓지 않았습니다. 이 방법으로 독경염불하면 신체 건강이든 자녀교육·혼인·사업이든 상관없이 모두 원만한 결과를 얻었습니다. 경전의 말씀대로 "제천·세간 사람들로부터 기거나 날거나 꿈틀거리는 벌레에 이르기까지 이 빛을 본 자는 누구나 모든 질병의 괴로움이 멈추지 않은 이가 없었고, 일체의 근심과 번뇌 또한 벗어나지 않는 이가 없었습니다(諸天人民, 以至蜎飛蠕動, 睹斯光者, 所有疾苦, 莫不休止, 一切憂惱, 莫不解脫)." 너무나 상응하였고, 진정으로 감응도교가 불가사의하였습니다. 현재 우리들도 비로소 매일 중간에 중단하지 않고「무량수경」을 독송하여 최소한 3천 독 쌓는 것이 너무나 중요한 것임을 알게 되었습니다. 일문에 깊이 들어가 마음을 장기간 이 경전에 안온히 머물러야 선정을 얻을 수 있고, 마음이 선정에 들면 지혜가 생깁니다. 어떠한 사람이든 누구나 모든 것이 내 뜻대로 되길 구하려 하나, 내 뜻대로 될 수 있다는 것을 알지 못할 때 바로 업을 짓는 때입니다. 사람은 세간에 살아가면서 얼마간의 왜곡을 받습니다. 그것이 바로 왕생의 자량이고, 성불의 근본입니다.

현재 학불하고 있다 하더라도 여전히 늘 잘못된 관념이 있습니다. 단지 독경할 뿐이고, 아무것도 모른다고 생각합니다. 어떻게 이렇게 성취할 수 있을까요? 실제로 우리들은 5년동안 계율을 배움(學戒)에 있어 먼저, 단지 이 경전을 독경할 뿐입니다. 이것이 근본지根本智를 배양하는 것입니다. 학불은 반드시 사홍서원四弘誓願의 차제次第에 따라 먼저 발원하고 대원을 발한 후 번뇌를 끊는 것으로부터 시작하여야 하고, 그런 후에야 무량법문을 수학할 수 있습니다. **근본지를 배양함은 바로 번뇌를 끊는 것입니다. 근본지가 있으면, 후득지後得智를 매우 빨리 얻습니다.** 경전의 기초가 있으면 온갖 경전을 널리 읽을 수 있습니다. 그것은 적은 노력으로 많은 효과를 거두는 것으로 고인이 늘 말하는 것입니다. 한 가지 경전에 통하면 일체 경전에 통합니다. 화엄경계는 하나가 곧 여럿이고, 여럿이 곧 하나이며, 이사무애·사사무애의 경계입니다. 독경을 한 후에 우리들은 비로소 압니다. 원래 광대하고 넓게 하고(廣博) 전일하게 정성을 다하는 것(專精)은 하나이지 둘이 아닙니다. 전일하게 정성을 다하는 것이 곧 수학의 묘경妙境으로 신속하고 온당하며 쉽게 성과가 있습니다.

우리들은 말법 1천년의 오늘에 살고 있습니다. 「무량수경」을 만났으니, 결코 다시 놓칠 수 없습니다. 반드시 이번 생을 이용하여야 합니다. 노력하여 경의 가르침을 철저하게 실천하고, 다시는 헛되이 이번 생을 보내지 말아야 합니다. 우리들은 3년간 수학하는 과정에 의심을 품지 말고, 뒤섞지 말며, 중간에 중단하지 말고 착실하게 염불하는 것이 진정으로 독경의 중요성을 체득하는 것입니다. 이전에는 부처님 명호를 오래 지속할 수 없었다면 지금 부처님 명호를 생각생각 환희심을 내어서 부처님 은혜와 스승님의 은혜를 보답하기 위해 더욱더 게으르지 말고 부지런히 닦고 노력하며, 부지런히 정진하여야 합니다. 몇 년 간 우리들은 날마다 성실하게 독송하였습니다. 곧 완전히 「무량수경」을 수학의 근본으로 삼아, 제1단계는 경문을 숙지하고, 제2단계는 철저히 경의를 이해하며, 제3단계는 경문에 따라야 합니다. 즉 부처님께서는 우리들의 사상·견해·행위를 경문에 따라 착실하게 생활가운데 하나하나 실천하도록 가르치고 인도하셨습니다. 이른바 수행은 바로 자신의 결점·습기를 고치는 것으로 경문의 가르침을 일상생활에 응용하여 원만하게 세상을 살고, 사람을 상대하며, 사물을 접촉할 수 있습니다. 이것이 바로 학불學佛의 진정한 목적입니다.

우리들 자신이 진정으로 이를 실천함으로써 장래에 사회풍조를 변화시키고, 나아가 오늘의 세계를 구제하길 희망합니다.

우리들이 진정으로 수지 독송하기만 하면, 자신의 왕생에 자신이 생길 뿐만 아니라 가정을 아름답게 하고, 사회를 안락하게 하며, 국가를 부강하게 하고, 나아가 세계평화와 온 인류의 행복에 모두 지대한 기여를 할 것입니다. **「무량수경」은 우리들이 극락세계로 가는 이민비자와 같습니다.** 한 사람 한 사람 수중에 이미 한 사람의 몫이 있습니다. 문제는 우리들이 아직 자신의 이름을 기입하지 않았다는 것입니다. 오늘 모두 고향집으로 돌아가시길 발원하고 기입하시길 희망합니다. 무량수경은 극락세계에 반드시 왕생할 것을 보증합니다. 자신이 있는 곳에서 각자 동수 여러분에게 서로 권유하십시오. 감사합니다. 아미타불!

마치 중생들이 남의 보물을 세지만
자신에게는 반푼어치도 이익이 없듯이,
법도 수행하지 않고
많이 듣기만 한다면 이와 같다.
- 화엄경 보살문명품菩薩問明品

허공법계를 울리는 염불

자기 염불의 효과가 적어서 작용을 일으키기
어렵다는 선입관은 착오입니다. 염불 공덕의
효과가 크고 작음은 사람의 숫자에 달린
것이 아니라, 염불인의 참된 성심誠心과
마음그릇(心量)에 달려 있습니다.
만약 염불인에게 사심 망상 분별 집착이 없다면
그 마음은 진허공 변법계를 둘러 쌉니다.
그러한 염에서 나오는 매순간의 아미타불
명호는 1만인의 염불 보다 수승한 것입니다.
과연 참으로 참된 성심誠心과 청정심, 평등심,
자비심으로 염불하면, 이 사람이 머무는 곳에는
곧 복의 과보가 있고 진정한 보살들이 염불함
으로써 중생을 위해 재난을 사라지게 하고
죄업을 소멸시킬 것입니다.
~ 정공 큰스님

4. 암은 나를 더 건강하게 살도록 한다

대만台灣, 사청가謝淸佳

학력 : 미국 시러큐스Syracuse 대학교 경영관리학 석사
      국립교통대학 경영과학 박사
경력 : 국립대만대학 정보관리학과
      학과주임 겸 연구소 소장
현재 : 국립대만대학 정보관리계 부교수

1. 도증 법사道證法師, 들어가는 말

보통 만나는 경계가 습기·망념에 끌려 다녀서 불법이 쓸모가 없고 심지어 도움이 되지 않아서 우리 학불하는 사람들을 괴롭히지만, 사청가謝淸佳 박사의 정진과 반조返照[15]공부는 진실로 우리들에게 깊고 깊은 감탄을 자아내고, 그와 같지 못함을 한탄하게 합니다.

일부 건강한 사람도 1년에 한 부 무량수경을 염하는데, 모두 "너무 길어 끝까지 염하지 못하겠다"고 느끼지만, 사 박사는 오히려 열심히 하여 하루에 10회 이상을 염할 수 있었다고

---

15) 밖으로 달려가는 마음을 안으로 돌이키는 것을 말한다.

합니다. 건강한 사람도 힘이 들어 여러 번 절 수행(拜佛)을 할 수 없다고 생각하는 사람이 매우 많은데, 그녀는 교직과 가정사를 고루 돌보면서 여전히 기꺼이 발원하여 1년에 부처님께 1만 배 절을 하고서 또 엄청난 환희심과 상쾌함을 느꼈다고 합니다. 매우 많은 사람들은 대체로 학불하고 청경聽經할 시간이 없다는 핑계거리가 있게 마련이지만, 그녀는 오히려 날마다 정진하고 불법을 청문하였을 뿐만 아니라『화엄염불삼매론 강기華嚴念佛三昧論講記』(황념조 거사 저술)를 정리·출판하여 널리 여러 사람들을 이롭게 하였습니다.

게다가 더욱 훌륭한 것은 그녀는 일상생활 속에서 끊임없이 자신을 반성하여, 신속히 정념正念을 가다듬는다는 것입니다. 정토 수행자는 모두 임종시 부처님의 접인을 받아 극락에 왕생할 수 있길 발원하지만, 임종시 부처님의 「접接」「인引」을 받는 것은 평상시 부처님의 「인」도를 환희하며 「접」수하여 늘 부처님 마음과 상응하는 것에서 옵니다. 임종시 극락 「왕생往生」도 현재 지금 결심하여 - 현재 마음의 쓰레기를 내려놓고 - 「왕往」 불퇴하여 지극히 즐거운 부처님 「생生」활하며 지내는 것에서 옵니다. (이것이야말로 「왕」「생」 극락의 진실한 발원입니다.)

2. 암은 나를 더 건강하게 살도록 한다.

도증 법사께서 제게 암에 걸려서 투병하는 마음의 여정을 담아 환우를 격려하는 글을 써보라고 부탁하셨습니다. 비록 스스로 병에 걸린 이력은 매우 평범하다고 여길지라도 지금까지 온 길은 오히려 매우 순조로워 아무런 시련과 고생도 없었습니다. 그래서 기꺼이 법사님의 자애로운 명을 받들어

이 글을 써서 여러분들과 공유하고자 합니다.

3. 무상하게도 각자 근본 장부가 하나 있지만, 누구도 교체할 수 없다

1994년 겨울, 목욕을 하는데 무의식중에 우측 유방에 용의 눈 크기의 단단한 덩어리(硬塊)가 만져져서 대만대학병원에 가서 진단을 받았습니다. 금요일 오후에 문진을 받았고, 토요일에 초음파 사진을 찍었습니다. 다음 주 월요일에 통지를 받아 화요일에 입원하라는 연락을 받고 수요일에 절제수술을 받았습니다. 왜냐하면 수술 전 악성인지 양성 종양인지 판단할 수 없었기 때문에 수술시 먼저 국부 절제를 받아 바로 병리검사실에 보내었습니다. 저는 수술대에 드러누워 검사결과를 기다렸습니다. 잠시 기다린다는 것이 거의 2시간 가깝게 기다릴 줄 누가 알았겠습니까? 수술실은 매우 추웠고, 마음은 조마조마하여 마땅히 견디기 매우 어려운 시간이었습니다. 다행히도 학불한 지 7년에 평상시 염불을 일과로 삼았던 터라 한 마디 한 마디 연이어서 아미타불을 염하면서 천천히 평정심을 찾았고 견디기 어렵다는 느낌이 들지 않았습니다. 마침내 수술실의 전화벨 소리가 울리고 의사가 가까이 다가와 마취를 하고 암 조직을 절제하였습니다.

하룻밤 사이에 저는 암 환자가 되었습니다. 당시 저는 47세로 몸 상태는 괜찮았다고 할 수 있습니다. 감기에 걸린 적도 별로 없었고, 이곳저곳 아픈 잔병도 없었습니다. 일찍 자고 일찍 일어났으며, 채식을 오랫동안 했고, 체력도 여전히 좋아서 이따금 헌혈도 하였습니다. 국립대만대학에서 정보관리과 주임 및 소장 일을 할 당시 정보관리과를 개설한지 4년이었고,

석사 반 제1차였으며, 박사반도 준비 중으로 내년에 학생을 모집할 작정이었습니다. 일은 비록 수월하지 않았지만, 기분 좋게 감당할 수 있었습니다. 아무리 생각해도 암에 걸리리라 고는 전혀 예상하지 못했습니다. 나중에 저는 하련거 노거사 님의 말씀을 매우 간절히 체득하게 되었습니다. "각자 근본 장부(本帳) 하나가 있는데, 누구도 교체할 수 없다. 다음 페이지 를 펴면 무엇이 있는지, 누구도 알지 못한다. 업력이 발동하지 않도록 주의하여야 한다." 세상일은 무상하고 정말 헛되지 않습니다.

4. 죽는다는 두려움은 자신의 망념에서 온다

암 환자가 맨 처음 직면하는 것은 죽음에 대한 두려움과 임종 전의 고통에 대한 두려움입니다. 어머님께서는 60세가 되시기도 전에 유방암에 걸리셔서 절제 수술을 받으신 후 다시 간암에 걸려 3년 만에 돌아가셨습니다. 저의 이모께서는 자궁암이 위암으로 전이되어 2년 만에 돌아가셨습니다. 두 분 다 임종시 모두 통증은 없었습니다. 먼 친척뻘인 외삼촌께 서도 미국에서 대장암이 발병되고 또 전이되어 몇 차례 수술을 받았는지도 모른 채 9년 후에 돌아가셨습니다. 외삼촌의 말씀에 따르면 임종 전 3개월 동안에 통증이 대단하여 연달아 모르핀을 맞아도 멈출 수 없었다고 합니다.

저는 자신이 암에 걸렸음을 알고 매우 신기하게도 맨 먼저 든 생각은 뜻밖에도 두려움이 아니고, 예전에 한 번도 경험하 지 못한 홀가분한 감각이었습니다. "아니! 내가 마침내 더 이상 살 필요가 없을 수도 있겠구나!" 그러나 이런 감각은 단지 몇 시간 밖에 지속되지 않았고, 이어서 찾아온 것은 바로 "두려움", 죽음에 대한 두려움이었고, 임종 전 통증에 대한 두려움이었으며, 자신이 완성하지 못한 학불의 공과功課와 심원心願 그리고 가족과 차마 헤어질 수 없다는 근심이었습니다. 이러한 두려움과 근심은 검토해보면 실은 모두 자신에 대한 「망념」입니다. 그러나 사람은 대체로 그러면 어찌할 수가 없고 자기도 모르게 자신의 망념에 끌려 다닐 수밖에 없습니다. 돌아보면 저는 어떻게 이런 두려움과 근심을 극복할 수 있었는지? 아득하기만 합니다.

5. 정토수행자는 임종시 찰나에 부처님께서 접인하심을 구할 뿐이다

그 당시 저에게는 함께 염불하는 연우蓮友들이 있었습니다. 염불인이 가장 기대하는 것은 "바로 미리 때가 이르렀음을 알아 자재왕생하는 것(預知時至, 自在往生)"입니다. 우리들이 함께 염불할 때 반쯤은 진지하게, 반쯤은 농담으로 암에 걸린 것이 미리 때가 이르렀음을 아는 것이라고 이야기하였습니다. 정토수행자가 일생에 희구하는 것은 임종, 그 일찰나에 부처님께서 오셔서 접인하시는 것뿐입니다. 저는 여기서 진실한 의지처를 찾았고, 죽음에 두려움이 없을 수 있었습니다. 그래서 저와 같은 병실환자가 흐느껴 울면서 근심할 때 저는 태연자약할 수 있었습니다. 이것은 바로 제가 저의 일생에서 희구하는 것이 "임종시 접인왕생"임을 매우 또렷하게 알았기 때문입니다. 왕생은 정토수행인에게 말하자면 바로 꿈에도 바라던 해탈입니다. 저는 불법 안에서 죽음을 인식하고, 죽음에 대해 준비가 되어 있습니다. 아미타 부처님의 정토법문에 의지해서 죽음의 두려움을 극복할 수 있습니다.

6. 망념에 끌려 다녀서는 안 된다

그러나 사정은 전혀 이렇게 간단하지 않아서 공부가 부족하여 분명히 이치는 매우 또렷하지만, 오히려 시시각각 관조할 수 없고 이따금 망념에 끌려 다니고 멈출 수 없었습니다. 제 기억에 막 퇴원하여 집으로 돌아온지 얼마 안 되어 수술 후 몸이 비교적 허약하여, 잠깐 동안 또 암이 두렵다는 생각이 일어나 멈출 수가 없어서 부처님 명호를 계속 염할 수 없었습니다. 바로 도움이 되지 않는 시기가 있었습니다. 즉시 「정토자량淨土資糧」16)을 들고 몇 페이지를 펼치니 놀랍게도 몇 개의 큰 글자가 보였습니다. "당신 눈앞의 제일 큰일이자, 동시에 유일한 한 가지 큰일은 바로 한마디 아미타불을 끝까지 염하는 것이다....... 일체 상관 말고 일체 묻지 말며, 마음에 홀로 덩그렇게 한마디 명호를 그대로 들어라17). 한마디 염하고 또 한마디, (착실히 면밀하게 줄곧 염하여 아미타 부처님께서 와서 접인하시고, 한번 숨에 염하여 연꽃이 피고 아미타 부처님을 친견할 것이다.)" 이 간단한 몇 마디 글귀에 그 자리에서 마음이 청량해지면서 부처님 명호가 일어나 망념을 문득 쉬었습니다. 그 시간에 늘 하련거 노거사의 시 한수 「큰 병에 임종게를 읊다(大病中口占二偈辭世)」를 염하였다고 기억합니다.

---

16) 황념조 상사의 법어집인 『정토자량淨土資糧 · 곡향집谷響集』에 실려 있는 글이다.

17) 화두를 참구하는 방법에는 전제全提와 단제單提로 구분한다. 단제는 아무런 수단 방편을 쓰지 않고 바로 본분의 참뜻을 들어 보이는 것이고, 전제는 처음부터 끝까지 화두 이야기를 하는 것이다.

산다고 해서 연연할 필요도 없고
죽는다 해도 모두 만족할 수 있다네.
生已無可戀 , 死亦悉足厭 ;

본래 생사가 없는데
생사는 마음으로 인해 현현하여라.
本來無生死 , 生死由心現。

제법이 공함을 깨달아 알고
비로소 일체가 유임을 믿노라.
了知諸法空 , 始信一切有 ;

서방에는 극락세계가 있고
부처님이 계시니 무량수불이어라.
西方有極樂 , 有佛無量壽。18)

「망념에 끌려 다셔서는 안 된다.」 이 문구는 제가 당시 이것으로 두려움을 극복한 방법입니다. 어떻게 망념을 따라가지 않을 수 있을까요? 바로 망념에서 신속히 각조覺照19)하고 즉시 염불하는 것입니다.

---

18) 산다고 해서 연연할 것도 아니고/ 죽는다 해도 버릴 것도 아니니/ 크나큰 허공 속에/ 오고 가는 것일 뿐이라/ 잘못을 가지고 잘못으로 나아가니/ 서방극락이로다. (生赤無可戀 死赤無可捨, 太虛空中 之乎者也, 將錯就錯 西方極樂)『인천보감人天寶鑑』

19) 자기의 감정이 일어나는 것을 깨달아서 살피는 것을 말한다.

7. 생활의 질을 바라는가? 조금 더 오래 살려고 하는가?

암 환자는 홀로 괴로워해야 하며 무엇에도 기대지 않고 죽음에 직면하는 것 이외에 상처가 아직 낫지 않아도 즉시 화학치료를 받아야 할지 말지 곤혹스런 상황에 직면합니다. 제 기억에, 그 당시 저는 엘리베이터 앞 일광욕실에 앉아서 묵묵히 염주를 세면서 염불하고 있었습니다. 머리를 들고 보니, 주치의였습니다. 그는 "좀 있다가 주사를 한 대 맞고 화학치료를 할 겁니다."라고 말했습니다. 저는 어안이 벙벙하여 즉시 이풍李豐 의사와 저의 대화라고 생각했습니다. 제가 수술 받기 하루 전날 정오, 타이완 대학병원의 불당에 가서 부처님께 절하였는데, 그곳에서 처음으로 이 박사를 만났습니다. 저의 좋은 동학인 의무기록실(病歷室)의 범范 주임께서 저를 데리고 함께 불당에 갔었는데, 그녀가 저에게 소개시켜줘 이 박사를 알게 되었습니다. 수술 후 저는 이 박사의 연구실로 그녀를 찾아갔습니다.

그녀는 제게 물었습니다 : "학불하신 적이 있습니까?" "있습니다!"

또 물었습니다 : "정토 수행을 하십니까?" "예" (아마 저의 염주를 본 모양입니다. 평상시 저는 되도록 염주를 손에서 떼지 않습니다)

또 물었습니다 : "죽음이 두렵지 않습니까?" "두렵지 않습니다!"

다시 물었습니다 : "생활의 질을 바라십니까? 조금 더 오래 살려고 하십니까?" "생활의 질을 바랍니다."

그랬더니 말했습니다 : "그럼 제가 당신이라면 화학치료와 전기치료를 받지 않겠습니다." "예?!"

그래서 주치의가 제게 화학주사 치료를 하려고 할 때 저는 병리보고가 나올 때까지 기다렸다 하겠다고 핑계를 대었습니다. 주치의가 말했습니다. "당신의 암 조직은 이렇게 커서(7㎝ ×3㎝) 보고서를 볼 필요도 없이 치료를 해야 합니다." 저는 여전히 핑계를 대었고, 의사는 할 수 없이 그만두었습니다. 나중에 병리보고서가 나왔는데, 매우 특수한 것은 절제한 암조직이 비록 매우 컸지만 겉모양은 암 세포가 아니라 매우 단단한 결체조직(結締組織 ; connective tissue)으로 암세포와 긴밀하게 봉쇄되어 유방에 생긴 것으로 임파선으로는 전이되지 않았다고 합니다. 그래서 주치의사는 제가 화학치료를 받지 않겠다는데 동의하였습니다. 이런 사실은 저에게 매우 큰 근심을 들어주었습니다. 자신의 면역계통에 대해 신심이 생겼고, 동시에 자연요법에 대해 신심이 생겼습니다. 저는 수술하기 전에 최소 3, 4년 채식을 하였습니다. 일반적인 말로는 채식은 면역력을 증가시킨다고 합니다. 아마도 저의 행운은 바로 채식에서 비롯되었을지도 모르겠습니다!

8. 흥미로운 처방

그 후 저는 「자연요법自然療法」치료에 의지하기로 결정했습니다. 의사가 건의한 전기치료와 약물치료(호르몬 복용에 의한 강제폐경)를 포기하였습니다. 이 박사가 준 처방은 이러합니다.

◎ 타이베이(일 · 가정) 떼어놓기 1년(푸리사찰에서 9개월 머물렀다)
◎ 매일 걷기 4시간(나중에 매일 2시간 밖에 걷지 못했다)
◎ 매일 3시간 좌선(이것은 비교적 잘 했다. 좌선 염불하였다)
◎ 날마다 웃기(줄곧 그리 잘하지 못했다)

◎ 범사를 긍정적으로 보기(이것도 줄곧 그리 잘하지 못했다)
◎ 자연요법에 의지하기(온 힘을 다해 실천했다)

수술한 후 지금까지 5년 7개월이 지났습니다. 비록 이전에 비해 수척해졌지만(160㎝, 53㎏ ; 이전에는 56㎏), 체력은 반면에 이전에 비해 훨씬 좋아져 4시간 등산해도 그리 힘들다 못 느끼고, 불면증이 거의 사라졌으며, 식욕은 보통이었고, 흰 머리는 매우 작았고, 여전히 노안 안경을 쓸 필요가 없습니다. 이전에 비해 잘 웃었지만, 여전히 웃는 것은 부족합니다. 생각은 비교적 긍정적인 편입니다.

요컨대 수술 후 「불법」·「자연요법(음식과 운동 포함)」과 「중의中醫」가 저를 이끌어서 암을 내보내고 있습니다. 동시에 거의 아무런 고통 없이 매우 순조롭게 보내고 있습니다. 결론적으로 제가 직접 경험한 몇몇 건강회복요점을 아래에 제공하오니 참고하시길 바랍니다.

9. 참회

병을 얻은 후 반드시 자신을 반성하여야 합니다. 참회하고 잘못을 고쳐 새로운 생활과 새로운 자신으로 새롭게 만들어야 합니다. "내가 그렇게 노력하여 진실하고 정성을 다해 학불하였는데, 어떻게 이 같은 과보가 있을 수 있는가?" 이러한 생각을 절대로 품어서는 안 됩니다. 이러한 생각은 삼세인과를 모르는 것으로 바로 「의심」이며, 대단히 엄중한 정법비방입니다.

참회방법은 매우 많으나 저는 주로 하련거 거사의 「보왕삼매참寶王三昧懺」의 법본法本에 의지하여 배참(拜懺 : 다른 사람이 입은 재앙의 소멸을 대신해서 비는 것)하였습니다. 자기 반성을 하고서도 여전히 매우 부족합니다. 보리심이 부족하여 중생에 수순해서 하는 것에 매우 차이가 있습니다. 신구의 삼업을 지을 때 늘 「아집我執」을 가지고 공양한다면 여전히 노력이 필요하며, 철저히 참회하여 아집을 부수고 다시 만들어야 합니다.

10. 속마음 점검 · 참괴慚愧 기도

몇몇 통계숫자에 따르면 우측 유방암 환자는 대부분 선생님과 사이가 나쁘다고 합니다. 저의 유방암이 마침 우측에 발병하였습니다. 반성해보면 제가 암에 걸린 것은 죽어도 잘못을 인정하지 않고, 자신이 옳다고 여기며, 매우 집착하고 또 매우 답답한 저의 성격과 아주 많이 관련이 있었습니다. 특히 저의 선생님에 대해 저는 오직 제 자신의 관점에서만 생각하고 그에 대해 반발하고 불만만 가지고 있었으며, 여태껏 그의 처지와 심정을 고려한 적이 한번도 없었습니다.

우리 부부를 아는 사람은 모두 매우 기이한 배필이라 느낍니다. 왜냐하면 우리 두 사람은 비슷한 점이 조금도 없었기 때문입니다. 그는 키가 크고 준수하며, 성격이 소탈하고, 노래와 춤이 모두 일류이며, 매우 총명하고 유능하며, 용맹하고 예리한 개성의 소유자이며, 정직하고 사사로움이 없으며, 대단히 이성을 추구하는 사람입니다. 그러나 저는 지금까지 몸치장을 한 적이 없었고 되는대로 입었으며, 용모와 개성이 모두 약간 루시 모드 몽고메리(Lucy Maud Montgomery)의 붓 아래 창작된 어린 시절 빨강머리 앤 셜리(Anne Shirley)와 약간 비슷한 점이 있었습니다. 정신은 산만해 보이지만 오히려 개성이 있는 시골아이로 조용히 책 보길 좋아하였고, 고전음

악을 즐겨 들었으며, 매우 정신없는 짓을 하고 또 이성적이지 않았습니다. 제 기억으로는 소학교 1학년 시절 선생님께서는 저를 선발해 학예회에서 무용종목을 맡겼습니다. 저는 겁에 질려 울면서 집으로 돌아갔습니다. 외할머니가 선생님께 가서 말했습니다. "저의 집 애는 춤을 추지 않아요."

우리 부부는 개성과 취미가 전혀 닮은 구석이라곤 없습니다. 다행히도 모두 지식인이라 한 집 처마아래 손님처럼 서로 존경하며 살 수 있었습니다. 그런데 그는 늘 말합니다. "우리 집에는 두 선생님과 한 명의 아빠상阿巴桑(저를 도와 집안일을 돕는 가사도우미로 우리들은 19년 동안 다 같이 함께 살고 있습니다)이 있습니다. 그러나 아내는 없습니다." 그가 이렇게 말하는 심경은 매우 괴로웠겠지만, 저는 그를 이해하지 못했습니다.

제가 10살 밖에 안 되었지만, 온 가족은 남정南亭 노화상으로 인해 삼귀의를 받았습니다. 그러나 제가 14때가 되어서야 비로소 정공 법사님의 「미타요해彌陀要解」와 「보현행원품普賢行願品」을 듣고서 이전에 겪어 보지 못한 큰 감동과 환희를 얻었고, 비로소 자신이 이전에 매우 보잘것없이 살았으며, 원래 인생은 온통 이렇게 광활한 천지에 펼쳐져 있음을 발견하였습니다.

그러나 남편의 인연은 아직 성숙되지 않았고, 불법의 미묘한 이치에 깊이 들어갈 기회가 없었습니다. 그래서 그는 나처럼 이 같이 과학을 배운 고학력의 사람이 뜻밖에 이렇게 「미신」을 행할 것이라고는 전혀 이해할 수 없었습니다. 몇 차례 충돌한 후 저는 다시는 소통하길 시도하지 않았고, 그에게 학불하는 것을 속였습니다. 이것이 바로 제가 수술을 하기 전 상황입니다. 저는 단지 그가 제가 학불하는 것을 반대하고, 제가 학불하는데 장애라고 느꼈습니다. 그러나 그는 지금까지 그렇게 생각해 본적이 없었고, 마누라가 그와 격차가 너무 크다고 생각하였을 따름입니다. 그는 하루하루 전혀 편안하지 않았습니다. 저는 전혀 아미타 부처님의 정신으로 그를 이해하여 그에게 불심의 자비가 부드럽다고 느낄 수 있는 인연이 생기도록 돕지 못했고, 아미타 부처님의 인내로 그에게 불법의 지혜가 심오하고 광대함을 이해할 수 있는 기회가 생기도록 돕지 못했습니다.

수술한 후 저는 아미타 부처님을 믿었기 때문에 정서상 매우 평온하였습니다. 태어날 때부터 또 스스로를 단절하고 자기 정서의 개성을 표현하는 것을 좋아하지 않아서 한 방울의 눈물도 흘린 적이 없었습니다. 오히려 저의 선생님께서 온종일 병상 곁에서 지켜주시면서 걸핏하면 눈물을 닦으셨고, 두 눈이 붉어져 토끼 눈 같았습니다. 저를 부축해 침대에서 내려오게 하고 식사를 하게 하는 등 정말 저를 도와 이 일을 하고 싶어 하시는 것 같았습니다. 단지 제가 빨리 회복되어서 일체 모든 일을 스스로 할 수 있다면 애교를 부리지 않아도 중요한 사람처럼 보살펴주셨습니다. 제가 수술 후 가장 보살핌이 필요한 24시간 동안 저의 가족 중에서 가장 잘 보살펴주신 분은 전업 간호사(건乾 언니는 간호전문 강사 겸 실습주임이다)로 저를 책임지고 보살펴주셨습니다.

학불하는 연우들께서 매일 이른 아침 병원에 와서 제가 염불하는 것을 옆에서 도와주었고, 제게 탕식(수프)을 조금 가져다주었으며, 저녁 늦게까지 있다가 돌아갔습니다. 저는 그녀들의 보살핌에 매우 감격했고, 그녀들과 함께 매우 기뻐했습니다. 현재 돌아보면 몇 마디 저의 선생님께 감사의 말을 하는 것 보다는 참회를 잘 하는 편이 낳았을 겁니다. 왜냐하면 그 당시 저는 조금도 그의 심정과 처지를 헤아리지 못하고 그를 냉대하면서 온종일 두 눈이 빨개져 있는 것을 바라만 보았기 때문입니다.

저는 마음속으로 중얼거렸습니다. '사내 대장부가 왜 이렇게 울기를 좋아하나?' 게다가 최근에 도증道證 법사의 책을 읽었는데 법사께서 쓰신 영취산에서의 기원문을 보았습니다. "제발 저를 도우셔서 제가 중생의 고통을 체득하여 똑같은 감정을 느끼게 하여 주옵소서." 이 기원문은 저로 하여금 진정으로 참회의 눈물을 흘리게 하였습니다. 저는 그와 이렇게 오랜 세월 함께 지내면서 줄곧 그가 고집이 세고 포악하다는 불평만 알았지, 그의 괴로운 부분을 이해하여야 겠다고 생각해본 적이 없었고, 하물며 똑같은 감정을 느끼는 것은 더 말할 필요가 없습니다.

나중에 타이완 대학병원에 입원한 후 저는 그의 눈언저리가 붉어지는 것을 보고 그에게 이풍 의사에게 찾아가보라고 청했습니다. 그는 이 박사를 보고 돌아왔는데, 마치 사람이 바뀐 것 같았습니다. 왜냐하면 이 박사가 그에게 병이 불치병이 아니고 그밖에 건강이 회복되는 길이 있기 마련이라고 알려주었기 때문에 억지로 제게 이 박사를 보러 가게 했습니다. 그녀의 지도하에 저는 한 가지 매우 특수한 치료 여정을 따라 갔었는데, 제가 앞에서 소개한 것입니다. 제가 퇴원하였을 때 이 박사는 10여 권의 책을 주었는데 모두 자연요법을 통한 암 극복에 관한 책이었습니다.

집으로 돌아와 저는 오르지 염불만 생각할 뿐 책을 볼 생각이 나지 않았습니다. 나중에 그는 이들 책을 모두 하나하나 정독하고 그런 다음 저에게 음식을 먹고 마시는데 무엇에 주의해야 하는지, 그리고 자연요법의 몇 가지 기본적인 도리를 알려 주셨습니다. 저를 데리고 채식을 하기 시작했습니다. 왜냐하면 그는 매우 이성적인 사람이기 때문에 단지 몸에 이익이 있기만 하면 되지 그런 생채와 기름과 소금이 없는 물로 끓인 먹기 거북한 채소를 싫어할 줄 몰랐습니다. 그 점이 매우 어렵고, 대단히 소중한 것일 수 있습니다. 그에게 매우 감사드립니다. (대중들도 이런 이성적인 보살핌에 감사하고, 건강을 전수하는 것에 감사하십시오.)

그밖에 그의 이성으로 말미암아 그는 자연요법을 매우 지지하였습니다. 그래서 저에게 화학요법과 전기요법을 받지 말아야 할지, 이후에 지속적인 추적검사를 해야 할지, 모두 저를 매우 존중하며 생각하였고, 저에게 어떠한 압력도 주지 않았습니다. 9개월의 휴가 기간에 저를 내려놓고 저에게 푸리 사찰에서 수행하는 시간을 보내게 하였습니다. 제 기억으로는 그 당시 저는 막 수술을 하여 체력이 조금밖에 회복되지 않았고 실을 뽑지 않았는데, 푸리에 가야한다고 떠들어댈 뿐만 아니라 회진 후 당일 오후에 차를 몰고 푸리에 가야한다고 고집하자 그는 저의 뜻대로 푸리 산까지 바래다주었습니다. 둘째 날 또 차를 몰고 푸리진埔里鎭에 가서 저를 도와 밀싹(小麥草)20)을 찾았습니다. 뜻밖에도 밀싹을 찾았을 뿐만 아니라 밀싹을 심은 사람도 찾았고 또 가서 밀싹을 어떻게 심는지 가르침을 청했습니다. 이렇게 자비로운 보살핌에 그에

---

20) 밀싹은 밀의 어린잎을 말하는데 밀싹 생즙을 음료수처럼 마시면 각종 난치성 질환에 효과를 볼 수 있다고 한다. "온몸 구석구석에 이미 손쓸 수 있는 단계를 넘어선 간암 환자가 새롭게 생명을 되찾고, 유방암이 재발해서 폐와 간에 18개나 생긴 종양이 하나하나 없어지는 기적 같은 일이 일어났다."

게 상당히 감격하는 것이 마땅합니다. 그러나 그 당시 예를 갖추는 마음도, 항상 수순하는 마음도, 깊고 깊은 감사의 마음도 전혀 없었습니다.

정공 법사님께서는 우리들에게 은혜에 감사(感恩)하는 것을 배우고[21], 보리심菩提心을 발해야 하며, 그리고 은혜를 생각하고(念恩), 은혜를 갚아야 하며(報恩), 자심을 닦고(修慈), 비심을 닦는(修悲)[22] 수행을 반드시 주위 가장 가까운 사람으로 말미암

---

21) "너를 해치려는 사람에게 감사하라. 그가 너의 심지를 단련시켜주기 때문이다./ 너를 속이려는 사람에게 감사하라. 그는 너의 견문과 학식을 늘려주기 때문이다. /너를 채찍질하는 사람에게 감사하라. 그는 너의 업장을 제거해주기 때문이다. / 너를 내버려두는 사람에게 감사하라. 그는 네가 자립하도록 지도하기 때문이다. 너를 걸려서 넘어지게 하는 사람에게 감사하라. 그는 너의 능력을 강화시켜주기 때문이다. / 너를 꾸짖는 사람에게 감사하라. 그는 너의 선정과 지혜가 자라도록 돕기 때문이다./ 너로 하여금 꿋꿋하게 성취하게 하는 모든 사람들에게 감사하라. 정공법사, 『은혜에 감사하는 세계에서 생활하라(生活在感恩的世界)』

22) "『보리도차제론』에서 '보리심(Bodhicitta)'을 갖추게 만드는 방법의 하나로 아띠샤(Atiśa)로부터 전승된 것으로 모든 중생이 전생에 한 번쯤은 자신의 어머니였다는 사실을 상기하는 '지모知母'에서 시작하는 '칠종인과七種因果'의 관찰법이 있다. ① 우리가 수억 겁에 걸쳐 윤회하며 살아오는 동안 모든 중생이 전생에 한 번쯤 자신의 어머니였으며 미래에도 언젠가 자신의 어머니가 될 것이라는 점을 생각한다(知母). ② 그리고 어머니의 은혜를 생각한다(念恩). 이는 추상적으로 막연히 생각하는 것이 아니다. 먼저 자신과 친밀한 사람을 떠올린 후, 전생에 나에게 베풀었을 그의 은혜를 생각하고, 그 대상을 점차 자기와 먼 사람으로 바꾸어 가며 그 은혜를 생각한다. ③ 그 다음에는 '이렇게 은혜로운 어머니들을 버리고 돌보지 않는 것은 부끄러운 일이다', '눈 멀어 비틀거리며 삼악취의 벼랑으로 가는 어머니를 그 아들이 아니면 누구 구해주랴'라는 등의 생각을 가슴에 새긴다. 이는, 전생에 나의 어머니였을 모든 중생의 은혜를 갚겠다는 마음이다(報恩). ④ 그리고 念恩에서와 같이 '친족 → 일반인 → 원수 → 일체중생'의 순서로 '그들이 안락하기를 바라는' 비심慈心을 되풀이하여

아 닦음이 일어나야 한다고 말씀하셨습니다.

저는 진정으로 저의 선생님께 감사합니다. 그는 마치 한 면 거울처럼 언제 어디서나 제가 너무나 형편없는 불제자임을 또렷하게 비추어주었습니다. 몇 년간 학불하였어도 단지 「아집我執」 위에서만 가공하였을 뿐 탐·진·치는 모두 줄어들지 않았으며, 특히 한 방울의 진실한 자비심이 부족하여 본사 아미타 부처님 마음과 전혀 상응하지 못했습니다. 그러나 본사 아미타 부처님께서는 평등자비로 저를 섭수하시니, 저는 단지 부끄럽고 두려운 마음으로 기도할 따름입니다.

"아미타 부처님, 부디 저를 도우셔서 저로 하여금 진정한 참회심을 일으키게 하시어 일찍이 저에게 상해를 입은 일체 중생을 향해 참회하게 해 주시옵소서! 저로 하여금 진실한 자비심을 일으키게 하시어 저에게 일찍이 상해를 입은 일체 중생을 잘 대접하겠습니다! 저로 하여금 사심이 없는 평등심을 일으키게 하시어 자기 한 몸의 사념으로 하여금 자기도 모르게 어느 누구 한 사람의 중생이라도 상해를 입히지 않도록 하겠습니다. 아미타불!"[23]

사유한다(修慈). ⑤ 수자의 경우와 동일한 순서로 '그들이 고통에서 벗어나기를 바라는' 비심悲心을 되풀이하여 사유한다(修悲). 이는 '사랑하는 아들의 고통에 대한 비심과 동등한 정도의' 비심悲心이 모든 중생에 대해 들 때까지 되풀이한다. ⑥ 그리고 이러한 마음을 더욱 강화하여(强化), ⑦ '일체중생을 구제한다는 짐을 내가 짊어지겠다'고 서원한다(菩提心)." 김성철, 『티베트불교의 수행체계와 보살도』

23) 부록 3. 정공법사 참회발원문 참조

11. 기도일과(定課)

염불인의 아침·저녁 기도일과는 바로 매우 좋은 정심환定心丸입니다. 저는 황념조 거사께서 주장하신 기도일과에 매우 힘을 얻었습니다. 기도일과가 있기 때문에 저 같은 사람도 독자적으로 수행하고 비로소 줄이 끊어진 연처럼 되지 않았습니다. 하루 종일 바쁘게 보내다가 집으로 돌아가 불을 켜고 첫 번째 하는 일은 바로 불당에 가서 향을 피우고 절을 하며 염불하는 것으로 그러면 망념을 따라 도망가지 않고 마음이 매우 평안해집니다. 그 밖에 한가한 시간을 이용해 부처님 명호를 염하였습니다. 황념조 거사24)가 사용한 연화염주(티베트 봉안보리鳳眼菩提 불주佛珠)는 수를 헤아리기가 매우 좋아서 염주를 손에 떼지 않아도 되므로, 비교적 부처님을 입에서 떼지 않고 부처님을 마음에서 여의지 않을 수 있습니다.

12. 청경聽經

선지식이 경전을 강설한 테이프는 저의 병을 치료하는데 양약이었습니다. 때때로 일깨워주고, 때때로 가르치며, 믿음과 발원을 증장시키고, 바른 길을 열어 보여주며, 깜깜한 밤에 밝은 등불과 같이 이따금 한 두 마디 말씀으로 일체 어두움을 다 몰아내 주었습니다. 일하느라 바빠서 시간을 매우 적게 낼 수밖에 없어도 공경을 다해 들었습니다. 출퇴근하는 주행거리가 바로 제가 경전을 듣는 시간이었습니다.

---

24) 황념조 노거사는 무선공학교수로 무량수경 선본에 대한 주석서『대경해』를 저술하여 무량수경 선본 홍양에 일평생을 바친 분이시다. 제3부 무량수경 불법호지, 황념조黃念祖 거사 왕생 사적 참조.

가사 일을 하면서 틈틈이 비는 시간이 있으면 즉시 조용히 경전을 들으면서 끊임없이 법수에 푹 젖어들었고, 끊임없이 부처님의 지견으로 범부의 지견을 수정해 나갔습니다.

13. 운동運動

건강을 회복하려면 일상생활에서 휴식하고 일하는 가운데 운동을 밀고 나아가야 합니다. 운동을 시작할 때는 매우 피곤하고 매우 고되었지만, 일단 운동의 좋은 점으로 혈액순환이 양호하고, 온몸이 상쾌하며, 체력이 날로 증가하고, 얼굴빛이 점점 더 좋아져서 꾸준히 할 수 있었습니다. 저는 걷기·천천히 달리기·보건체조·유연체조·등산·태극권 등 매우 많은 운동을 경험해 보았습니다. 요컨대 자신에게 가장 적합한 운동을 찾아내야 했습니다. 그리고 「절 수행(拜佛)」은 제가 줄곧 중단하지 않고 지속해온 운동이었습니다. 매우 환희로운 밀교의 대예배25)는 수술을 하여서 오른쪽 손에 힘을 줄 수 없어 절을 많이 하면 매우 불편하고 뼈가 삐는 것과 같았습니다. 최근에 도증 법사의 절수행법에 따라 절을 상의하여 경험

---

25) "밀교에서 말하는 대예배는 모두 온몸을 땅에 엎드리는 대예배로 이것은 매우 경건한 작법이다. 그들은 손을 정수리에 대고 환희하고 심지어 등 뒤를 대고 다시 목구멍을 대고 심장을 댄 후 다시 절을 한다. 그들은 모두 합장하여 할 뿐이고 수인을 짓는 것은 매우 적다. … 밀교의 대예배는 한번 절하여 모든 부처님께 한꺼번에 절하는 수천 수만의 보례普禮가 이 안에 있다. 이런 대예배를 결코 경시해서는 안 된다. 대예배는 완전히 당신이 어떻게 자신을 항복시키는지, 어떻게 자신의 「아만我慢」을 항복시키는지 가르치는 데 있다. 불전에서 대예배를 할 수 있으면 불보살의 면전에서 참고 견디는 것을 표시하는 것이고 참회를 드러내는 것이며 신·구·의 전체를 완전히 불보살에게 주는 것이며 당신의 본존에게 주는 것이다. 한번 예를 올려 일체에 예를 올리는 것이 일체의 예배이고, 한번 예를 올려 한번 보례를 함에 모든 것을 다 공경하는 것은 밀교의 의궤儀軌에만 존재한다." -노승언盧勝彦, 「밀교대광화密教大光華」

해보지 못한 환희와 상쾌함을 얻었습니다.

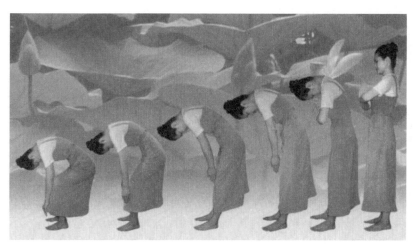

[도증법사 예불 연속동작]

합장→머리숙임→어깨를 느슨하게 함→배를 뒤로 물림→곡선
→몸을 굽힘

섭심攝心→반관返觀→방하放下→겸퇴謙退→유연柔軟→공경恭敬

[주의]

움직이는 가운데 중심을 움직이지 않고,「두 발 뒤꿈치의 중점」
을 유지한다.
머리를 숙이고 꿇어 앉아 부처님을 맞이한다.
오체투지하고 손바닥을 뒤집어 부처님을 받아들인다.
마지막까지 겸허·공손하고 속 티끌을 등지고 깨달음과 합친
다.
깨달음의 자리에 깊이 던지고 범부를 고쳐 성인을 이룬다.

티끌을 등지고 깨달음과 합치면서 접족례接佛足한다.
중생과 부처님이 서로 통해(交徹) 본래 일여一如하다.

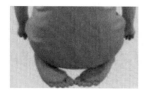

엉덩이는 발뒤꿈치에 붙이고 꿇어앉는다.
미소를 지어 온갖 괴로움이 제거되고,
마음을 열어 여래의 복을 거두어들인다.

손바닥을 뒤집어 부처님을 맞이한다.

부처님의 광명이 비추어 나를 섭수함을 관상觀想한다.

발을 뒤집어 몸을 일으킨다.

[도증법사 절하고 일어나는 연속동작]

무릎 꿇은 자세 회복 → 바닥을 누르고 발을 뒤집음 → 일어남

숨을 들이마시며 가슴속에 극락의 향기를 가득 채운다.
숨을 내쉬며 아미타 부처님의 심향이 들판에 가득하다고 관한다.
일어나 합장한다.

14. 배독排毒

수십 년 동안 생활하면서 체내에 폐기물(독소)이 많이 쌓여있을 수 있는데, 이 독소를 내보내면(排毒) 체질을 바꿀 수 있습니다. 그래서 자연요법과 중의中醫는 모두 배독을 매우 강조합니다. 자연요법에서는 채식이 가장 중요합니다. 천연 무농약 야채와 과실 오곡류 견과를 최상으로 삼습니다. 저는 병을 얻은 후 먼저 자연요법에 의지해 밀싹 즙(용량에 주의)과 생식을 먹었습니다. 비록 오곡밥을 먹을수록 많아질지라도 밥공기를 작은 그릇에서 큰 그릇으로 바꾸면 사람도 매우 깨끗해지고 매우 가벼워짐을 느낍니다. 체중을 계속 빼서 49㎏까지 뺐습니다. 그리고 이풍 박사도 생식으로 인해 체중이 37㎏까지 빠졌습니다. 그녀는 생식을 중단하였고, 저는 아직도 유예하고 관망하는 중입니다. 어느 날 길을 걸어갈 때 무언가 느껴졌는데, 마치 정면에서 불어오는 공기에 저항 같은 것이 있는 듯했습니다. 이때 저는 비로소 생식을 중단하고, 생식을 체질조건에 따라 조정해야 함을 체험하였습니다. 마치 약을 복용할 때 병의 상황을 보고서 조절해야 하는 것과 같습니다. 이것은 제가 생식을 한지 1년 반 후의 일입니다. 그 후 저는 중의가 지시하는 노선에 따라 배독하였습니다. 이미 한약으로 배독하고 다시 보약으로 원기를 상하지 않도록 알맞게 체중을 천천히 다시 늘렸습니다. 이 밖에도 대단히 중요한 점이 있습니다. 배독을 하려면 그렇게 평일 식사에 다시는 독소가 든 식물을 섭취하지 말아야 합니다. 더 나아가 속마음도 탐·진·치·교만·의심 다섯 가지 부류의 독소를 만드는 생각을 배제하여야 합니다.

15. 건강유지

중의이론에 따라 건강을 지키는데, 제가 비교적 심득한 것은 되도록 자신의 생활이 자연스러워야 하고, 기기를 사용해서 비자연적인 생활환경을 조성하지 말아야 한다는 점입니다. 예를 들어 말하면 에어컨 바람과 선풍기 바람을 쏘이지 말아야 하고, 열은 몸에서 자연적으로 땀을 흘려야 합니다. 땀을 흘린 후 몸은 모두 매우 시원하고 덥지 않습니다. 날이 저물면 일찍 잠을 자고, 전등으로 비자연적 환경을 만들어서 오랫동안 잠이 못 들어서는 안 됩니다. 설사 매우 더울지라도 기기로 만들어낸 얼음물과 얼음덩어리는 먹어서는 안 되고, 되도록 자신의 체온에 접근하는 음식물과 음료를 먹어야 합니다. 자연의 제철 음식물을 먹고 신기술로 생산된 제철이 아닌 음식물을 먹어서는 안 됩니다. 만약 부득이하게 기기로 만든 환경에서 생활하면 언짢고 배척하는 마음을 내거나 피해를 입을까 걱정을 하지 말아야 합니다. 어떠한 환경에도 만족하고, 인연에 따라 기뻐하고 은혜에 감사하며 염불하여 심정을 매우 좋게 유지하는 것이 가장 좋은 건강유지법입니다. 좋은 마음은 파동으로써 좋은 물질을 만들어 온 몸의 세포가 좋은 기능을 발휘하도록 유도합니다.

16. 은혜에 감사하고 또 감사한다.

저는 병을 얻어서 건강을 회복할 때까지 유달리 순조로웠습니다. 저는 은연중에 저를 가지하고 보우하신 아미타 부처님과 시방 제불·제대보살과 모든 대조사님께 대단히 감격하였습니다. 푸리 사찰의 사부님들과 그들의 자비로운 보살핌을 저는 세세생생 잊지 못할 것입니다. 그녀들은 저로 하여금 마치 친정집에 돌아온 것처럼 매우 마음 편히 지낼 수 있도록 했고, 어린아이처럼 천진난만하게 시간을 보낼 수 있었으며, 표정상으로도 웃는 얼굴이 활짝 피었습니다. 이는 저의 건강에 절대적으로 큰 도움이 되었습니다. 용감히 맡아주고 즐겁게 보조를 맞추어준 딸에게도 감사합니다. 그 당시 저는 셋째 딸이 갑자기 닥친 이 중대한 변고를 잘 견뎌낼 수 있을까 걱정이 되었습니다. 저는 푸리에서 9개월간 머물렀고, 딸도 스스로 자신을 보살피는 법을 습득했습니다. 기억하건대 그 해 먹은 밥은 그녀가 모두 직접 해 먹었습니다. 나중에 저는 딸이 나보다 잘해낼 수 있고 나보다 굳세다는 걸 발견하였습니다. 이 점이 매우 위로가 되었습니다.

염불하는 연우와 학과 내 동료, 나의 친하고 좋은 벗들, 그리고 나의 건강회복에 협조하여 주신 의사들에게 감격하였습니다.

원컨대 일체공덕을 모든 암 투병중인 환우들에게 회향하게 하소서. 원컨대 그들도 모두 보리심을 발하여 일향으로 전일하게 아미타 부처님을 염하여 이고득락離苦得樂하고 함께 극락에 왕생하게 하소서.

출처: 〈암세포가 즐거운 부처님 세포로 변하다(癌細胞變快樂佛細胞)〉

5. 나의 학불 경력과 감응

미국 산디에고, 진융명陳融明

저의 집은 지룽(基隆; 대만북부 항구도시) 자운사慈雲寺 부근에 있습니다. 이 사찰은 관음보살을 모시는 도량으로 매년 6월 19일 관음보살 성도기념일 전날, 이틀 동안 신도들의 왕래가 줄줄이 꼬리를 물고 몇 리에 이어졌고, 경축 행사가 밤을 새워 이튿날 아침까지 이어졌습니다. 이것은 지역사회의 일대 성대한 행사입니다. 이처럼 항상 보고 들어 익숙한 풍경으로 어릴 적부터 저는 독실한 관세음보살 신자였습니다.

미국에 오기 전 징메이景美「화장불교도서관華藏佛教圖書館」을 지나간 적이 있었는데, 그 당시 저는 매우 학불하고 싶었지만 시험을 준비해야만 했습니다. 저는 천성이 우둔하여 동시에 두 가지 일을 잘 할 수 없어 마음이 안정될 때까지 기다린 후에 반드시 마음껏 학불하고, 불경을 깊이 연구하기로 마음먹었습니다.

미국에 온 후 1988년 다른 사람의 잘못된 인도로 어느 곳에 있는 외도의 도량에 갔었습니다. 단지 두세 번 갔을 뿐인데,

그곳에서 친구 한 사람을 알게 되었습니다. 그녀에게 평상시 어떻게 수학하는지 물었는데, 그녀는 불교법사의 경전강설을 매우 기쁘게 듣고 있다고 말하면서 저에게 정공淨空 법사의 『불교바로 알기(認識佛敎)』(삼보제자, 2006년) 녹음테이프를 빌려주었습니다. 나는 듣고 난 후 진귀한 보물을 얻은 듯했습니다. 왜냐하면 저는 산디에고의 외진 곳에 머물면서 일하느라 매우 바빴고, 매우 적은 화교 동포와 왕래하였기 때문에 그곳에 가서 정공 법사의 도량을 찾을지 몰랐습니다. 그러나 저는 가르침을 마음에 새기고 말씀을 듣는 제자가 되어 한 분 스승님과 배울 뿐, 감히 도량에 돌아다닐 엄두를 못 내었습니다.

1996년에 이르러서 복덕인연이 갖추어져 로스앤젤레스 정종학회와 연락이 되었습니다. 이에 노법사님의 가르침을 준수하여 일문에 깊이 들어가 오랜 시간 몸에 배이도록 닦았습니다. 타이완으로 돌아왔을 때 남동생과 여동생은 매우 감탄하며 말했습니다. "누나! 정말 행운이야. 불문에 들어가 눈 밝은 스승을 만나게 되었으니." 나중에 『무량수경』 녹음테이프를 공손히 듣고서야 그 당시 화장도서관에 학불하기로 발원한 것을 불보살께서 다 아시고, 불보살께서 매우 자비로우시고 인내심이 계셔서 중생이 진심으로 학불하려고 할 때까지 기다리셨다가 가피를 내리시어 잘못 미혹된 길에 들어선 저를 바른 궤도로 인도하여 원점으로 데려가셨음을 알게 되었습니다.

5년여 간 학불하고 언제나 아미타 부처님 명호의 공덕과 불가사의를 체득할 수 있었고, 지금 두 차례 경험한 비교적 큰 감응을 여러분들에게 조금이나마 서술하여 함께 나누고자 합니다.

1998년 초 저는 두훈목현(頭暈目眩 ; 눈앞이 아찔하고 머리가 핑핑 돌아가는 듯한 자각증상)의 고질병에 또 걸렸습니다. 앞에 3차례 침과 약물로 치료를 받고 효과를 보았지만, 이번 병마는 대단히 맹렬하여 침과 약물로도 치료효과를 거둘 수 없었습니다. 식사를 할 수 없었을 뿐만 아니라 물을 마실 수조차 없었습니다. 천지가 팽팽 돌아 아미타 부처님 명호를 염하는 것도 잊었습니다. 다행히 아침저녁 기도일과는 빠뜨리지 않았습니다. 둘째 날 새벽 3시에 일어나 맨 먼저 어제 염불을 하지 않은 것이 생각났습니다. 뒤이어 『명륜明倫』 월간지에 등재된 적이 있는 홍일弘一 대사님의 「병중에도 부처님 명호가 있는가 (病中有佛號)」란 제목의 그림 한 폭이 떠올랐고 대사께서 문병하러 온 광흡廣洽 법사님께 하신 말씀이 생각났습니다. "내 병에 차도가 있습니까? 묻지 마시고 염불을 잊지 않고 하십니까? 물으십시오. 병중에 염불을 잊지 않는 것이 염불인에게 가장 중요한 한 수입니다. 다른 것은 빈말에 불과합니다. 병중에 부처님 명호를 잊고서 언제 어디서 부처님 명호를 잊어버리지 않겠습니까?"[26]

저는 매우 부끄럽고 두려운 느낌이 들어 감히 다시 누울 엄두가 나지 않았습니다. 비록 머리가 어질어질했지만, 여전히 침상에서 일어나 예불을 준비했습니다. 결국에는 범부인지라 병에 걸렸지만, 약을 먹는 것은 잊지 않습니다. 비록 입으로

---

26) 뒤에 이어지는 말씀 참조. "생사의 일은 매미의 날개만큼 떨어진 사이이므로 남산南山 율사께서는 병중에 염불을 잊지 말라고 이르셨습니다. 이것은 결코 죽음을 두려워하지 않는 것입니다. 죽음은 겨자씨처럼 작은 일이나 생사를 마침은 실로 큰일입니다."

들어가지는 않아도 한번 해보고 싶습니다. 결과적으로 약을 먹은 후 15분 또 토하고서 사태가 엄중함을 깊이 느끼고 있는 힘을 다해 염불에 박차를 가하기로 마음먹었습니다. 이에 「염불일지향佛七一支香」27) 녹음테이프에 따라 전 과정을 완전히 해내고 1시간 후 예불을 마쳤습니다. 아침 식사시간에 집안 식구가 반드시 저에게 먹으라고 했습니다. 그리고 어제 온종일 먹은 것이 없어 지금 어쨌든 조금 먹어야 한다고 말해서 한번 먹어보려고 시도하였습니다. 먹은 후에 한 시간 아무 일도 없었습니다. 나중에 점심도 먹을 수 있었습니다. 현기증·구토의 병상이 약을 먹지 않았는데 나았습니다. 염불의 공덕은 이처럼 정말 불가사의합니다.

저는 언제나 무엇 때문에 평상시 염불이 이처럼 수승한 감응이 없는가 생각합니다. 몇 개월 후에 이르러 『인광대사가언록印光大師嘉言錄』을 읽고서 확연히 명료해졌습니다. 인조印祖께서는 법문하셨습니다. "염불하는 사람이 병에 걸리면 죽는다는 생각을 짓고 일심으로 염불하고, 온몸을 놓아버리고 염불하여야 합니다. 수명이 아직 다하지 않았다면 오히려 병이 나을 수 있고, 만약 병이 낫기를 희망하면 죽음이 두렵고, 죽음을 두려워하는 마음이 있으면 부처님께서 감응하시기 더욱 어려울 것입니다." 확실히 그날 염불할 때 마음속으로 부끄럽고 두려운 마음뿐이었습니다. 마음속으로 말했습니다. '어떻게 일생 중에 병이 들어 부처님 명호를 잊어버리는데, 임종시 살아있는 거북이 껍질을 벗어버리듯 어떻게 왕생하겠는가!' 계속해서 약물을 복용하고 구토하여 만약 다시 이렇다고 느끼고 때때로 거의 비슷하면 있는 호흡을 이용해 빨리 염불하면 됩니다. 제가 병이 낫기를 구하지 않으면 오히려 병이

27) 절염불, 경행염불, 정좌염, 회향으로 전체 길이가 1시간 15분 가량 소요된다.

싹 나아버립니다. 아가타阿伽陀 약이 만병을 치료할 수 있다는 말은 진실이고 헛되지 않습니다.

2001년 25일, 로스앤젤레스 정종학회에서 왕경관王警官의 불학강좌를 들은 후에 몇몇 언니들은 매우 자비롭게도 하룻밤 머물라고 우리들을 초청하셨습니다. 그녀는 왕경관 강좌를 듣고서 너무 좋아서 밤길을 재촉하지 않으시고 머무시면서 내일까지 한 번 더 들으려고 했습니다. 우리들이 완곡하게 거절할 때 그녀는 분발하게 하는 차원에서 한마디 말씀하셨습니다. "머물지 않으려는데, 내 업장이 무거워서." 저도 그녀에게 한마디 응수하였습니다. "확실히 저의 업장은 너무 무거워요." 이 언니께 깊이 사과했습니다. 우리들은 그녀의 배려에 매우 감동했습니다. 이대로 우리들 부부는 산디애고로 돌아가는 길에 올랐습니다.

그날 밤 제5호선 주간 고속도로 상에서 대부분 짙은 안개가 껴서 저는 매우 소심하게도 2시간 가까이 운전을 하였습니다. 집을 나와 20여 마일 떨어진 곳까지 운전하였는데, 자동차 교류발전기(alternator)가 돌연 파괴되었습니다. 저는 정상이 아님을 발견한 후 한편으로는 바깥양반을 깨우면서 아미타불을 염하고, 한편으로는 자동차를 내선에서 바깥 선으로 운전하여 갓길에 정차하려고 했습니다. 그러나 갓길까지 운전하지 못하고 자동차가 이미 전력이 나가 바깥선 차도 위에 정지해버려 움직일 수가 없었습니다. 게다가 자동차의 전동식 자동문의 창문이 깊이 잠겨 버튼이 열리지 않아 우리들은 차안에 갇혀버렸습니다. 양쪽 아래 긴급 신호등도 반짝이다 꺼져버렸습니다. 만약 뒤쪽의 자동차가 또렷하게 보지 못한다면 우리 차와 추돌할 가능성이 매우 높은 아주 위급한 상황이었습니다. 다행히도 우리 차가 가로등 아래 정차해 있었고, 이 도로 구간의 안개도 엷은 곳이 매우 많았습니다. 길가 건물 한 동의 지붕에도 불빛이 통과하여 보조 조명역할을 하였습니다.

이때 저는 시계를 한번 보니 마침 자정 12시였습니다. 저는 동수 분에게 두려워하지 말고 간절히 염불하라고 일러 주었습니다. 우리들 두 사람은 차에서 "아미타불……아미타불……" 줄곧 염불하였습니다. 조금 지나 전방 멀리서 일렬로 홍색 지시등이 비추면서 천천히 뒤로 물러나며 우리들을 향했습니다. 견인차 운전사 한 분이 차를 운전하며 지나가다 우리 차가 문제가 있는 것 같아 발견하고서 우리들을 도와주기 위해 되돌아왔습니다. 시계를 보니, 시간이 12시 6분이었습니다. 그 운전사는 사람이 좋아 보였는데, 흑인 같기도 하고 흑백 인종 혼혈 같기도 했습니다. 그는 우리들을 도와 차문을 열었습니다. 우리를 그의 차 안에 앉게 하고 난 후 우리 차를 고속도로 부근 주유소로 견인하였습니다. 도로 상에서 우리들은 그에게 얼마를 지불해야 하는가 물었습니다. 그는 "돈은 필요 없습니다. 저는 당신이 위험지대를 벗어나도록 도왔을 뿐입니다."라고 말했습니다. 우리들은 그에게 우리는 남가주 자동차협회(AAA) 회원이라고 말해주었습니다. 그는 우리들이 AAA에 전화를 하도록 도와주고, 우리들과 함께 AAA 견인차를 기다렸습니다. 기다렸다가 모든 것이 제대로 인계되고서야 그곳을 떠났습니다.

AAA 견인차 안에 앉고서 운전사가 조심조심 운전하는 것을 보았습니다. 왜냐하면 도로가 모두 짙은 안개였기 때문에 원래 25분 주행거리인데 1시간 운전해서 집에 도착했습니다. 마음속으로 말했습니다. '정말 행운이다.' 사고가 발생한 지점이 마침 안개가 매우 엷어서 다행이었지, 만약 자동차가 조금 일찍 혹은 조금 늦게 고장 났다면 결과는 상상할 수조차 없었습니다.

이 일이 있은 후 로스앤젤레스 정종학회로 가는 길을 몇 차례 왕복하면서 저는 특별히 사고지점인 엔시니타스 Encinitas를 눈여겨보았습니다. 그것은 일종의 꽃마을로 매우 많은 온실이 있었습니다. 그래서 등불이 켜질 때 지붕도 빛이 통과하고 있었습니다. 나중에 몇 차례 안개가 낀 밤에 저는 특별히 이곳에서 안개가 비교적 많이 끼는 것을 눈여겨보았습니다. 결국 몇 차례 안개가 낄 때 추돌사고가 일어났습니다. 엔시니타스도 마찬가지로 짙은 안개가 자욱했습니다. 또한 특별히 온실의 등불이 매일 저녁 켜지는 것이 아님을 주목했습니다. 결국 몇 차례 지나면서 온통 깜깜한 적도 있었습니다. 그러나 사고가 일어난 그날 밤에는 우리 차의 오른쪽 하방에 등불이 있어 보조 조명역할을 하였고, 게다가 안개도 매우 엷어서 뒤쪽의 차가 우리를 발견하게 하여 추돌에 이르지 않은 것이었습니다.

사고가 있었던 다음 날 저는 백인 친구에게 이 고속도로 구간의 경험담을 꺼내어 알려주었습니다. "아미타불(Amida Buddha)을 염하였더니 조금도 두렵지가 않았고 털끝만큼도 고통을 받지 않았어." 그녀는 듣고 나서 "아미타 부처님께서는 매우 위대하시구나. 너희를 보우하셨어!" 라고 말하였을 뿐만 아니라 그녀도 자발적으로 아미타불을 염하기 시작했고, 우리에게 안부를 물었습니다. 저는 환자인 친구들에게도 말해주었습니다. "내가 고속도로에서 사고를 만났을 때 조금도 놀라 허둥대지 않고 마음을 평온히 하여 일심으로 염불하며 아미타 부처님 명호에 쏟아 부었어. (염불방법을 지도해준 적翟 언니에게 감사드립니다. 즉 염불은 마음으로부터 일어나서 입에서 소리를 내고, 일어난 그 소리가 귀로 들어가서 다시 마음으로 돌아가게 하는 것입니다. 예를 들어 말하자면 만약 지진이 발생할 때 비록 입으로 염불하더라도 마음속으로 집안 식구들이 물건에 맞지 않을까 근심하면 안 됩니다) 그때 다른 사람에게 와서 구조해달라고 부탁할 생각이 없었지. 6분이 지나자 착한 마음씨의 운전기사가 나타나서 우리들을 도와 곤란에서 벗어나게 하셨고 위기를 해결하여 주셨어. 진정으로 정성스럽게 간절한 마음으로 아미타 부처님 명호를 소리 내어 염하면 80억겁 생사의 중죄를 소멸시킬 수 있다는 진실을 다시 한번 느꼈어."

앞으로는 진정으로 아미타 부처님 명호와 『무량수경』에 의지하여 마음을 또렷하게 염하여 최소한 번뇌·습기를 길들여서 그것이 현행現行28)하지 않도록 하여야 아미타 부처님의 자비로운 구제를 경험할 수 있을 것입니다. 저로 하여금 계속해서 학불할 수 있는 기회를 있게 하여 잘못된 사상·행위를 수정하게 하고 앞으로 염불하여 서방극락세계에 왕생하여 다시 사바세계로 돌아와 고난 중생을 제도하게 하소서.

2002년 1월 「모서慕西」 제43기에서 옮겨 적다

---

28) 현행現行은 종자가 아뢰야식 안에 저장이 되어 있으면서 새로운 훈습에 의해서 순간순간 변하기도 하면서 때가 되면 떠올라서 그에 상응하는 결과를 불러오는 것을 말한다.

覺海虛空起娑婆業浪
流若人登彼岸極樂有
歸舟

淨空時年八十有四

공경심으로 무량수경을 한번 읽으면 아미타부처님이 우리에게 한번 관정
(灌頂: 지혜를 전수함)할 뿐만 아니라, 일체 제불 역시 우리에게 관정 한다.
만약 항상 독송한다면 자신도 모르는 사이에 모든 부처님의 가피를 받게 되며,
이것이 바로 감응感應이다. _정공법사 〈무량수경 심요〉

6. 의학을 배우고, 부처님을 배우고, 생사를 배우다

타이베이台北, 황석신黃錫信

학력 : 타이베이의학원 의학과 졸업
경력 : 타이베이의학원 내과 겸 강사
　　　 국태國泰종합병원 내과주임
　　　 혈액종류血液腫瘤과 주임
현임 : 타이베이헌혈중심담당의사

是日已過　오늘 하루 이미 저물어서
命亦隨減　수명 또한 따라 줄어드니,
如少魚水　작은 물에 노는 고기처럼
斯有何樂　어떤 즐거움이 있겠는가?
大衆　　　사바 세상 사는 대중들아,
當勤精進　힘써 부지런히 정진하라!
如救頭然　머리에 타는 불을 끄듯이
但念無常　「무상」 두 글자를 염할 뿐
愼勿放逸　방일치 말고 안락 구하라!

－「보현보살普賢菩薩 경중게警衆偈」

매일 저녁기도 일과에서 이 단락을 염할 때 마음속으로 늘 감개가 무량하여 눈시울이 뜨거워지고 코가 찡해짐을 금할 수 없습니다. 이렇게 하루의 생명이 지나가 버렸습니다! 이렇게 행복한 하루를 또 헛되이 보냈습니다! 보리도 상에서 여전히 정체하여 나아가지 못하고 심지어 퇴보하니, 실로 놀랍고 두려울 따름입니다. 지난 일을 회고할 때 1만7천여 일이 부지불식간에 제 수중에서 슬그머니 빠져나갔습니다. 아직 오지 않은 많은 날들을 전망하면 당황함을 금할 수 없습니다. "사람 몸 얻기 어려운데 지금 얻었고, 불법 듣기 어려운데 지금 들었습니다(人身難得今已得 , 佛法難聞今已聞)." 만약 지금 세상도 헛되이 보낸다면 다시 어느 때를 기다려야, 다시 사람 몸 얻을 수 있을지, 다시 불법을 들을 수 있을지, 모릅니다. "생사를 마치고 삼계를 벗어나는(了生死 , 出三界)", 이 천년에 만나기 어려운 기회를 또 헛되이 잃어버리려 하겠습니까? 이 게송에 대해 사유할 때 마다 모골이 송연하지 않을 수 없습니다.

대략 35년 전, 선친의 격려 하에 그 어르신께서 의학을 배우겠다는 미완의 뜻을 완성시키기 위해 운명에 기대어 아무렇게나 병원의 큰 문을 걸어 들어갔습니다. 의학을 배우는 과정에 어쩌면 인연이 갖추어지지 않았던지 혹은 이해력이 둔해서였던지 덮어놓고 탁월한 의술을 추구하였을 뿐, 환자의 병을 완치해야만 만족하였고 환자의 감각 및 고통은 전혀 돌보지 않았습니다. 줄곧 전문적으로 암의 화학치료에 종사한 후 점점 의학적 능력에 이렇게 한계가 있음을 발견하였습니다. 설사 잠시 종양을 억제하였다지만, 환자는 이미 천신만고 끝에 고통스러운 화학치료를 다 받고 피골이 상접하여 사람 모습을 찾지 못한 채 숨이 곧 끊어질 듯한 몸으로 바뀌어 있는데다가 암이 언제 재발할지도 모릅니다. 그러나 그때도 여전히 환자로 하여금 하루라도 더 오래 살 수 있다고 여기게 하는 것이 의사를 하면서 얻는 성취입니다. 그래서 삶의 질이 어떠한지는 관계없이 난폭해집니다.

어느 날에 이르러 자신의 가족이 암에 걸리면 큰 꿈에서 갑자기 놀라서 깨어납니다! 원래 인생은 이렇게 어찌하지 못하는 것입니다. 이렇게 큰 아이러니도 있습니다. 다른 사람, 이른바 「치료전문가」는 자기 가족의 암을 마주하면 조금도 방법이 없습니다. 설사 병의 고통을 완화시켜줄 수 있을지라도 할 수 있는 것은 매우 한계가 있습니다. 더욱이 하물며 수명을 연장하는 것이겠습니까? 가족이 생생하게 살아있는 상태에서부터 병마의 시련을 다 받고서 티끌세상과 떨어지는 상태에 이르기까지 눈을 부릅뜨고서 지켜볼 수밖에 없습니다. 이것은 치명적인 일격으로 저로 하여금 더욱더 "골육지친骨肉至親도 대체할 수 없고 힘이 될 수가 없다는" 진리를 깨닫게 하고, 저로 하여금 이전의 관념에 변화가 있는지 없는지 반성하게 하며, 저로 하여금 불법의 인연에 접근하게 합니다.

이러한 집 식구들에게 감사합니다. 그들은 살아있는 보살의 시현으로 저로 하여금 보살의 대도를 걸어갈 기회가 있게 합니다. 『무량수경』에 이르길,

"세상 사람들은 누구나 애욕 속에서 홀로 나서 홀로 죽고, 홀로 가고 홀로 오며, 괴로움과 즐거움을 스스로 감당해야 하니 대신해줄 사람은 없느니라(人在愛欲之中 , 獨生獨死 , 獨去獨來 , 苦樂自當 , 無有代者)."

"나이와 수명이 다하는 때에 이르러 어찌할 도리가 없느니라(年壽旋盡 , 無可奈何)."

"시방세계 사람들이 영겁 이래 오악도를 전전하면서 근심 고통을 끊지 못하여 태어날 때 고통을 겪고, 늙을 때 또한 고통을 겪으며, 병들어 극심한 고통을 겪고, 죽을 때 극심한 고통을 겪느니라. 몸에 악취가 나서 깨끗하지 못하니, 즐겁다고 말할 수 없느니라. (十方人民, 永劫以來, 輾轉五道, 憂苦不絕, 生時苦痛, 老亦苦痛, 病極苦痛, 死極苦痛, 惡臭不淨, 無可樂者)"

"이러한 사람도 그 수명이 다할 때 뉘우치고 두려워하나, 뒤늦게 후회한들 이제 와서 무슨 소용이 있겠는가(大命將終, 悔懼交至, 不豫修善, 臨時乃悔, 悔之於後, 將何及乎)?"

이들 글귀는 바로 인생에 대한 가장 진실한 묘사로 사람 마음을 매우 깊이 흔들고 가슴이 저미도록 준엄합니다.

내가 접촉하는 환자 중에서 일단 암 선고를 받고서 그들은 모두 마른하늘에 날벼락 같이 천둥 벼락을 맞아 어찌할 바를 몰라 했습니다. 그들은 모두 왜 이런 불행한 일이 다른 사람이 아니라 자신의 신상에 찾아왔는지, 무한한 원망과 자책에 빠집니다. 그들은 스스로 어떤 나쁜 일도 전혀 하지 않았고 다른 사람에게 해를 끼치지도 않았는데, 하느님께서는 왜 그에게 징벌을 내리시는가? 정말 불공평하다고 여깁니다. 그들은 풍수가 나빠서 조상을 화나게 하여서 그를 보살펴주시지 않았다고 책망합니다. 이어서 오진인지 아닌지 의심을 품고 도처의 큰 병원에 가서 증명하려고 하고, 설사 진단이 잘못이 없다고 증명이 되더라도 도처에 비방을 찾아다니며 정통 요법을 받아들이길 원하지 않습니다. 「암선癌仙」에게 문을 두드려 한몫 주고서 사람과 재물 모두를 잃고 이미 목숨이 곧 끊어질 듯해져서 최후에 신심이 모두 피곤하여 달가워하지 않는 마음을 품고 죽어도 눈을 감지 못하며 인간 세상을 떼어놓지 못합니다. 이것이 바로 일반 암 환자에게서 가장 흔히 보는 경로입니다.

이런 갖가지 문제를 전혀 모릅니다. 설사 의학이 더 진보할지라도 일체를 해결할 수 없으므로 불법으로 돌아가야 합니다. 「우주와 인생의 실상 - 진실한 현상」으로부터 연구·토론해야 구경원만한 답안을 얻을 수 있습니다. 불법은 늘 우리들에게 "업인과보業因果報는 추호도 어긋남이 없나니, 어떤 인을 심었으면 어떤 과를 얻을 것이다" 일러줍니다. 인과는 삼세三世에 통한다는 사실은 움직일 수 없는 법칙입니다. 우리들은 이전에 이 같은 악인惡因을 심었기에 즐겁게 이 악과惡果를 받아들여야 하고, 더욱더 생명의 무상함을 인식해야 합니다. 삼계三界는 불타는 집(火宅)과 같아서 미련을 가질 필요가 없습니다. 오직 조용히 하심下心하고 염불을 잘하여 생사를 마쳐서 삼계를 벗어남을 구해야 정확히 마땅히 해야 할 급한 일입니다.

눈 깜짝할 사이에 학불한 지 10년이 다 되어갑니다. 선지식 인도 하에 오류 없이 가지만 자신의 학불 공력에는 여전히 부족함을 느낍니다. 퇴보했다 전진했다 무시 겁에 쌓인 무명 번뇌 습기가 여전히 무겁고 더욱이때때로 찾아와 저를 곤혹케 합니다. 다행히도 의사노릇을 하는 가운데 바짝 붙어서 인생의 백태와 실상 - 생노병사의 고통을 보고서 어떻게 다시는 이런 오온가합五蘊假合의 색신色身에 집착하지 않을 수 있을까 배우게 됩니다. 사흘간 목욕을 하지 않으면 악취가 고약하고, 하루 물을 안 마시면 생사를 유지하기 어려우며, 한 숨 돌아오지 않으면 인천과 영원히 이별합니다. 정말 사람의 목숨은 호흡하는 사이에 있습니다. 그래서 저는 잠자기 전에 "내일 아침, 잠에서 깨어날 수 있을까? 여전히 어떤 일로 골치 아프고 걱정되겠지."라고 생각하면 저절로 잠에 들고 다시는 세간의 일체 사에 얽매이지 않습니다.

불교에는 생사에 대해 유명한 게송이 있습니다. "이 세상 모든 일은 항상함이 없나니, 이것은 곧 나고 죽는 생사의 법이라. 나고 죽는다는 것마저 멸해버리면 적멸을 즐거움으로 삼네(諸行無常, 是生滅法, 生滅滅已, 寂滅為樂)." 색신을 포함한 일체 법은 연이 모였다 연이 멸하여 자성自性이 없음을 철저히 이해하면 다시는 생사가 무섭고 두렵지 않습니다. 그렇게 생사의 해탈이 눈앞에 나타나면 걸림없이 자재하고 비할 바 없이 즐거울 것입니다. 이는 광흠廣欽 노화상께서 "옴도 없고 감도 없으며, 대신함도 없다(嘸來, 嘸去, 嘸代誌)"라고 보여주심과 같습니다. 단지 우리들 어리석은 사람은 스스로 자신을 어지럽게 할 뿐입니다.

이번 세상에 이미 수행할 수 있는 색신을 얻었고, 또 의학을 배워서 인생의 고통스러운 면을 발견할 수 있었고, 이로 말미암아 학불을 하여 인생은 부처님께서 지장경에서 말씀하신 것처럼 삼고팔고三苦八苦, 천고만고千苦萬苦를 겪으며, 멋있던 사람 모습이 병마에 고통스러워하며, 3할은 사람으로, 7할은 귀신과 같은 몰골로 되어 살려고 해도 살 수 없고 죽으려고 해도 죽을 수 없음을 알게 되었습니다. 생사 이별하는 순간에 이르러 또 한바탕 소리내어 크게 운다면 살아 있는 자의 입장은 어떻게 되고 그럴만한 가치가 있는가? 저는 늘 스스로 묻습니다.

살아있는 해에 우주와 인생에 조금이라도 잉여가치를 공헌하고 일체에 수순하고 인연에 따르며, 동시에 중생에게 회향하고 나머지 시간을 학불에 힘쓰는데 사용하길 희망합니다. 만약 어느 날 고질병에 걸리면 고도의 과학기술 치료를 받고 시달리는 것을 희망하지 않고, 비방 및 민족 요법을 구하려 다니지 않으며, 생명을 연명하려 하지 않고, 절대로 생명유지 공구(기기 및 튜브)를 받아들이지 않을 것입니다. 인연이 다하는 시각이 임해서 인간 세상에 더 이상 미련이 없고 모든 인연을 놓아버리고 주위의 사람들이 기뻐하는 마음에 저를 위해 염불하며 자신을 한참 배웅하여 주길 희망합니다. 비통할 필요도 없고 자신을 위해 소탈하게 인생을 조금 걷다가 서방정토로 달려갈 수 있으면 기쁠 것입니다. 자신의 심원이 이미 충족되었기에 원망도 후회도 없을 것입니다.

아미타불, 합장!

88년 6월 「승가의호僧伽醫護」 제2기에서 옮겨 적다

7. 나의 학불 인연과 감응

대륙大陸, 장혜운張慧雲

저의 부친께서는 독실한 불교도이셨습니다. 제가 7살 때 온 가족을 데리고 혜명慧明 노법사 좌하座下에서 삼보에 귀의하셨습니다. 우리 집에는 불당이 있었는데, 부친께서는 우리들을 데리고 예불하고, 좌선(打坐)을 하곤 하였습니다. 인과응보 이야기를 들려주시며 우리들에게 좋은 마음을 가지고 좋은 사람이 되어라 하셨고, 또 관세음보살께서 얼마나 자비로우신지, 만일 재난을 만났을 때 단지 일심으로 관세음보살을 전념하여 간절히 보우해줄 것을 기도하면 영험을 얻을 수 있다고 말씀하셨습니다.

항일 전쟁이 발발한 후 우리들은 난징(南京)에서 철도선을 따라 점점 뒤로 철수하면서 재난과 위급한 상황을 만나거나 일본 비행기가 폭격할 때마다 온 가족은 한마음으로 관세음보살을 함께 염하였습니다. 매번 영험이 있었으며 마침내 안전하게 충칭(重慶)으로 피난하였습니다. 전쟁에서 승리한 후 저는 중경을 지나서 고향 우한(武漢)으로 돌아가 교육청으로부터 의도宜都

사범학교 평생학업에 배치 받았습니다. 의도 사범은 특별히 복학생을 위해 설립된 새 학교로 학교 소재지는 의도 현성縣城 30여 리 바깥, 홍화투紅花套의 작은 촌락에 있었습니다. 매우 외지고 황량하여 학습용구를 사려면 반드시 의도현성에 가서 사야했습니다.

제가 우한으로부터 홍화투에 도착하자마자 학교는 이미 오래 전에 개학하여서 입학한 첫 번째 일요일 아침 저는 곧 서둘러 의도에 문구용품을 사러 갔습니다. 길을 잘 몰라서 할 수 없이 물어가며 갔습니다. 꼬불꼬불한 작은 길 양쪽은 전부 들판, 무덤이었고, 초가집 농가가 드문드문 줄지어 흩어져 있었습니다. 농가마다 큰 개를 기르고 있어 매번 길을 물을 때마다 큰 개가 사납게 달려들며 뒤따라 나와 미친 듯이 짖어서 오는 길이 매우 괴로웠습니다. 이도에 이르러 기진맥진하고 배고픔과 목마름에 시달려, 식당에서 간단히 식사를 하고 잠깐 휴식을 취하고서 곧 서둘러 가서 문구용품을 구매하고 이어서 급히 서둘러 학교로 돌아왔습니다.

걷다 보니, 하늘색은 점점 어두워졌습니다. 다시 가다 보니, 곧 길을 완전히 볼 수가 없었습니다. 이때 저는 매우 무서워서 어떻게 해야 좋을지 몰라 곧 진퇴유곡에 빠졌는데, 문득 부친의 말씀이 생각났습니다. "재난을 만날 때 일심으로 관세음보살을 전념하면 재난을 피할 수 있다." 이에 나는 성심을 다해 필사적으로 관세음보살을 염하였습니다. "대자대비관세음보살大慈大悲觀世音菩薩……구고구난관세음보살救苦救難觀世音菩薩……속히 저를 구해주소서……", 이윽고 문득 수많은 그릇 같은 크고 작은 녹색 광이 마치 반딧불이처럼 반짝 반짝거리며 공중에서 흩날리며 작은 길을 비추어주었습니다. 저는 이

길을 따라 걸어갔지만, 마음은 여전히 두려움으로 가득 차 있었습니다. 이 길이 어디로 통해 있는지 몰랐고, 단지 가면서 보살께서 보우하시길 빌 뿐이었습니다. 오래 되지 않아 앞에서 사람들의 목소리가 들려와 서둘러 앞을 향해 달려갔습니다. 알고 보니, 십여 명의 청장년 남자들로 그들은 저에게 오늘 대타로 꽃가마를 들고 마침 홍화투로 돌아가던 참이었다고 말하면서 저에게 그들을 따라 가자고 조언하였습니다. 의지가 되는 사람이 있어 다시는 무섭지 않았고, 그들의 뒤쪽을 따르면서 묵묵히 걸었습니다. 그 당시 마음속에는 아무런 생각이 없었고, 단지 끊임없이 부처님 명호를 묵념하면서 좀 일찍 학교로 돌아가길 희망하면서 한참이나 걸어서 홍화투에 도착하였습니다. 학교로 돌아왔을 때 이미 저녁 9시 남짓 되었고, 동학들은 모두 자고 있었습니다. 저는 자신의 나무 침상 자리에 드러누워 오랫동안 잠을 이룰 수 없었습니다. 제가 본 일단의 둥근 녹색 광이 행로를 밝게 비춰준 것과 더불어 길에서 길을 안내해 준 사람을 만난 것에 대해 불가사의한 느낌이 충만하였습니다.

이후 매번 이 일을 생각하면 마음에 아직도 공포가 남아 있어 줄곧 감사하는 마음에 부처님 명호를 묵념하였는데, 이 때문에 제가 후일에 학불하는 종자가 심어졌습니다. 1993년 이 종자가 마침내 싹을 튀어 맨 먼저 채식을 하는 소책자를 읽었기 때문에 날마다 하는 채식(吃長素)[29])을 시작하였습니다. 어느 날 갑자기 집에서 20리나 떨어진 보통선사實通禪寺에 가보고 싶었습니다. 이 사찰은 부친께서 건강하실 때 제가 가본 적이 있었는데, 당시에는 부서진 탑 하나를 제외하고는 아무것도 없었습니다. 여러 해가 지난 후 이 절은 중건하여 상당히

---

29) 초하룻날과 보름날에만 채식을 하는 것을 吃花素라 한다.

보기 좋았습니다. 그날 사찰에는 사람이 물밀 듯 밀려왔고, 수많은 사람들이 열을 지어 돈을 내고 등록하였는데, 왜 그런지 몰랐습니다. 저는 유劉 거사란 분 곁에 다가가 물어보았습니다. 알고 보니, 모레 보통선사寶通禪寺 방장이신 도근道根 노화상께서 90세 생신으로 노화상께서 물러나시고, 새로운 방장인 어연悟緣 화상이 자리에 오르는 동시에 옥불전玉佛殿에서 개광전례開光典禮를 올리는 날이었습니다. 싱가포르 및 중국의 큰 사원의 장로 대덕들이 모두 경축하러 왔고, 연이어 7일간 수륙水陸 대법회를 거행하고 있었습니다. 저도 왜 이렇게 많은지 몰라서 재차 묻자 유 거사는 곧 "저도 잘 몰라요. 그러나 이는 좀처럼 얻기 어려운 기회를 현재 우연히 만났으니, 이해하든지 말든지 상관없이 참가하십시오."라고 말했습니다. 이에 우리들은 곧 신청을 하고 이어서 칠일 연속으로 사람들 무리에서 모양만 흉내 내었고(依樣畫葫蘆)30) 법회 진행 중에 몇 십 명의 화상께서 선창하셨는데, 듣기에 매우 수승하였습니다. 애석하게도 저는 무엇을 부르는 것인지 몰랐고, 단지 음조를 따라 부처님 명호를 불렀고, 한번 일어나고 한번 엎드려 따라 절을 하였으나, 7일이 지나도 조금도 피로가 느껴지지 않았습니다. 8일에 새 방장께서 귀의의식을 거행하셨고, 저는 삼귀의의 뜻을 알지 못한 채 단지 충동적으로 "저는 노화상님께 귀의합니다."라고 말했습니다.

어떻게 수행해야 하는지에 관해서 전혀 알지 못하였습니다. 오래되지 않아 화상께서는 관문을 닫았고, 저는 어떻게 물어야할지 몰라, 할 수없이 맹목적으로 닦을 수밖에 없었고 도량을 부지런히 뛰어다녔습니다. 도량을 뛰어다니던 과정에 몇몇

---

30) '공중에 달랑 매달린 조롱박을 흉내 내어 그린 것일 뿐이다.'라는 고사로 흉내만 내는 것을 말한다

연우蓮友가 모두 내 연령과 대체로 비슷한 할머니들임을 알게 되었습니다. 그 가운데 한 분이 십여 명의 동수同修들에게 총 29권으로 된 『무량수경』 비디오테이프를 공동구매할 것을 요청하였습니다. 그녀는 먼저 나에게 10권을 빌려주셨습니다. 나는 그것을 본 후 진귀한 보물을 얻은 것 같이 매우 기뻤으나, 애석하게도 물건은 적은데 사람이 많아 모두에게 나누어 줄 수 없어서 계속해서 다 볼 수가 없었습니다. 아마도 제가 보고 싶은 마음이 너무나 강렬했던지, 불보살께서 감응이 있어서 오래되지 않아 보통선사에 부처님 탄신 경축 철야염불 법회에 저도 참가하게 되었습니다. 염불을 정신없이 하다가 꾸벅꾸벅 졸 때 문득 별로 알지 못하는 거사 한 분이 저의 귓가에 작은 소리로 저에게 『무량수경』 비디오테이프를 보지 않겠느냐고 물었습니다. 그는 나에게 29권 전체를 빌려주고 싶다고 했습니다. 갑자기 나는 잠 벌레가 완전히 모조리 달아나 버리고, 마음 한가운데 법희로 충만했습니다. 매우 감사해 하면서 나는 마침내 녹음테이프를 자세히 다 보았습니다. 이제부터 수행의 방향 및 방법에 대해 인식이 생겼고 모두에게 법익을 함께 받을 수 있도록 학교 내 제가 알고 있는 사람이라면 저는 그들에게 집에 와서 『무량수경』 비디오테이프를 보라고 청하였습니다. 그러나 수많은 사람 가운데 단지 세 사람만이 영향을 받아서 모두 보통선사에 귀의하셨습니다.

이번에 저는 미국 산티에고에 사는 딸애를 보러 올 기회가 있어 고향 연우들이 매우 좋아하였습니다. 모두 제가 미국에 도착한 후 반드시 정종학회를 찾아서 불도를 닦고 공부해서 몇 가지 법보를 많이 가지고 집으로 돌아갔습니다. 나 자신은 중요한 임무를 지고 미국에 가자마자 정종학회가 있는 곳을 사방에 물어보아 마침내 로스앤젤레스 정종학회를 찾았지만, 학회가 딸애 집에서 너무 멀리 있어 딸애와 사위가 일이 너무 바빠 나를 데려다 줄 수 없어 저는 날마다 염불회향을 하면서 가고 싶은 생각이 매우 강렬했습니다. 다시 한번 감응도교感應道交가 있어서 가장 적당한 시간에 내 사위의 친구가 그의 모친을 로스앤젤레스 공항에 데려다주려던 김에 저도 차를 타고서 로스앤젤레스 정종학회에 가게 되었습니다.

문으로 들어가자 진陳 회장 부부 및 고高 사자師姊께서 저를 뜨겁게 환대해주셨습니다. 다시 한번 보니 아! 결연품 구간의 서가 위에 법보가 한가득 놓여있었습니다. 저는 꿈에도 생각하지 못한 것으로 정말 너무나 기뻤습니다. 그래서 한 번에 많이 쥐고서 책상에 내려놓았습니다. 갑자기 너무 욕심이 큰 것이 아닌가? 매우 불안한 마음이 들었습니다. 얼른 몇 개를 서가에 돌려놓았지만, 마음속으로 또 아까워서 다시 서가에서 내려놓았습니다. 이렇게 올려놓았다 내려놓았다를 반복하고 있었습니다. 그때 수많은 사형(남자 도반)·사자(여자 도반)들께서 도와주러 오셨습니다. 나羅 사형께서는 큰 종이상자에다가 저를 대신해 알맞게 포장을 해주셨습니다. 저는 또 감격하고, 또 부끄러웠습니다. 이 법보는 대륙에서 이미 빌릴 수도 살 수도 없는 것으로 여기서는 오히려 돈을 바라지도 않습니다. 한 번에 이렇게 많이 받으니 진실로 부끄럽기 그지없었습니다. 그날은 토요일이라 정종학회에서 오후에 함께 수행하였고, 저녁에 불학 토론이 있었습니다. 끝마친 후에 진 회장께서 모毛 사형에게 저를 부근 여관에 데리고 가서 묵으라고 부탁하셨습니다.

저는 마음속으로 '이렇게 장엄한 도량에서 함께 수행하고,

또 전일한 마음으로 정진하고 싶습니다. 제 한 사람이 집에서 수행하는 효과에 비해 훨씬 좋을 것입니다.'라고 생각했습니다. 그러나 애석하게도 저는 이렇게 한번만 할 수밖에 없었습니다. 이어서 또 생각했습니다. '이번 학회에서 무조건 저에게 여관에서 묵어가도록 대접하고 집에 돌아가도록 배웅하지 않았다면 이번에도 할 수 없었을 것입니다.' 이것에 생각이 미치자 슬픔을 금할 수 없었습니다. 진 회장께서는 아마도 다른 사람의 마음을 읽는 능력(他心通)이 있고 매우 자비로우셔서, 산티아고의 진 거사 부부가 정종학회의 매월 불일공수佛一共修 염불회 고정 성원임을 아시고 이에 그들에게 저를 이곳 로스앤젤레스에 데리고 오도록 요청하셨던 것 같습니다. 저와 진 거사 부부는 마음이 매우 맞아 첫 만남에도 옛 친구 같은 느낌이어서 저는 매월 불일공수에 참가했는데 진실로 마치 서방정토에 도착한 것 같았습니다. 동수 한 사람마다 참되고 정성스럽게 봉헌하는 태도가 모두 저의 학습에 좋은 모범이 되었습니다.

제가 학불한 인연과 과정은 "불씨佛氏 문중에는 한 사람도 버리지 않는다."와 "불씨문중에서는 반드시 감응이 있다." 이 두 마디 말로 형용해도 괜찮을 듯합니다. 온갖 많은 선연과 곳곳에 저를 도와주는 이가 있어 제가 바른 믿음으로 불교, 특히 쉽고 시원시원하며 구경의 가르침인 정토법문을 빠른 속도로 걸을 수 있었습니다. 저는 반드시 이렇게 좋은 인연을 소중히 여기고 노력하여 수행하고 정토에 태어나길 구하여 일생에 성불할 것입니다. 이렇게 해야 비로소 제가 금생에 만난 일체 선연과 선지식에게 보답할 수 있을 것입니다.

2001년 「서모慕西」 제42기에서 옮겨 적다.

8. 이 신심을 무량세계에 바치다

싱가포르, 오매훤吳玫萱

6년 전, 정월 초이틀 저녁, 온 집안 식구가 모두 신년의 즐거움 속에 잠겨있는 동안 별안간 저승사자(黑白無常)가 와서 어찌할 바를 몰라 하는 찰나 저는 마침내 거역할 수 없이, 살고 싶어도 살지 못하고 죽고 싶어도 죽을 수 없는 사람 - 제가 가장 사랑하는 사람이 갑자기 저의 품속에서 죽었습니다.

떠난 후 1개월 동안 저는 마치 머물 곳이 없어 떠도는 혼(無主游魂)처럼 지냈는데, 고모님이 마음대로 좌지우지하여 도교 사당에 절 데리고 갔습니다. 그곳 사람들은 저에게 열심히 닦지 않는다면 당신 집안 식구는 연달아 죽을 것이라고 말했습니다. 그들은 이런 말로 저를 매우 놀라게 했습니다. 비록 제가 무엇을 닦아야 하는지 몰랐어도 오로지 고분고분 말을 잘 듣고 지시에 따라 암송하고 좌선하였습니다. 이렇게 1개월이 지나가서야 저는 비로소 점차 정상으로 회복되었습니다.

이때 저는 사색하며 질문하기 시작했습니다. 예를 들면 "사람은 죽은 후 어디로 가는가? 사람이 살아있는 진정한 의의는 무엇인가? 수행은 어떤 이로움이 있는가?" 그러나 도교 궁에서는 저의 문제에 충분히 답해줄 수 있는 사람이 아무도 없었습니다. 저는 망연자실했고 괴로웠지만, 또 감히 수행을 포기하지 못했습니다. 왜냐하면 저는 집안 식구의 목숨을 걸고 모험할 수 없었기 때문입니다.

바로 이때 무의식중에 집에서 지상파 텔레비전을 통해 정공 법사께서 강의하시는 『무량수경』을 시청하였습니다. 이때 마침 극락세계의 의정장엄을 소개하고 있었습니다. 극락세계는 이와 같이 미묘하고, 아미타 부처님은 너무나 대자대비하시며, 이 세계에는 즐거움만 있고 괴로움은 없으며, 아름다움만 있고 추함이 없습니다. 그분께서 묘사하신 이곳의 수승함은 그야말로 불가사의합니다.

그 당시 저는 극락세계는 동화세계보다 더 동화 같은 세계라는 느낌이 들었습니다. 만약 이것이 일반인의 입에서 나왔다면 저는 아마도 진짜로 여길 수 없었겠지만, 당시 경전강의를 하시는 연장자께서 충분히 섭수攝受하는 힘을 가지고 계셔서 마치 강력한 자석처럼 저를 매우 깊이 끌어당겼습니다. 그분의 도량·말투· 표정·어조 무언이든 상관없이 보기에는 그는 매우 지혜가 풍부하시고 자비롭고 자재하신 분으로 저는 직감적으로 이 분을 신임할 수 있고 배울만한 가치가 있다고 느꼈습니다.

이에 저는 즉시 인터넷에 접속하여 정종학회를 찾아보고서 비디오 테이프 한 세트를 빌려서 밤낮없이 보았습니다. 그 기간 동안 늘 식사하고 잠자고 상심하는 것을 포함해서 모든 일을 아주 깨끗하게 잊어버렸습니다. 1개월 후 제가 『무량수경』한 세트를 완전히 들은 후 출가수행의 원심願心이 싹트기 시작했습니다. 그때 그 시작부터 저는 마치 새로 태어난 것처럼 생명에 대한 희망이 거듭 타올랐고, 이 희망은 더 이상 자신을 위한 것이 아니라 중생을 위한 것이었습니다. 즉 저의 죽은 집안 식구 및 저의 세세생생 가친권속들을 위한 것이었습니다. 저는 스스로에게 이야기 했습니다.

"만약 가족을 생사윤회로부터 해탈시키고 이를 도울 수 있는 길을 찾는다면 증과證果 · 성불成佛의 한 가지 길이 있을 뿐이고, 그 밖에 다른 방법은 없다. 우리들이 하루 늦게 성취할수록 사람들은 하루 더 많이 괴로움을 겪는다."

마침내 발심하여 몇 년 동안 정공 노화상의 법보를 유통시킨 후 저는 그의 제자를 따라 단기 출가하는 인연이 생겼습니다. 이 인연은 저로 하여금 승단의 생활 가운데 다른 각도로부터 불문 및 불교를 인식하게 하였습니다. 저는 저의 머리를 깎아주신 스승님께 저를 깨우쳐주시고 인도해주신 은혜에 대단히 감사드립니다. 이 기간은 확실히 저에게 깊고 사라지지 않는 영향을 미쳤습니다. 비록 짧은 반년이지만, 지금 온갖 풍상을 겪은 나날을 추억하면 무한한 감사가 마음속에 가득할 뿐입니다. 앞으로 진정한 성취를 할 수 있어야 스승님과 대중의 은덕을 갚을 수 있을 것입니다.

지금, 6년가량 지난 오늘 저는 이미 자신에게 적합한 학습방향을 찾았습니다. 이번 생에 오직 마음의 편안을 불법 홍양에 두고 아미타 부처님을 의지처로 삼아 번뇌로부터 해탈하는 것을 구경의 목표로 삼았습니다. 과거 사회에서 보낸 20년의 저를 돌아보건대 지금처럼 매우 긍정적으로 말할 수 있는 때가 없고, 학불 보다 더 정확하고 더 의의가 있는 넓고

평탄한 대도는 없습니다. 원컨대 천하에 인연 있는 중생들이
모두 빠른 시일 내로 불법의 감로를 획득하고 진정한 불교를
인식할 수 있길 바랍니다.

2001년 12월 「불타교육佛陀教育」 12기에서 옮겨 적다

사람·일·사물에 대한 공경이 예경제불禮敬諸佛이다

"선남자여, 저 모든 중생들이 이 십대원왕을 듣거나 믿고,
수지·독송하며 널리 남을 위해 설한다면 이 사람이 지은
모든 공덕은 불세존을 제외하고는 아무도 알 사람이 없느니라."
여기서 수지受持는 받아들여서 그대로 따라한다는 뜻입니다.
이를테면 「예경제불禮敬諸佛」을 그대로 따라한다 함은 비록
원만하지 못할지라도 착실히 하고 성실히 배운다는 말입니다.
그리하여 사람을 마주함에 있어 나는 언제나 공경심, 진성심
으로 대합니다. 일을 마주함에 있어 나는 언제나 매우 착실히
책임감을 가지고 처리하면 일을 매우 잘 해낼 수 있습니다.
사물을 마주함에 있어 탁자를 깨끗이 닦고 가지런히 정돈함은
사물에 대한 공경입니다.
– 정공 상인, 〈보현대사 행원의 메시지〉

제2부
무량수경 왕생가피

1. 어머님을 다시 뵙다

호주, 증허수정曾許秀貞

돌아가신 어머님 추련秋蓮 여사께서는 1923년 홍콩에서 태어나셨습니다. 그녀는 우리 자녀들의 마음속에 위대하시고 자애로운 어머님이셨습니다. 그녀는 한평생 어떠한 원망도 없으셨고, 가족을 열렬히 사랑하셨으며, 고생을 두려워하지 않으셨습니다. 근검절약하며 아버님과 힘을 합쳐 저를 포함한 자녀들을 성인으로 길러주셨습니다.

저는 20여 년 전에 결혼하여 오래되지 않아 곧 남편을 따라 호주로 이민 왔습니다. 둘째 오빠 식구도 또한 뒤이어 이곳으로 이주해 살게 되었습니다. 큰 언니와 큰 오빠가 홍콩에 남아서 연로하신 양친을 보살폈습니다. 다행히도 저와 둘째 오빠 두 사람은 매년 홍콩에 갈 기회가 있어 두 어른을 만나뵐 수 있었습니다. 비록 오랜 기간 부모님 슬하에 의지하지 못하고 단기간 모임이었지만 잠시라도 만남이 없는 것보다 나았습니다.

1997년 연말부터 어머님께서 기침이 있어 오래 치료해도 병이 낫지 않았습니다. 여러 차례 검사를 받았지만, 병인을 찾아낼 수 없었습니다.

저는 98년 1월에 홍콩으로 돌아가서 마침 불법을 접촉하는 때를 만나 이에 경전 강설 녹음테이프를 가지고 돌아오는 김에 휴대 녹음기 한 대를 샀습니다. 어머님께 수시로 들려드리는 편의를 도모하고, 어머님께서 지금부터 염불을 많이 하시길 희망하였습니다. 막 호주로 돌아오려던 직전에 의사가 어머님께서 폐암에 걸렸을 가능성이 크다고 말했습니다. 당시는 모두들 어머님께 이 나쁜 소식을 숨겨서 알지 못하게 하였습니다. 호주로 돌아온 후 둘째 오빠께 전했습니다. 그는 듣고서 몹시 슬퍼해 마지않았습니다.

암 환자는 통상 통증이 매우 심하다는 것을 주지하였기 때문에 그곳의 대덕 한 분께 어머님을 대신해서 불사를 하는 것뿐만 아니라 제가 집에서 어떻게 해야 어머님을 도울 수 있는지? 어머님의 병중에 통증을 감소시킬 수 있는지? 물어보았습니다. 결국 대덕께서는 제가 『무량수경』300독 독송 및 염불을 발원할 수 있길 희망한다고 제의하셨습니다. 그리고 만약 어머님께서 수명이 다하시면 그때 아미타 부처님께서 그녀를 접인하여 서방극락세계에 왕생하여주시길 희망하고, 그렇지 않으면 불력의 가피로 그녀가 빠른 시일 내로 건강을 회복하길 발원하라고 말씀하셨습니다. 마침내 저는 5개월 내외의 시간에 『무량수경』3백독 독송을 완료하였습니다.

같은 해 5월초 어머니의 날 하루 전에 큰 오빠께서 매우 바쁜 와중에도 틈을 내어 어머님을 모시고 호주에 오셔서 이곳의 전문의를 만나서 정밀검사를 받게 하셨습니다. 홍콩 쪽의 의사들은 병의 원인을 확정하지 못하였는데, 마침내 이곳의 의사가 어머님의 폐부에서 농포膿庖를 추출하여 진일 보한 검사를 실시하였지만, 이번에도 역시 병의 원인을 찾아 내지 못하였습니다. 그 후 어머님께서 호주를 떠나시기 전에 저는 「공중결연空中結緣」 불경이야기 녹음테이프31)를 여러 갑 녹음하여 어머님께서 홍콩에 돌아가셔서 듣도록 주었는데 어머님께서 기뻐하시며 들으셨습니다.

년 초 시작부터 어머님과 전화통화 할 때마다 전화기를 들고 전화기를 놓기 전에 다들 「아미타불」 성호를 한번 소리내어 칭념하는 것이 다들 습관이 되었습니다. 동시에 이 기간에 저는 또한 어머님께 어머님의 이름자에 「연蓮」자가 있어 연꽃 과 인연이 있음을 일깨워 주었습니다.

1999년 1월 농력년(農曆年: 중국의 음력 설날 명칭) 기간에 어머님께 서 감기로 인해 가래를 검사하는 가운데 비로소 정식으로 폐암임을 확정하였습니다. 저와 모든 자녀들은 그 당시 어머 님께 여전히 감추어서 어머님께서 이 나쁜 소식을 알지 못하도 록 하고 동시에 저는 년 중에 다시 홍콩으로 가서 어머님을 찾아뵙기로 결심하였습니다. 호주에 사는 저의 절친한 친구인 신디(CINDY, 반천지潘倩芝)가 이 사실을 다 안 후 저와 동행하고 싶어 해서 상의한 끝에 년 중에 같이 홍콩에 가기로 결정하였 습니다.

---

31) 1981년 7월 5일부터 시작하여 홍콩 방송국 제5방송국 및 불학반 동학회가 연합하여 불교 라디오 방송 프로그램 「공중결연空中結緣」을 제작하였다. 여러 거사들이 각각 돌아가며 불학강좌를 주관하여 불학 상식 및 불교 이치의 심오한 내용을 알기 쉽게 상세하게 해석하였다. 즉 불경에서 취재한 이야기를 극화하여 청중으로 하여금 극중 인물을 통하여 불교의 이치를 보다 쉽게 만나게 하였다. 그밖에 청중 사서함 시설이 갖추어져 있어 청중의 문제에 해답하였다.

같은 해 4월, 어머님께서 싱가포르에서 전기치료를 받아들일 준비를 하고 계셔서 우리 형제 자매는 각각 출발하여 싱가포르에서 만났습니다. 그래서 홍콩에서 출발하여 싱가포르에 머무시기 전에 큰 오빠가 비로소 진실한 병세를 분명히 밝혀 어머님께 알려드렸습니다. 어머님께서는 이를 듣고서 매우 침착함을 나타내셨습니다. 저는 휴대용 녹음기 한 대와『아미타불사십팔원阿彌陀佛四十八願』녹음테이프,「근대염불왕생견문기近代念佛往生見聞記」두 단락을 준비하여 호텔에 가지고 가서 어머님께 낭독하며 들려주었습니다. 전기치료 과정을 곧 끝내기 전 며칠, 마침 공무로 싱가포르에 하루 머무르고 있던 남편을 만나서 이번 기회를 통해 어머님을 만나 뵈었습니다. 그는 떠나기 전에 어머님께 많이 염불하시라고 하였습니다. 애석하게도 이번이 마지막 만남으로 세상사가 무상하여 차고 기움이 정해져 있음을 탄식하였습니다.

어머님께서 전기치료를 받고서 홍콩으로 돌아가셨지만, 병세는 호전된 것으로 보이지 않았습니다. 저는 신디와 년 중에 홍콩으로 돌아가기 전 얼마 되지 않아 불력의 가피를 받아서 두 송이 연꽃을 만드는 법을 스스로 배웠습니다. 어머님께서는 말씀하실 때 항상 염불을 잊어버렸습니다. 어머님께 이 연꽃으로 상기시켜 드려서 어머님이 염불을 하시도록 일깨울 수 있었습니다.

홍콩으로 돌아오기 며칠 전, 불가사의한 일이 일어났습니다. 그것은 바로 오랜 세월 기독교를 신봉하고 계시던 저의 시어머님께서 그 날 아침 외출하셔서 휴대용 전화기가 갑자기 울리기 시작해서 한번 들었더니, 뜻밖에도「나무아미타불」성호가 울렸고, 전화를 끊고 난 후 또 다시 한 차례 울리더니 거듭

「나무아미타불」 육자명호를 염하더라는 것이었습니다. 집으로 돌아간 후 모두에게 이 일을 언급하니, 모두 불가사의하다고 느꼈습니다. 이로써 또 저는 만약 어머님께 유사한 감응이 있어 염불의 신심을 증강시킬 수 있으면 좋겠다는 생각이 들었습니다.

이 일이 발생한 며칠 후 저는 신디와 출발하여 홍콩으로 돌아갔습니다. 이번에는 정밀한 선물함을 준비하였습니다. 안에는 어머님께 선사할 두 송이 연꽃을 두었습니다. 어머님께서 조용히 선물함을 여시기만 하면 그 가운데 한 송이 연꽃을 꺼내어 상자의 뚜껑에 두고서 이것을 보고 연꽃에 대해 염주로 염불하는 셈입니다. 그 후 신디가 거들어 주어 십여 송이 연꽃을 방안에 사방으로 배열하였습니다. 이것을 통해 어머님을 더욱더 부지런히 염불하도록 일깨웠습니다. 모처럼 신디와 어머님은 오래 사귄 친구 같았습니다.

우리들이 홍콩에 도착한 며칠 후에 아침 기도일과를 할 때 방에 가득한 (박달나무 향기와 유사한) 기이한 향을 맡았는데 이로 인해 또한 저는 어머님께서 다음날 저희들과 함께 아침 기도일과로 『무량수경』을 독송하셨으면 하는 생각이 일어났습니다. 비록 어머님께서 중국어를 알아들을 수 없을지라도 저는 한 글자 한 글자 가리켜서 어머님께 보여주고 소리 내어 읽으면서 어머님께 들려주고 싶었습니다. 다음날 아침 어머님께서 중간에 앉으시고 잠깐 동안 읽으셨습니다. 어머님께서는 우리들에게 좀 천천히 읽으라고 요구하셨습니다. 오래되지 않아 기이한 향기가 또 공간에 두루 가득했습니다. 저는 그 당시 즉시 어머님께 그 뜻을 표시했습니다. 어머님께서는 그 후에 향기를 맡았다고 했습니다. 저는 불보살님께 어머님께서 마침내 감응을 얻게 하여 주신 그 은혜에 감사하였습니다.

우리들이 홍콩에 9일간 머무를 수 있어 그날 떠나야만 했습니다. 아버지께서 대륙에서 아직 홍콩으로 돌아오시지 않아 큰 오빠는 어머님께서 혼자 집에 계시는 것이 마음에 놓이지 않았습니다. 그래서 그날 어머님께서 큰 오빠가 있는 곳으로 옮겨서 잠시 머무셨습니다. 그런데 어머님께서 한밤중에 주무실 때 갑자기 천식이 매우 심해져서 즉시 병원으로 이송해야 했습니다.

큰 언니는 매우 또렷하게 기억하고 있었습니다. 8월 28일 그날 어머님께서 갑자기 자신은 병원에 입원해야 한다고 하셨다고 합니다. 그 후로 병세가 비록 날이 갈수록 악화되었지만, 정신은 매우 또렷하였습니다. 통증은 없었지만, 언제든지 눈을 감을 수 있었습니다. 이 시간 동안 저는 어머님께서 임종시 제가 어머님을 위해 조념해 드릴 수 있을까? 마음속으로 걱정이 되었습니다.

어머님께서 왕생하시기 4, 5일 전에 저는 수십 송이 연꽃을 만들어 이곳 모 병원의 바자회에 보내어 대중에게 결연(무료증정)을 베풀었는데, 이를 통해 사람들의 마음에 환희심을 내게 할 수 있을 뿐만 아니라 또 불교의 정신과 특색을 드러낼 수 있었습니다. 연꽃은 불교의 상징 중 하나로 세속에 물들지 않고 청정함을 대표합니다. 그날도 첫 번째 연꽃 송이를 보내어 이곳 불당 한 칸을 장엄하였고, 집으로 돌아온 후 곧 전화하여 어머님께 알려드렸습니다. 남편도 동시에 전화로 어머님께 모든 인연을 내려놓고 일심으로 염불하여 정토에 태어나길 구하라고 말했습니다. 며칠간 어머님께서는 비록 아무런 말씀도 없었지만, 줄곧 습관을 잘 유지하시며, 저와 전화상으로 부처님 명호를 칭명하셨습니다.

9월 21일 정오, 즉 어머님께서 왕생하시기 이틀 전, 둘째 오빠가 전보로 막 홍콩 쪽에서 통지를 받았는데 어머님께서 오늘 내일 한다고 말했습니다. 이에 우리들은 다음날 비행기 편으로 홍콩으로 돌아가기로 결정하였습니다. 얼마 전에 저는 둘째 오빠에게 인광 대사께서 법문하신 『임종삼대요臨終三大要』 한 권을 준 적이 있었는데, 그는 이미 보았다고 합니다.

그날 저녁 병원에 도착한 후 어머님께서는 정신이 매우 또렷하셨고, 저는 즉시 삼성상三聖像과 『무량수경』을 꺼내라고 하였습니다. 4자음의 염불기를 어머님의 귀 곁에 두고서 왕생피를 덮고서 마지막에 어머님을 위해 연꽃 한 송이를 바쳤습니다. 어머님께서는 큰 소리로 "정말 예쁘다"고 한마디 하셨습니다. 이에 우리들은 염불기를 따라 조념을 진행하기 시작했고, 어머님을 향해 한밤중 귀가할 때까지 염불하였습니다.

그런데 다음날 큰 오빠는 불쑥 전화로 병원 쪽에서 어떤 사람이 이른 아침에 전화를 걸어 통지를 하였는데, 병원 쪽 규정은 사람들이 병원에서 어떠한 의식을 하는 것을 불허한다고 말했다고 이야기했습니다. 이에 모두 어머님을 다른 병원으로 옮기기로 결정하였는데, 결국 정오 무렵에 어머님을 천주교 개인 병원으로 이송하였습니다. 이곳에 도착한 후 오래되지 않아 그 병원의 수간호사를 만났습니다. 그녀는 우리에게 불련회佛聯會의 조념단에게 조념을 도와달라고 요청하라고 건의하였고, 또 필요하다면 장의사를 물색하라고 말했습니다. 그녀를 따라 이곳에서 이사를 맡고 있는 언니를 접촉하였습니다. 이에 저는 즉시 불련회 이사 한 분께 연락하였습니다. 그녀는 최대한 사람을 구해서 도와주겠다고 답했습니다.

이 병원으로 옮기는 과정에 관찰해보니, 어머님의 간호를 책임지고 있는 개인 간호사 주朱 양이 어머님과 마음이 맞았습니다. 그녀는 이른 저녁(즉 어머님께서 왕생하기 전 저녁)에 말했습니다. 그녀가 퇴근할 때 떠나기 전에 어머님께 자녀를 본 후에 이 세계에서 더 이상 괴로움을 받지 말고 잘 헤어져라 권해드렸다고 했습니다. 또 어머님께 다음날 그녀를 다시 보실 것인지? 물었더니, 어머님께서 낮으면서 힘 있는 목소리로 "당연히 보고 말고!" 라고 답했다고 합니다.

어머님께서 안정되신 후에 저는 또 어머님 병상에서 아미타부처님을 염하기 시작했습니다. 간혹 『임종삼대요』를 참조하면서 어머님을 향해 제시하였습니다. 어머님께서는 눈을 뜨고 계실 뿐 말씀은 없었고, 얼굴은 편안하셨습니다. 다른 한편으로 우리들이 줄곧 조념단이 와서 도와줄 것을 기대하였고, 어머님께서 임종하실 때까지 대략 오후 4시 전후로 어머님과 비교적 인연이 깊은 세 명의 고종(이종) 사촌 오빠와 세 명의 고종(이종) 사촌 아주머니 또한 뒤따라 도착했습니다.

어머님께서 왕생하시는 그 시각, 약 오후 4시 30분에 그 자리에 각자 연이어서 자동적으로 무릎을 꿇고 같이 조념을 하였습니다. 그 같은 장엄한 광경은 실로 누구나 잊을 수가 없을 것입니다. 주 양이 나중에 저에게 그녀가 저녁에 조념을 하고 집으로 돌아오는 길에 아미타 부처님 명호가 끊임없이 귀에 영향을 미쳤다고 말해주었습니다. 나중에 저는 또 시누이 및 옛 동료인 진미갱陳美鏗이 와서 조념을 거들었지만, 불련회의 조념단은 끝내 아무도 도착하지 않았습니다.

어머님께서 왕생하시던 그날은 마침 중추절 전날 밤이었습니다. 어머님을 위해 조념하신 모든 분은 그녀가 다 아시던 분이었습니다. 10여 시간 조념한 후 본래 열려져있던 입이 다물어졌고, 얼굴 또한 매우 편안해졌습니다.

일을 마친 후 주 양은 저에게 그녀 본인이 쉴 때마다 낯선 사람으로 인해 어머님 간호를 인계할 때 그녀는 침대에서 내려오지도, 식사를 원하지도 않으셨다고 했습니다. 큰언니도 어머님께서 왕생하시기 이틀 전, 어머님께서 잠시 기다리면 그녀를 방문하러 여러 친구 분들이 올 것이라고 방문하는 때를 미리 아셨다고 말했습니다. "필요없어! 남에게 폐를 끼칠 필요가 없어."

큰언니는 어머님께서 왕생하시기 약 2주 전에 큰언니에게 돌아가게 해달라고 애원하셨다고 분명히 말했습니다. 왜냐하면 큰 언니는 효심이 매우 커서 모든 방법을 다해 명의를 찾았고 어머님께서 수명이 연장되길 원했기 때문입니다.

곧바로 우리들은 아버지께서 어머님과 헤어지는 충격을 이겨내지 못하실까봐 걱정하였지만, 어머님께서 왕생하신 후 그는 평온해 보였습니다. 나중에 비로소 원래 어머님께서 왕생하시기 며칠 전에 집에 있는 신궤神櫃 상면의 관세음보살과 신변의 금동주녀상金童主女像이 동시에 아무런 까닭 없이 쓰러져서 아버지께서는 어머님께서 목숨 인연이 다하셨음을 믿었다는 사실을 알게 되었습니다.

곧이어 우리들은 어머님의 몸을 처리하는 사후의 일을 의논하기 시작하였지만, 가장 먼저 그녀의 안장문제를 해결해야 했습니다. 어머님께서는 왕생하시기 전 우리들 자녀에게 각각 그녀는 백년 후에 홍콩에 안장되길 희망한다고 말씀하셨지만,

아버지는 이미 대륙에 좋은 풍수를 마련하였습니다. 이에 큰 오빠는 둘째 오빠에게 편지를 써서 아버지에게 상세하게 원인을 설명하고 다들 서명하자고 제안했습니다. 마침내 불력의 가피 하에 아버지께서 어머님을 홍콩에 안장하시는 것에 동의하셨습니다.

나중에 저는 외국인 가사도우미에게 상세히 말할 기회가 있었습니다. 그날 오후 4시에서 5시 사이에 그녀는 마침 응접실에서 청소를 하고 있었는데, 갑자기 어디선가 이따금 들어본 적이 없는 음악소리가 들려왔는데, 딩딩 소리가 났고 매우 듣기에 좋았다고 합니다. 이에 음성이 들려오는 방향을 따라가며 찾아보니 집 끝에 있는 주인 방안의 안락의자 뒤에서 발생하는 것을 발견하였습니다. 음성이 매우 또렷하고 듣기에 좋았다고 합니다. 또 저에게 어머님께서 이 의자에 앉아서 텔레비전을 보시곤 했다고 말했습니다. 제가 가지고 다니는 4자 4음 부처님 명호에 인경 소리가 든 녹음테이프를 그녀에게 들려주었더니, 그녀는 이 음조가 맞다고 확인해 주었습니다. 그녀는 어머님께서 사람이 매우 좋으셔서 천사가 와서 그녀를 천당에 접인하였을 것이라고 말했습니다.

그녀 본인은 고향에서 고등교육을 받아 교사를 지낸 적이 있는 독실한 천주교 신자이었습니다. 큰 오빠와 새언니가 그녀를 고용한지 이미 6년이나 오래되었습니다. 나중에 그녀는 취미로 나를 따라 연꽃 만드는 것을 배웠고, 한 송이를 만들어 병을 앓고 계시는 중국 할머님께 보내주었는데, 나중에 이 할머님께서 그것을 부처님께 공양하셨다고 합니다. 따로 한 송이는 그녀의 친척에게 보냈는데, 친척 분은 그것을 가지고 필리핀에 돌아가 연꽃을 성당에 보내줄 생각이었습니다.

어머님의 안장문제가 해결된 후 둘째 오빠는 병원에서 알고 있는 수간호사 소개로 장의사를 만났습니다. 원래 그녀의 언니는 홍콩에서 매우 많은 사람들이 잘 알고 있는 세계적인 장의회사 이사 및 화장사인 진미령陳美齡 여사로 서로 털어놓고 이야기했습니다. 원래 그녀는 제가 홍콩에 있을 때 옛 동료의 언니였습니다. 진 여사께서는 우리들을 대단히 잘 배려해주셨고, 또한 모든 것을 매우 빈틈없이 안배해주셨습니다. 이로 인해 출관하는 일자가 2주 멀리 떨어져 있어 저는 장의사에서 연꽃을 많이 만들어 각 친구들에게 결연을 베풀고 싶다는 영감이 떠올랐습니다. 둘째 오빠 및 두 자녀들이 며칠 후 서둘러 홍콩으로 돌아오는 까닭에 그들에게 남편이 이미 잘 준비해준 연꽃 재료 및 부속품 등의 물건을 가지고 홍콩으로 돌아오라고 청하였습니다. 이와 동시에 어머님 이름이 「추련秋蓮」이므로 마침 중추절 전 날 왕생하셨다는 생각이 떠올랐습니다.

잇따라 법사를 초청하여 어머님을 위하여 불사를 하기로 했습니다. 호주 시드니에서 홍콩 보리학회菩提學會의 영성永惺 법사께서 매우 자비로우시다는 말을 듣고서 이에 보리학회와 접촉하기로 결정했습니다. 그날 아침 첫 번째 전화를 걸었는데, 공교롭게도 영성 법사 본인께서 전화를 받으셨고, 마침 그날 정오라 법사께서는 대륙에 며칠간 다녀와야 했기 때문에 홍콩에 돌아온 후 만나기로 약속하였습니다.

어머님께서 왕생하신 후 1주일, 저는 갑자기 절친 신디가 생각나서 그녀에게 전화를 해서 시간이 되면 와서 어머님의 장례에 참가했으면 한다고 말했더니, 그녀는 이튿날 즉시 홍콩에 도착했습니다. 우리들은 실제로 그녀의 도움이 매우 필요했는데, 어머님과 그녀가 매우 인연이 있어 특히 그러했습니다.

이와 동시에 둘째 오빠와 두 자녀도 홍콩에 도착해서 모두 다 연꽃 만들기에 참여했습니다. 집에서는 날마다 친척과 친구들과 함께 모두 열심히 연꽃 만들기에 참가하였습니다.

며칠 후 저와 신디는 함께 영성 법사님을 친견하러 다녀왔습니다. 어머님의 불사를 음력 9월초에 거행하기로 안배하였기 때문입니다. 그날은 또 보리학회에서 10일 법회를 하는 날이었습니다. 첫날에는 『대열반경』을 독송하는데, 법사께서 이 법회를 주관하시는 까닭에 직접 어머님을 위해 불사를 하실 수 없지만, 이런 인연을 만나 어머님을 위해 법회 중에 천도 위패를 세울 수 있으니, 인연이 수승하다고 말할 수 있습니다.

불사를 하기 며칠 전, 갑자기 태풍이 홍콩에 다가오고 있어 3호 풍속계를 높이 걸었습니다. 불사를 하는 그 2일 동안 홍콩에 태풍이 상륙한다고 예보 되었습니다. 우리들은 출관이 보류되어 매장이 늦추어지지 않을까 걱정하였습니다. 그런데 그날 태풍은 그때가 되자 방향을 전환하여 풍속계를 즉시 내렸습니다.

그날 밤 영전을 지키면서 두 분 오빠께서 비록 두 주가 지났지만 어머님의 유해가 매우 부드럽고 얼굴이 훨씬 더 장엄함을 발견하였습니다. 방미진 여사에게 이 일을 이야기하자 그녀 또한 희유하다고 느꼈습니다. 2주 동안 모두 한마음으로 힘을 합쳤기 때문에 마침내 수백 개의 연꽃이 있어서 장의사로 운반하여 대중에게 결연(나눠줌)을 베풀었습니다.

이튿날 보리학회에서 몇 분의 법사께서 어머님을 위해 불사를 하였고, 불련회의 조념단도 와서 거들었습니다. 그날 하늘은 대단히 맑아서 어머님을 순조롭게 안장할 수 있었습니다.

이번 어머님의 왕생과정 및 불사가 이와 같이 원만할 수 있었음은 은연중에 제불보살의 자비 가피·안배가 있었을 뿐만 아니라 또한 집안 식구의 합심협력, 친구와 각 불교계 벗들의 열렬한 도움과 지지 및 회향에 우러러 의지하였습니다. 이에 충심으로 감사의 말씀을 드립니다! 아미타불!

「어머님, 안녕」에서 옮겨 적다

2. 연지해회

호주, 반천지潘倩芝

여러 도반님들,

아미타불! 매우 어렵게도 수승한 인연이 있어 저와 비비엔
(VIVIEN, 증허수정曾許秀貞)의 어머님 사이에 맺어진 불가사의한
인연을 여러분들과 나눌 수 있게 되었습니다. 혹 부적당한
점이 있다면 여러분께서 너그러이 포용해주시길 바랍니다.

기억하건대 막 비비엔을 알기 시작했을 무렵, 그녀는 진정한
불교(우주·인생의 진리)에 대해 모색하는 단계에 있었습니다.
이때 마침 후학에게 인연이 있어 정공 노법사님께서 저술하신
「불교 바로 알기(認識佛敎)」를 배독하는 중이었습니다. 이 책은
깊은 내용으로 들어가 이를 쉽게 푼 책으로 저에게 정신적으로
큰 깨우침을 주었고 비비엔에게도 영향을 미쳤습니다. 이로부
터 이후에 그녀는 온 정신을 기울여 몰입하였고, 그런 마음
가르침대로 봉행하였습니다.

하지만 그 세월 속에 오래되지 않아 시련이 찾아왔습니다.

그녀의 어머님께서 병원에 두세 번 진단을 받으신 끝에 마침내 폐암임이 확인되었습니다. 이 청천벽력 같은 말이 그녀를 뒤흔들며 일깨웠습니다. 그녀는 슬픔을 힘으로 바꾸어야만 했습니다. 어떻게 어머님에 대한 효도를 완성해야 하는가? 이에 대덕 한 분께 가서 여쭤보았습니다. 이 대덕께서는 간단명료하게 제시하였습니다.

"지극한 정성과 공경하는 마음으로 어머님을 위해 『무량수경』을 3백 독 독송하기만 하면 반드시 감응이 있을 겁니다."

그녀는 이 말을 들은 후 추호도 의심하지 않았고, 성심성의를 다해 실천하였으며, 과연 감응도교가 있어 왕생 전후로 수많은 불가사의한 인연 및 서상이 있었습니다. 아래는 저와 그녀가 어머님께서 왕생하시기 전후 1999년 7월에서 10월까지 대략 3개월의 짧은 기간 동안 홍콩을 왕래하면서 겪은 수승한 인연을 소개하겠습니다.

맨 처음 홍콩에 간 인연을 회상하건대, 이 주제에 벗어난 말을 조금 해야 할 것 같습니다. 저는 1987년 홍콩에서 호주로 이민을 왔습니다. 짧지 않은 세월에 호주에 대해 이미 일정 정도 고향의 정이 생겼고, 제 마음속에 그리던 정토였습니다. 그래서 이민을 온지 여러 해가 되어도 지금까지 출국하여 여행하고 싶지 않았습니다. 그렇지만 어느 날 비비엔이 저에게 전화 한 통화를 해서 다시 홍콩으로 가고 싶다고 말했습니다. 당시 저는 즉시 그녀에게 왜? 하고 물었습니다. (실제로 이전에도 그녀는 어머님 병 때문에 서너 차례 홍콩을 다녀왔습니다.) 그녀는 이번에 가서 다시 불교정토법문에 관련이 있는 몇몇 수승한 이익을 더 많이 들려주어서 어머님의 신심을 증강시키고 싶다고 말했습니다. 이 말을 듣자마자 그녀와 함께 홍콩으로 가서 그녀의 어머님을 만나 뵙고 싶다는 매우 강렬한 신념이 생겼습니다. 이 같은 직감적으로 느낀 감응은 홍콩에 도착할 때까지 계속되었고, 어머님과 대략 1주일간 함께 지낸 후 비로소 명백해졌습니다. 왜냐하면 어머님께서는 얼마나 자상하시고 재미가 있고 유머감각이 계신지 저로 하여금 매우 깊은 감동을 받게 하셨기 때문입니다. 정말로 이 여행이 헛되지 않았습니다. 왜 그렇겠습니까?

여러분 생각해보십시오. 폐암 말기에 이른 환자 분께서 저와 함께 웃으시며 말씀하시고, 이것저것 유쾌하게 담소하셨습니다. 심지어 늙은 범 머리 하나를 매우 정확하게 접어서 저에게 선사해주셨습니다. 왜냐하면 저는 마침 연꽃을 접고 있는 중이었는데, 어머님께서는 바로 어릴 적 수공을 기억해내셨습니다, 정말 사랑스런 어머님이셨습니다. 비록 몸과 마음으로 고통을 겪고 계실지라도 어머님께서는 여전히 그녀의 남편을 위해 아침식사를 짓고 시중 드는 일을 계속하셨습니다.

이어서 멀리서 온 효심 가득한 딸을 만족시키려고, 이른 아침 일어나서 우리들과 같이 불전에 앉아서 함께 『무량수경』을 독송하셨습니다. 비비엔은 매우 참을성 있게 한 글자씩 소리 내어 읽으면서 어머님께 들려주었습니다. 이 같은 광경에 어찌 불보살이 감동하지 않을 수 있겠습니까? 어머님은 매우 선근이 있어 무량수경을 소리내어 완전히 읽을 때까지 그 자리를 지켰습니다. 이렇게 진지하고 청정하며 화목한 분위기 속에서 저는 갑자기 한 가지 생각이 샘솟았습니다. 저에게 이 수승한 사람을 감동시키는 도량을 한번 장엄해보는데, 약간의 법구가 필요하다는 생각이 일어났습니다. 왜냐하면 당시, 마치 몸이 다른 시공 한가운데 있는 것 같은 감각이 들었기 때문입니다. 그리고 비비엔과 어머님도 간간히 기이한 향기가 감응 되었습니다. 그래서 며칠 후 저는 인경을 요청하였습니다. 특별히 불력의 가지加持를 입어서 지금까지 이 같은 법구를 쳐 본적이 없는 저는 손을 대자마자 뜻밖에 자유로이 활용할 수 있었고, 마음먹은 대로 할 수가 있어서 정말로 이루 말할 수 없이 미묘하였습니다.

본래 이 같이 말로 설명하기 어려운 분위기인데다가 또 인경 소리를 곁들이니, 정말로 서로 조화를 잘 이뤄 더 효과를 발휘하였습니다. 이전의 분위기와 딱 어울려 자연스럽고 완벽하였습니다. 조금 많으면 너무 많아 싫고, 조금 줄이면 또 좋지 않았을 텐데, 정말 장엄하고, 정말 청정했습니다! **어머님께서 왕생하신 후 그날 천상음악이 허공에서 울리는 서상이 나타난 것은 이상할 것도 없었습니다.**

말을 꺼낸 김에, 제가 두 번째 홍콩에 갔을 때 이야기를 하겠습니다. **대략 3일차 되는 날 아침에 잠에서 깨어나 아직 생각이 움직이기 전, 이 찰나에 천상음악이 허공에서 울리는 것을 들었습니다.** 왜 저는 이처럼 확신합니까? 왜냐하면 그 당시의 환경은 매우 혼란하여 매우 작은 공간 안에 6, 7 사람(각자 모두 멀리서 오셨습니다)으로 꽉 차서 저마다 한마디씩 말하고 게다가 바깥에는 차들이 많이 다녔는데, 이상하게도 저는 매우 또렷하게 그것을 느낄 수 있었기 때문입니다. 그 소리는 매우 영롱하여서 듣기 좋았습니다. 비록 그렇게 짧았을지라도 저에게는 평생 잊어버리기 어려운 경험이었습니다. 정말 불가사의하였습니다!

맨 처음 홍콩에 간 기간에는 독경 염불뿐만 아니라 연꽃을 접었습니다. 비비엔은 어머님을 위해서 두 송이 연꽃을 어머님께 선사하는 기발한 생각을 했습니다. 요컨대 손재간으로 효심을 전달하려고 애쓴 것입니다. 이때문에 감응하여 불력의 가지로 갖가지 불가사의한 서상이 출현하였습니다.

연이어 두 번째 홍콩에 간 인연도 사전에 전혀 예상치 못한 일이었습니다. 아침에(또한 어머님이 왕생하신 후 며칠 지나서) 갑자기 연달아 비비엔이 홍콩으로부터 장거리 전화를 하였습니다. 말의 톤이 법희로 충만했습니다. 이는 저의 직관적인 반응입니다. 그녀가 불가사의한 인연이 많이 있었다고 말했을 때 저는 곧바로 마음속에 담아둔 생각을 즐겁게 외치고 싶었지만, 상세한 상황을 충분히 상의하지 못했습니다. 저는 이미 너무나 기뻐서 펄펄 뛰고 싶은 심정이었고, 한시도 지체하지 않고 어머님의 마지막 길을 배웅하러 가고 싶었습니다. 그렇지만 현실은 이런 돌발적인 생각이 일어나는 것과 충돌하였습니다. 왜냐하면 실제로는 몸을 빼내기가 어려웠기 때문입니다. 그런데 기적같이 게다가 매우 순조롭게, 둘째 날 곧바로 홍콩에 도착하였습니다. 이것은 꿈에도 생각할 수 없는 일이었습니다. 이 한 차례 인연은 파노라마 같은 연지해회蓮池海會 속으로 걸어가는 모습을 방불케 하였습니다. 연지해회, 어떻게 말입니까? 다시 저의 말을 들어보십시오.

두 번째로 홍콩에 도착했을 때 인간사는 매우 큰 변화가 있었습니다. 제가 비비엔의 집 현관으로 들어갈 때 비록 어머님을 뵐 수는 없었지만, 그 협소한 공간은 오히려 사람들과 가득 벌여놓은 연꽃으로 꽉 차 있어 사람들의 눈앞이 번쩍했습니다. 마치 연못 속으로 걸어가는 것과 같았습니다. 어느 곳에서나 모두 연꽃이었습니다. 얼굴빛은 무지개 같은 광채로 눈부셨습니다. 사람마다 얼굴에 찬탄과 행복의 표정이 드러났고, 손에도 끊임없이 연꽃을 접고 있었습니다. 이때 저는 비비엔이 일을 처리하는 것이 이렇게 지혜가 있는지 매우 감탄했습니다. 어머님의 이름자 인 추련秋蓮 (왕생 당일이 중추절 전날 밤이었습니다)과 딱 들어맞았고, 우리들이 가졌던 비통한 심정이 전부 연꽃 속으로 녹아들었습니다.

연이어 비비엔은 수많은 연화를 발심 제작하였고, 가능한 완전무결하게 만들어 홍콩에 있는 크고 작은 도량·사찰과 친척·친구에게 결연을 각각 나눠 보냈습니다. 심지어 서로 알지 못하여도 우리들과 일면의 인연이 있고 받아들이기만 하면 결코 빠뜨리지 않고 언제라도 무료로 전수하려고 하였습니다. 특히 홍콩세계 장의사에서 그 이틀간의 법회에서 그곳에서 일하는 인원들, 몇몇 출가인들, 아마도 우리 눈에 보이지 않는 유정중생까지도 모두 청정·장엄·광채로 눈부신 연꽃에 섭수되어졌습니다. 그들의 안광이 발산되어 나오는 곳은 찬탄과 환희의 표정이었습니다. 그래서 우리들은 그야말로 바빠도 또한 즐겁지 않겠습니까! 유쾌하고 기뻐서 모두 겨를이 없으니, 망상이 쳐들 남는 시간이 많겠습니까? 저는 어머님께서 곧바로 우리들과 같이 이번 수승한 연지해회에 참여하셨다고 느꼈습니다. 왜냐하면 사람마다 모두 불성이 있고 게다가 그들은 이 수승한 인연에 한 송이 연꽃 결연을 베풀 수 있기 때문입니다. 이는 절대로 우연이 아닙니다. 연꽃은 불교에서 인과가 동시에 나타나는 것을 표시합니다. 세간 법에서 진흙으로부터 나와도 물들지 않습니다. 그래서 저는 이번 수승한 인연을 「연지재회」라고 이름지었습니다. 진실로 부처님 은혜에 감사합니다! 이번은 저는 매우 큰 행운을 만났습니다.

마지막으로 우리 함께 법희 가운데 목욕하고 청정 장엄한 광명대도 한길로 걸어갑시다. 다시 비비엔이 그녀의 어머님께 바친 한 폭 대련을 맺음말로 가름합니다.

秋月滿圓證菩提 가을 달 원만하여 보리 증득하고
蓮花盛開見佛時 연화 꽃 만발하여 부처님 친견할 때라
　　　　　　　　　　　- 「어머님, 안녕」에서 옮겨 적다

번뇌를 끊을 필요 없이 성불할 수 있는 법문은 과연 있는가?
있습니다.
오로지 이 '나무아미타불' 염불법문만이 가능할 뿐입니다.
이 때문에 염불법문을 이행도(易行道)라고 말하며,
다른 법문은 반드시 번뇌를 끊어야만 삼계에서 벗어날 수 있습니다.
- 정공법사

3. 불가사의한 염불공덕
황석훈黃錫勳 의사의 일생 및 왕생경과

볼티모어／황시취아黃施翠娥

황석훈黃錫勳 거사의 왕생경과는 대단히 수승하였습니다. 그 가운데 발생한 수많은 일들은 단지 「불가사의」 이 네 글자로 형용할 수 있을 뿐입니다. 그는 결코 많은 불서를 읽은 적도 없었고, 염불한 시간도 또한 길지 않았으며, 채식을 하지도 않았고, 귀의 의식을 치를 겨를도 없이 왕생하셨습니다. 일이 널리 전해지면서 꽤 많은 친구들이 제가 겪은 일의 경과를 들려주자 모두들 환희심을 내었고, 서방에 왕생하는 신심을 굳혔습니다.

1. 일생 소개

황석훈 거사는 1934년 타이완 가오슝(高雄) 현縣, 쯔관(梓官) 향鄉에서 태어났습니다. 1961년 국립타이완대(台大) 의학원에 졸업하고, 미국에 연수하러 가서 세계적으로 저명한 존 홉킨스 대학(John Hopkins University)에서 소아과 및 소아위장과 수련을 받았습니다. 1966년 볼티모어Baltimore 의학센터의 초빙에 응하여 「지역사회의료보건센터」 설립을 책임졌습니다. 그는 때때로 병원의 행정주관 및 이사가 한 말로 자신을 일깨웠습니다.

"병원과 의사의 임무는 돈이 있고 보험이 있는 사람의 병을 고치는 것뿐만 아니라 우리들도 가난한 사람을 위해 복무할 책임이 있습니다."

이 병원보건센터는 시 중심에서 단지 10개 도로 블록밖에 떨어져 있지 않아서 시에서 가장 혼잡한 지구로 5개 주정부가 가난한 사람을 위해 설치한 아파트 지구(중국인이 묘사하는 「빈민굴」)를 포함하고 있습니다. 1마일 반 주변 지구 부군에는 75%의 가정이 남자가 없고 대부분 엄마 한 명이 여러 아이들을 돌보며 주정부의 구제금에 의지해 살아가고 있습니다. 마약판매·살인·강도 등 사건이 날마다 발생했습니다. 볼티모어의 『태양보太陽報』에서는 작년 「사람이 사는 지방이 아니다」라는 제목으로 「오탁악세五濁惡世」의 「지극히 괴롭고 비참한」 지구를 연속으로 4,5일 심층 보도하였습니다.

황석훈 거사는 이러한 지방을 대단히 성공적으로 발전시켜 국회기록에 편입된 적도 있고, 전국 지역사회 의료센터의 모범으로 거론되었습니다. 27년간 이 센터는 5만 5천여 환자를 보았는데, 모두 빈민층에 속하였고, 볼티모어 인구의 약 8%를 차지하였습니다.

황석훈 거사는 늘 지역사회 청년을 격려하면서 그들이 자포자기하지 말고 노력해서 자신의 삶을 향상시키겠다고 마음먹고 한 가지 장기를 배워야 자력갱생 할 수 있고 빈궁과 무지를 탈피할 수 있다고 권하였습니다. 그는 민중의 의사였을 뿐만 아니라 아버지이자 형제이자 상담자였고, 친구이자 그들의 정신적 등대였습니다. 그는 그들의 우려와 실망을 나누어 맡았고, 그들의 즐거움과 영광을 함께 나누었습니다. 그는 이 지역사회의 의료복무를 제공하였을 뿐만 아니라 불량소년을 바른 궤도로 이끌었으며, 그들을 사회의 중견인재로 육성하였습니다. 이제 그들 중에서 어떤 사람은 선생님·군관이 되었고, 어떤 사람은 약사·회계사·걸출한 선수가 되었습니다.

1992년 봄 황석훈 거사는 병으로 인해 부득이 퇴직을 앞당겨야 했습니다. 그가 퇴직을 선포한 후 각지에서 감사의 편지가 눈송이처럼 날아왔습니다. 그 가운데 매릴랜드Maryland 주 주지사의 상장이 포함되어 있었습니다. 볼티모어 시장은 또 3월 12일을 볼티모어 시에서 「황석훈 의사의 날」로 선포하였습니다. 1993년 4월 26일 저명한 『태양보』는 조간신문 및 석간신문에 특별히 황석훈 거사의 성취사적과 퇴직소식을 보도하였고, 한차례 크게 표창하였습니다.

황석훈 의사는 스스로 병에 걸린 이래 치료과정이 상당히 고통스러웠지만, 그는 결코 이로 인해 용기를 잃지 않았습니다. 오히려 『의학취담醫學趣談』 및 『회상록回憶錄』 편집에 착수하였고, 중화부녀연합회 대화부大華府 분회와 협력하여 『중영문 의료용어 핸드북』, 『의학보건 핸드북』 등을 편집·인쇄하였으며, 계속해서 배운 재능으로 중화인 지역사회에 복무하였습니다. 사실상 황석훈 거사는 생전에 이 지역 교민사회 사무에도 매우 열심히 참여하였습니다. 그는 볼티모어 대만동향회 회장, 대화부 지구 대만대학교병원교우회 회장, 화미협회 워싱턴 분회 간사를 맡았고, 여러 국가 좌담회를 주최하였으며, 초청을 받아 대만으로 돌아가 두 차례 국건회國建會에 참가하기도 하였습니다. 요컨대 미국에서 30년간 황석훈 거사는 중미친구, 동향인 유학생 등을 위해 간병하고, 약물을 배송하고, 소개편지를 쓰고, 일을 찾아주고, 각종 고난을 해결하여 주었습니다. 그에게 도움을 받은 적이 있는 사람은 일일이 많아서 거론할 수 없습니다.

2. 자신이 암에 걸렸음을 발견하다

황석훈 거사는 줄곧 매우 건강하였고, 정력이 넘쳐흘렀으며, 날마다 여러 가지 일을 처리하였습니다. 1991년 10월에 우리들은 대만으로 돌아가 대만대학교 병원 졸업30주년 기념일에 참가하는 틈을 타서 자신이 복무하는 병원에 가서 유행성 감기 예방 주사를 맞았을 때 간호사에게 끌려가 흉부 X선 사진 한 장을 찍고서야 흉부에 2센티미터(직경) 크기의 종양을 발견하게 되었습니다.

이 발견은 정말 청천벽력이었습니다. 그때부터 줄곧 단순하고 평온한 생활로부터 매우 큰 변화가 일어났습니다. 연이어 산 넘어 산으로 공포와 걱정·상심, 고통과 절망이 닥쳤고, 조금씩 몸과 마음을 고통스럽게 하며 힘든 것이 마치 영원히 끝이 없을 것 같았습니다. 지금 생각해보니, 정말 한바탕 악몽이었습니다.

그가 걸린 것은 선형 폐암으로 이것은 담배를 피우는 것과 관계가 없습니다. 이 폐암은 대단히 치료하기 어렵고, 5년 생존율이 매우 낮아서(생존율이 15%에 불과하다), 화학치료와 방사선치료도 모두 효과가 만족스럽지 못합니다. 미국에서는 여기까지 하고 끝냅니다. 선형 폐암 치료에 있어 어떠한 돌발적인 진전은 결코 없습니다. 통상 발견에서 죽을 때까지 3 내지 6개월의 시간이 있을 뿐입니다.

우리들은 재빨리 존스 홉킨스 대학병원에 가서 수술을 받았습니다. 수술을 하고서야 암세포가 이미 흉강의 기타 부위로 퍼졌음을 발견하였습니다. 의사는 왼쪽 폐 전체를 절개하기로 결정하고 갈비뼈 2개를 잘라내었습니다. 이것은 상당히 위험한 수술이라 할 수 있습니다. 큰 수술을 하였기 때문에 3, 4개월 경과한 후에야 그의 체력이 천천히 회복되었습니다. 왼쪽 폐와 갈비뼈 2개를 잘라내고서, 말하고 호흡하고 행동하는 것을 모두 새로 적응하고 학습하여야 했습니다. 상처는 계속해서 몹시 아팠습니다.

연이어 화학치료를 받았습니다. 화학요법용 약은 독성이 매우 강해서 부작용이 매우 끔찍했습니다. 위장의 통증은 칼로 베는 듯했고, 구토가 너무 심해서 아무것도 먹고 싶지 않았습니다. 사람 전체가 조금도 활기가 없었습니다. 마치 지옥 같은 고통스런 생활이 지나갔습니다. 본래 살려는 욕망이 대단히 강했던 석훈 씨는 이 같은 정황에 대해 진실로 "살아 있음이 차라리 죽는 것만 못하다"고 말한 적이 있습니다.

1992년 1월부터 화학치료를 하기 시작했는데 띄엄띄엄 치료를 하였습니다(부작용이 크기 때문에 계속하면 몸이 견디지 못합니다). 1993년 10월에 이르러 암세포는 뇌와 척추까지 퍼졌고, 의사들은 흉부 VRI32) 사진을 보고서 모두 머리를 절래절래

---

32) 폐 기능 분석 장치(Vibration Response Imaging System)로 폐에서 나는 소리를 이미지화해 보여주면서 호흡기능을 측정하는 진단기기다.

흔들었습니다. 암세포가 대뇌 표면 전체를 꽉 덮었는데, 큰 조각 하나 하나 명확하게 셀 수가 없었습니다. 이 같은 정도에 이르러서는 이미 치료를 할 수 없다고 말할 수 있습니다. 그렇지만 의사들은 여전히 다른 뇌 부위(정수리)에 구멍을 내어서 작은 관을 바로 진입시켜 화합치료 약물을 부어넣기로 결정했습니다. 결국 3,5차례 시도해본 후 아무런 효과가 없어 포기하였습니다.

1993년 성탄절 전후, 의사는 최고사용량을 뇌 부위에 조사하기로 결정했습니다. 그러나 의사는 우리에게 솔직하게 방사선 치료는 고작해야 2개월에서 6개월까지 억제할 수밖에 없고, 이후에 다시 악화되면 방사선 치료를 다시 할 수 없다고 말해주었습니다. 척추종양의 영향은 매우 빨라서 황석훈 거사는 두 다리로 걸을 수도 설 수도 없었습니다. 연이어 대소변도 마음대로 할 수 없었습니다. 나중에 비록 또 병원으로 돌아가 척추에 방사선 요법을 시도하였지만, 두 다리와 대소변 능력은 개선되지 않았습니다. 서양의료는 이때 이르러 이미 어찌할 도리가 없었고, 할 수 있는 것은 모두 하였습니다. 앞으로의 시일은 단지 집에서 몸조리하고 하늘에 맡길 수밖에 없었습니다.

이제부터 그의 행동은 더욱 제약을 받아서 휠체어에 앉아야 하고, 기저귀를 차야 하고, 침상에 누워있어야 하며, 곳곳에서 사람이 돌보아주어야 했습니다. 이런 상태가 되기 전에도 저는 혼자서 병원에 가서 그를 시중들었고, 집에서도 그를 돌보았습니다. 이 단계에 들어선 후 저는 사람을 고용하여 밤낮으로 나누어서 그를 보살피는 것을 거들었습니다. 매번 병원에 갈 때마다 앰뷸런스를 불렀습니다. 날씨가 좋은 날이면 우리는 언제나 그를 데리고 바깥에 가서 신선한 공기로 호흡하고 정원의 화초를 감상하였습니다. 주말에 두 아이들이 돌아올 때 만약 그가 기분이 좋으면 우리들은 그를 식당에 데리고 가서 식사를 하거나 상가를 거닐었습니다. 매번 나갈 때마다 그는 매우 좋아했습니다.

3. 불법을 배우기 시작하다

황석훈 거사가 불치병에 걸렸을 때 받은 정신적인 충격과 공포는 두 세 마디 말로 형용하기 어렵습니다. 게다가 신체적으로 수술·화학요법 및 방사선치료, 갖가지 시련을 겪으면서 그는 말로 다 할 수 없을 정도로 고통이 심했습니다. 그가 눈물을 흘릴 때, 그가 전전하며 잠을 잘 수 없을 때 우리도 그와 같이 한잠도 자지 못했습니다. 그가 온갖 고통을 다 받는 것을 보면서 우리의 마음은 예리한 칼로 도려내고 잘려지는 듯 했습니다!

우리는 볼티모어에 30년간 머물면서 수많은 중미 친구들을 알게 되었고, 그들도 황석훈 거사의 병세를 알고서 모두 우리에게 관심을 가지고 도와주었으며, 우리에게 정신적으로 지지와 격려를 하여 주었으며, 너무나 자연스럽게 수많은 사람들이 종교방면과 토론에 부쳐 생사문제에 대한 글을 우리에게 보내주셨고, 그 글에서 매우 큰 감동을 보았습니다.

저는 뢰구남(雷久南: 중미 항암연구자, 대안요법 구루) 박사에게 자연요법을 통해 암을 극복하는 일에 대해 가르침을 청한 인연으로 그녀와 몇 번 편지를 주고받은 적이 있습니다. 그녀의 녹음테이프와 글을 구입하였을 뿐만 아니라 그녀가 저에게 『요범사훈了凡四訓』한 권과 약사불상 및 사비四臂 관음상 각 하나씩을 보내주셔서 저는 곧 이 작은 불상을 서가에 두었습니다. 거의 비슷한 시간에 석훈 씨의 가오슝(高雄)시 중학교 반장인 이금산 李錦山 씨가 보내준 증엄證嚴 법사의 『정사어靜思語』와 『팔대인각 경八大人覺經』(그는 이 책을 좋아했다)을 받았습니다.

어느 날 임소광林少光 박사가 존 홉킨스 의학원 회의에 온 김에 우리를 만나러 왔습니다. 그녀는 우리에게 정좌靜坐와 기공氣功을 소개하였습니다. 우리도 소광의 집에 갔었는데, 저는 그녀의 서가에 매우 많은 불상과 녹음테이프가 있는 것을 보고서 한번 질문을 하여 그녀가 항상 장엄사莊嚴寺에 가서 갖가지 활동에 참가하고 있음을 알았습니다. 그녀는 저에게 불교유통 소식지인 『미불혜신美佛慧訊』한 부를 주었습니다. 저는 주소에 따라 장엄사에 편지를 써서 수많은 불서와 불경을 요청했습니다(대략 1993년 여름부터 불서를 받기 시작했습니다).

비록 황석훈 거사와 저는 모두 불교 가정에서 성장하였지만, 남을 따라 향을 피우고 불보살에게 절을 하는 것을 제외하고는 불교에 대한 이해가 매우 짧았습니다. 우리는 불경을 읽은 적이 없었고 더욱이 법사의 경전강설을 들은 적도 없었습니다. 제가 『불교 바로 알기』와 같은 종류의 책을 보기 시작하자마자 저는 『심가정沈家楨 거사 강연집』, 현명顯明 법사와 심가정 거사의 『복혜장엄』, 도원道源 장노의 『불당강설』을 보고서 매우 좋아했고, 그 후 『불설아미타경』, 『약사경』, 『금강경』과 『관세음보살보문품』을 읽기 시작했습니다.

1993년 가을이 시작되면서 우리들은 날마다 틈을 내어 『금강 경』, 『지장보살본원경』, 『관음보살보문품』을 독송하였고, 하루에 1종의 경전만 독송하였으며, 이따금 경전 한 권을 2, 3일 나누어서 완독하였습니다.

석훈 씨는 병원에 가서 검사 혹은 치료를 받거나 심지어 입원하기 까지 하였습니다. 그때마다 저는 경서 한 권을 가지고 병원에 가서 완독하였습니다. 저는 경전을 독송하면서 검사결과를 기다리는 동안 안절부절 불안한 느낌을 경감시킬 수 있었고, 게다가 마음속이 비교적 평온해졌으며, 안정감과 안전감이 생기는 것을 알게 되었습니다. 그 후 저는 또 저녁에 『금강경』을 독송하면 특별히 잠을 잘 수 있었습니다. 그래서 더욱 부지런히 읽었습니다.

바쁘지 않을 때 저는 직접 불서나 불경을 독송하여 그에게 소개해 주었습니다. 그는 진정으로 마음을 써서 『불설아미타경』을 독송하였습니다. 이때 암세포가 뇌 부위로 퍼졌고, 그는 마침 방사선요법을 하고 있었는데, 뇌가 조금 기억을 잃기 시작했습니다. 특히 저녁에 그러했는데, 간호사는 그가 이따금 엉뚱한 대답을 하는 것을 발견했습니다. 그래서 정상인처럼 정신을 집중하여 책을 읽을 수가 없었지만, 그는 저에게 "『아미타경』에는 페이지 마다 모두 한 분 한 분 작은 아미타 부처님으로 충만해요."라고 말했습니다.

1993년 12월에 우리 친척인 진공진陳拱辰 씨가 캐나다에서 석훈 씨를 보러 왔습니다. 그는 불교도로서 저는 그에게 아미타불상을 모시려는데 곤란을 겪고 있다고 이야기했습니다. 저는 불상을 모실 공간이 너무 협소하여 (대청 서가 위에) 사방이 2자인 공간밖에 없었습니다. 그는 저를 도와 불상을 잘 모실 계획을 세웠습니다. 공진 씨가 돌아간 후 오래되지 않아 그의 매부인 정온인鄭溫仁 거사와 상의하여 저는 마침내 매우 빨리 그들이 보내온 서방삼성 1폭과 도자기 아미타불상을 받았습니다. 공진 씨의 설계를 거쳐서 과연 이 작은 세계가 더욱 청정장엄하게 변하였습니다. 우리 두 사람은 매일 아침·저녁으로 정해진 시간에 불보살께 절을 하기 시작했습니다. 정온인 씨는 선화상인宣化上人의 제자로 선화상인이 법문한 『금강경』·『아미타경』·『지장경』 등 천석淺譯과 『약사법문휘편藥師法門彙編』 1세트를 보내왔을 뿐만 아니라 우리들을 많이 도와주셨습니다.

1994년 5월 29일 임소광林少光 씨가 저를 데리고 프레드릭 Frederick에 가서 티베트의 철찬강공澈讚姜貢 린포체께서 법문하시는 것을 들었습니다. 이것은 저의 한평생에 최초로 도량에 가서 법을 들은 것이었습니다. 그곳에서 중국인 한 분이 저에게 황념조 거사가 저술한 『심성록心聲錄』을 선물하면서 이 책이 매우 좋으니 반드시 잘 읽어보라고 하였습니다. 오래되지 않아 조념하는 사람을 찾으려고 하다가 황형주黃瑩珠 씨를 알게 되었습니다. 그녀는 매우 열심히 남을 돕는 분으로 저에게 하련거 거사가 회집한 『무량수경』 선본과 황념조 거사가 저술한 『무량수경백화해無量壽經白話解』와 『무량수경해』, 도원道源 장로가 강술한 『관무량수경강기觀無量壽經講記』와 『아미타경요해阿彌陀經要解』 등 좋은 책들을 보내주셨습니다. 몇 권의 참고서에 의지해 우리 두 사람은 함께 『무량수경』을 수학하기 시작했습니다. 『심성록』을 읽은 후에야 『아미타불』 명호를 지념持念하는 이득과 정토법문의 수승함을 알게 되었습니다. 우리들은 자신이 부처님 명호를 많이 염해야 함을 일깨우기 시작했습니다. 염불할 시간이 없으면 염불기와 오회염불 녹음 테이프를 많이 들었습니다.

1994년 7, 8월 사이에 저는 심가식 거사가 보내온 관세음보살 상(장엄사에 모신 당말 목조 관음상) 1기를 받았습니다. 같은 시간에 또한 황형주 씨가 보내온 높이 3자, 넓이 한자인 아미타불상 1기와 염불기를 받았습니다. 양국병楊國屏 씨도 참운 법사가 그린 서방삼성 1폭을 보내주셨습니다. 저는 이들 불상을 석훈 씨 방에 모셨고, 염불기도 그의 방에 두어서 그가 언제든 지 부처님을 그리워하고 부처님을 생각할 수 있도록 했습니 다.

우리들은 저녁에 함께 『무량수경』을 수학하기 시작하였습니 다. 저녁에 저는 비교적 틈이 있고 비교적 편안하였기 때문입 니다. 그러나 8월말에 이르러 그의 상태가 나빠지기 시작했습 니다. 할 수 없이 방식을 바꾸어 제가 경전을 독송하고 그는 들었습니다. 비교적 알기 어려운 부분에서 저는 다른 불서를 참고하여 간략히 해설을 덧붙였습니다. 황념조 노거사의 『대 경해』를 본 후 아직 이해하지 못해서 저는 그에게 "이 몇 마디 글이나 몇 개 단락은 너무 어려워 읽기는 하지만, 무리하 지는 않을게요. 이들 높고 깊은 불교 이치를 현재 모르는 것과 상관없이 장래 극락세계에 가서 아미타 부처님께서 가지加持하시면 바로 이해할 거예요."라고 말했습니다.

환자와 같이 경전을 독송하는 것은 매우 곤란한 일입니다. 대소변을 누어야 하는 상황에 부닥치면 멈추곤 하였습니다. 매우 불편한 일을 당하면 들을 기분이 아니었고, 이따금 몇 페이지 읽고서 쿨쿨 잠에 골아 떨어졌습니다. 그 후에 매번 『무량수경』을 독송할 때마다 같이 먼저 「아미타불」 명호를 염하면서 아미타 부처님께서 가지하시어 저는 경전을 잘 설명하고 그는 듣고 잘 이해하길 빌었습니다. 이 방법은 매우

유용하여 여러 번 그는 듣고 매우 기뻐하면서 저의 설명이
아주 좋았다고 말했습니다. 저 스스로도 설명한 내용이 무척
좋았다고 느꼈습니다. 그가 잠이 든 것을 보고도 저는 계속
독송하였고, 잠깐 기다렸다 그가 깨어났을 때 저는 그에게
"방금 제가 독송한 내용, 들었나요?"라고 물었더니, 그는
"들었어요"라고 말했습니다. 이 뿐만 아니라 그는 잘 때마다
항상 꿈에서 아미타 부처님과 극락세계를 보았다고 했습니다.

이렇게 대략 5, 6주의 시간에 우리들은 『무량수경』을 같이
다 수학하였습니다. 우리들은 아미타 부처님의 48원과 서방
극락세계의 의정환경에 역점을 두어 그가 그 환경을 알아서
극락세계로 마음이 가도록 하고 왕생의 신심과 원심이 증가하
도록 하였습니다. 그 후 우리들은 또 『보현보살행원품』을
수학하였는데, 도원 장노의 『불당강화佛堂講話』와 축마竺摩 법사
의 『보현십대행원강화普賢十大行願講話』를 참고하였습니다. 저는
『보현보살행원품』 전부를 그에게 독송하며 들려주고 간략히
설명을 덧붙였습니다. 모르는 부분은 독송만 할 뿐, 설명하지
는 않았습니다. 그는 도원 장노와 축마 법사께서 강설하신
이야기를 매우 좋아했습니다. 그리고 십대원왕 중에서 그는
「수희공덕隨喜功德」 조항을 가장 좋아했습니다. 『무량수경』을
독송하면서 「칠보 연못의 연꽃에서 화생하도록 하겠나이다(七
寶池蓮花中化生)」 이 문구를 읽었을 때 저는 그에게 말했습니다.
"당신이 서방극락세계에 가시면 반드시 우리들에게 알려주어
야 해요. 우리들이 안심하도록. 이렇게 많은 사람들이 당신이
서방극락세계에 왕생하도록 돕고 있는 것, 아시죠?" 그는
말했습니다. "반드시 알려드릴게요. 걱정 말아요!"

9월 중, 그의 몸이 갈수록 나빠졌습니다. 잠자는 시간이 많아

졌고, 기억력도 좋지 않았으며, 체력은 더욱 쇠약해졌고, 무엇을 먹기가 더 곤란했으며, 삼키는 기능도 감퇴하기 시작했습니다. 저는 하루 종일 그를 돌보느라 바빴고, 거의 날마다 잠이 부족했습니다. 시간이 있으면 경전을 독송하고 설명하며 그에게 들려주었습니다. 이후의 날들은 오르지 『무량수경』 독송 테이프와 염불기를 듣기만 하였습니다. 그가 잠을 잘 때는 우리들은 그의 곁에 앉아서 염불을 하였습니다. 미국인 간호사도 일이 없을 때 병상 곁에 앉아서 석현 씨를 위해 기도를 드렸습니다.

4. 조념문제의 해결

암세포가 뇌와 척추로 퍼진 이후부터 우리들은 더욱 적극적으로 사후처리문제를 고려하였습니다. 묘지는 거의 1년 전에 이미 잘 사두었고, 게다가 분기지급을 하기 시작했습니다. 성당의 고별식도 이미 일체 세부절차까지 잘 준비해 두었습니다.

불경과 불서를 읽은 후 저는 친구에게 불교의 임종처리는 어떻게 되는 것인지 물어보았습니다. 1994년 3월, 공진 씨가 대만에서 『칙종수지와 인생최대의 일(飭終須知和人生最大的一件事)』이란 책을 가지고 왔습니다. 이 책은 몇 페이지 안 되지만, 내용이 매우 알아보기 쉬웠습니다. 저는 일부로 보라고 석훈 씨의 손에 쥐어주었습니다. 그때 그는 아직 스스로 책을 볼 수 있었던 터라, 그에게 조념이 어떻게 되는 것인지 알게 하였습니다. 때가 이르자 비로소 그는 어떻게 합동하여 조념하는지 알았습니다.

곤란한 것은 「8시간 부처님 명호가 끊어지지 않아야 한다(要八個小時佛號不斷)」는데 있었습니다. 때가 이르러 만약 저 한 사람만 집에 있다면 어떡하겠습니까? 큰 아들은 변호사입니다. 아들의 사무실과 머무는 곳은 저의 집과 차로 약 20분 거리입니다. 아들은 평상시 매우 바빴습니다. 비록 날마다 틈을 내어 아버지를 보러왔지만, 대부분의 시간은 거의 곁에 있지 않았습니다. 작은 아들은 의사입니다. 아들은 시카고 서북대학 의학원 건강회복센터 병동의사로 주말에 당직을 서지 않으면 비행기를 타고 아버지를 보살피는 것을 거들러 왔고, 다른 날은 집에 있는 일이 매우 드물었습니다.

어쨌든 때가 이르러 반드시 불교도에게 조념하러 오시라고 요청해야했습니다. 그런데 볼티모어에는 불교사찰이 없었고, 상가집을 위해 불사를 해줄 스님이 없었으며, 누가 조념할 수 있을까 전혀 몰랐습니다. 저는 아미타 부처님과 관세음보살님께 조념하는 사람을 구할 수 있도록 해달라고 기도하기 시작했습니다. 동시에 석훈 씨가 임종시에 정신이 또렷하여 사람들을 따라 염불할 수 있도록 해달라고 기도하였습니다. 실제로 그때 우리들은 아직 『무량수경』 선본을 접촉하지 못하여서 서방극락세계에 왕생하는 것에 대한 관념이 아직은 매우 모호했습니다.

어느 날 저는 『미불혜신美佛慧訊』에서 조념에 관한 문장 한 편이 있고, 연락 전화번호가 덧붙여 있는 것을 보았습니다. 저는 용기를 내어 전화를 걸어서 행운을 타진해 보았습니다. 전화를 받은 사람은 유기游琦 거사라는 분으로 그들은 뉴욕과 뉴저지에 살고 있었고, 거리가 멀리 떨어져 있어 조념하러 올 가능성이 없을 거라고 말했습니다. 그러나 그는 남 뉴저지의 황형주黃瑩珠 씨를 소개해주었습니다. 황형주 씨는 저의 집과 거리가 약 2시간 주행거리였습니다. 그녀는 저에게 워싱턴 불교회의 유계의劉啟義 선생님을 찾아가라고 소개해주었습니다. 그 후 유기 거사도 볼티모어에 사는 양국병 씨와 연락하였습니다. 양국병 씨는 석훈 씨를 서너 번 문안하러 왔습니다.

저는 매우 기뻐서 유계의 씨와 연락하였습니다. 그는 전임 워싱턴 불교회 회장이었습니다. 제 기억으로는 그가 제일 먼저 집에 온 날은 8월 13일이었습니다. 그 날 석훈 씨의 상태는 매우 좋았습니다. 아무런 통증이 없었고, 정신도 매우 또렷했습니다. 이야기를 해보니, 그 두 사람은 타이완대 동창으로 기분 좋게 유쾌하게 이야기를 나누었습니다. 유계의 씨는 제가 석훈 씨를 위해 안마하는 것을 보더니, 그도 안마를 해주었습니다. 그의 안마 솜씨는 제일이었습니다!

두 번째로 그는 12명의 도반(장려운張儷耘, 정이실선鄭李實先, 정회송鄭懷松, 엽안순葉安舜, 옹숙연翁淑娟, 종흥건鍾興健, 반명潘明, 혁숭개赫崇愷, 탕금옥湯金玉, 주수산周琇珊, 유향명劉向明, 황진옥계黃陳玉桂)을 데리고 왔는데, 그들은 모두 워싱턴불교회 혹은 자제분회 회원이었습니다. 모두들 석현 씨 방에 가서 그와 한담을 나누고 그런 다음 같이 염불하였습니다. 석현 씨는 이렇게 많은 선남자 선여인이 매우 멀리 그 때문에 오신 것을 보고 감동하여 줄곧 눈물을 흘렸습니다. 염불을 마치고 유계의 씨는 석현 씨를 위해 『무량수경』 48원 중에서 제18원 「십념필왕생十念必往生」을 풀이하여 석현 씨의 신심을 증가시켰고, 그런 다음 모두들 대청에 가서 우리가 학불한 경험에 대해 이야기를 나누었습니다.

그들은 모두 일을 하고 있어 단지 토요일을 선택하여 저의 집에 염불하러 왔습니다. 때마침 저와 두 아들이 주말이라 집에 있었습니다. 그들은 우리 모자 세 사람에게 부처님께 절하고 요불繞佛하며 염불하는 법을 가르쳐 주었습니다. 그들은 석훈 씨가 왕생하는 때를 알고서 최소한 2, 3시 후에 서둘러 도착할 수 있으므로 우리 모자 세 사람에게 염불이 매우 중요한 일임을 일러 주었습니다. 이후 석훈 씨의 병세는 매주 갈수록 더 나빠졌습니다. 그들이 네 번째 왔을 때 진정으로 조념하였습니다.

5. 왕생의 경과

석훈 씨는 9월 중순부터 더 빨리 쇠약해지기 시작했고, 잠이 많아졌습니다. 먹는 것도 매우 적어져서 마치 나무 한 그루가 천천히 말라 시들어가는 것 같았고, 여러 가지 기관이 파괴되는 현상이 나타나기 시작했습니다. 폐, 신장과 삼키는 기능도 모두 임종에 가까워졌습니다. 왕생하기 12일 전에는 아무것도 먹을 수 없었고, 이어서 물도 삼킬 수 없었습니다. 그는 일단 자신이 아무것도 먹을 수 없다면 인공의 방법으로 영양제를 주입하지 말고 인공방식으로 수명을 연장시키지 말라고 사전에 서면으로 잘 써서 의사를 표명하였습니다. 그는 단지 수명을 연장시키는 것은 고생일 뿐이라 여겼습니다.

10월 10일 저녁 7시 남짓 그는 자고 있었고, 저는 곁에 앉아서 염불을 하였습니다. 저는 아미타 부처님께 석현 씨에게 임종시 장애가 없고 안상히 가며 게다가 반드시 오셔서 그를 접인하여 서방극락세계에 왕생하길 기도하였습니다. 30분 후 잠에서 깨어나서 그는 꿈에서 아미타 부처님을 친견하였다고 말했습니다. 그리고 그는 "부처님께서는 나에게 내가 좋은 사람임을 알고 계시다고 말씀하셨어요. 나는 이번 생에 매우 많은 생명을 구했고, 매우 많은 선한 일을 하였으며, 현재 보살과 사람들이 저를 위해 부처님께 절을 하고 염불하며 회향하고 있으며, 때에 이르러 반드시 와서 저를 접인하러 오실 거라고 말씀하셨어요."라고 말했습니다. 그가 이 말을 할 때 매우 편안한 마음과 자신감을 보였고, 더 이상 극락세계에 가지 못할까 염려하지 않았습니다. 저도 아미타 부처님께서 대자대비하심에 매우 감격하였고, 반드시 오셔서 그를 접인하실 거라고 확신했습니다. 둘째 날 10월 11일부터 그는 아무 말도 할 수 없었습니다.

최후 10일간 그는 전혀 아무런 통증이 없었습니다. 오히려 9월 말 10월초 그 주에는 가래가 많아도 기침을 할 수가 없어 매번 2, 3분간 가래를 빼내어야 했고, 그는 기침하며 매우 괴로워했습니다. 우리도 보살피느라 무척 고생하였고, 거의 잠을 잘 수 없었습니다.

그는 최후에 이르자 더 많이 잠을 잤습니다. 최후 3일간은 계속해서 아무 말도 할 수 없었지만, 정신은 또렷했습니다. 우리들은 그의 귀에 대고 염불을 하여 그로 하여금 계속 염불하게 하였습니다(소리 내어 염불하는 것이 아니라 뇌 안에서 염불하게 하였습니다). 저는 그에게 "당신, 염불을 따라하고 있어요?"라고 물었습니다. 그는 고개를 끄덕이며 "있어"라고 표시했습니다. 저는 다시 물었습니다. "아미타 부처님께서 오셨나요?" 그는 고개를 저어서 "아직 오시지 않았어."라고 표시했습니다.

10월 14일 오후 4시 남짓, 저는 슈퍼마켓에서 야채를 사고 돌아왔습니다. 서둘러 그의 방안으로 들어가 점검하고서 그에게 안마를 해주었습니다. 그때 그의 손발이 매우 차가운 것을 알고, 게다가 그의 호흡이 매우 미약하게 느껴졌습니다. 곧 왁자지껄 소리를 내며 작은 아들 마크Mark가 왔습니다(저는 그 주에 석현 씨의 상황이 매우 위험해서 마크에게 병원에 휴가를 내서 집에서 아버지를 돌보라고 했습니다). 마크는 그의 손 맥박을 짚어보았는데, 고동이 거의 있는 듯 없는 듯 느껴졌습니다. 제가 마침 두부를 안마하고 있었는데, 그의 머리가 꺾이면서 세상을 떠났습니다. 시계를 보니, 때마침 금요일 오후 4시 30분이었습니다.

저와 마크는 빨리 큰 소리로 아미타불을 염하였습니다. 우리 두 사람은 돌아가면서 석훈 씨의 귀에 대고 염불하여 석훈 씨가 계속 염불하게 하였습니다. 저는 그의 머리부위가 매우 따뜻하다는 것을 알아차렸습니다. 약 30분 후에 저는 나가서 향을 피우고 예불을 올리면서 불보살님께 오셔서 접인하시길 기도하였습니다. 동시에 정회송鄭懷松 씨에게 전화를 해서 그에게 사람들이 빨리 와서 조념해달라고 알려 줄 것과 큰아들 피터Peter와 진완옥陳婉玉에게 와서 조념해달라고 알려 줄 것을 요청했습니다.

이때 비로소 유기 거사가 보내온 이병남李炳南 노사께서 3천만 번 염송한 「광명주사光明咒砂」33)와 대중련사臺中蓮社에서 보내

---

33) 《광명진언光明真言》은 대일여래의 진언이고 일체 제불보살의 총주總咒이다. 《불공견색신변진언경不空羂索神變真言經》에 기록된 것에 따르면 《광명진언》을 지송하면 일체중죄를 멸할 수 있고 중생은 이 주문을 한번 들으면 일체업장이 소멸된다. 과거 한국, 중국, 일본에서 《광명진언光明真言》은 왕생 장례 묘지 및 시아귀施餓鬼 등과 관련이 있는 경우에 사용되었다. 이른바 「토묘가지법土砂加持法」이 의거하는 것이 《광명진언》이다. 이 주문을 108번 지송하여 가지를

온 『다라니경陀羅尼經』을 생각해내고서 그의 몸에 놓았습니다. 우리 네 사람은 석훈씨 병상 곁에서 염불하고 있었습니다. 6시 남짓, 저는 『다라니경』 가운데서 뜻밖에 불꽃이 출현하는 것을 보았습니다. 때로는 급하게 움직이며 연이어 일어났고, 때로는 여러 곳에서 동시에 불꽃이 출현하였습니다. 대략 8시 쯤 저는 눈을 감고 염불하고 있었습니다. 눈앞에 갑자기 한 줄기 광채가 선명하였습니다. 변화무쌍한 광채가 석훈씨의 침대를 덮었습니다. 동시에 한 줄기 매우 강한 흡인력이 저를 바깥으로 끌어당겨 가려고 하는 것을 느꼈습니다. 이때 저는 감히 눈을 뜰 수가 없었고, 또한 다른 것을 생각할 수가 없었으며 단지 일심으로 염불할 뿐이었습니다. 비록 눈을 감았을지라도 여전히 매우 또렷하게 볼 수 있었습니다. 부처님의 광명은 엷은 분홍색, 연한 자색, 금색과 엷은 남색이 있었고, 가장 많고 가장 눈부신 것은 백색이었습니다. 이 같은 빛깔은 마치 가장 좋은 황금빛을 뚫는 광택과 같습니다. 정리해서 말하면 부처님의 광명은 미세함이 다하고 미묘함이 지극한 한 폭의 짜서 만든 도안으로 광명과 빛깔이 서로 뒤섞여서 변화가 무궁하여 진실로 『무량수경』에서 말한 것처럼 「비록 천안을 갖추었다 하더라도 그 형상과 빛깔, 광명과 모습을 분별할 수 없습니다(雖具天眼也不能辨其形色光相)」. 부처님의 광명과 흡인력은 대략 1, 2분간 지속되다 비로소 사라졌습니다.

8시 쯤 워싱턴 불교회와 자제분회 사람들이 계속해서 오셨고 우리들은 교대로 염불하기 시작했습니다. 임소광林少光 부부와 유계의 씨는 약 12시간 지난 후에야 떠났습니다. 우리들은

받은 「토사土砂」가 바로 「금강사金剛砂」 혹은 「광명사光明砂」이다. 이 모래를 시신 혹은 묘지 위에 뿌리면 업장을 소멸할 수 있고 정토에 왕생한다.

염불을 금요일 새벽 2시 30쯤까지 하였습니다(당시 방안에는 7,8 사람이 조념하고 있었습니다). **저는 눈을 감고 염불하고 있었는데, 눈앞에 갑자기 한 송이 매우 큰 백련화(분다리화)가 나타났고, 몇 초 후에 연꽃이 사라졌으며, 대략 1, 2분 후에 황석현 거사의 자마진금 색신이 나타났습니다. 저는 단지 상반신(앉은 자세)만 보았을 뿐입니다. 제게는 그의 오관이 매우 또렷해 보였습니다. 제가 보기에 비교적 젊어 보였는데, 30세 연령의 모습 같았습니다. 단정 장엄하여 지극히 보기 좋았는데, 그야말로 바로 한 분의 불상이었습니다. 우리들은 계속해서 둘째 날 아침 5시 30분까지 염불하였고, 비로소 원만히 끝맺었습니다. 부처님 광명과 연꽃, 그리고 석현 씨의 자마진금 색신은 저 한사람만 보았고, 이 모든 것은 실제로 대단히 수승하였고, 모든 것이 『무량수경』 선본에서 강설한 것과 같이 그러했습니다.**

석현 씨는 정말 약속을 지켰습니다. 저는 결코 이렇게 빨리 통보를 받게 될 줄이야 생각도 못했습니다. 이때 비로소 저는 안심이 되었습니다. 저는 또한 그를 도와서 극락세계에 보내준 모든 사람들에게 알려주었습니다. 이번에 우리는 성공하였고, 사람들 마음에 환희심이 생겼으며, 또 사람들의 신심을 증가시켰습니다. 사람들이 떠나가길 기다린 후 저는 몹시 슬펐고 쓸쓸한 느낌이 들기 시작했습니다. 왜냐하면 그가 이번에 죽었기 때문에 이 세계에서 저는 더 이상 그를 볼 수 없고, 잘 아는 그의 목소리를 더 이상 들을 수 없었기 때문입니다.

6. 왕생 전의 갖가지 기적

1993년 11월 암세포가 뇌와 척추로 전이된 후 의사는 저에게 그는 기껏해야 2, 3개월 밖에 더 살 수 없다고 말했습니다. 본인과 가족, 친척, 친구들은 모두 불보살님께 기도하여서 그가 60세까지 살 수 있기를 희망했습니다. 1994년 1월 16일, 그의 60세 생일이었습니다. 이 날 오후 낮잠을 자면서 그는 꿈에 서방극락세계를 보았습니다. 그때 우리는 『무량수경』 선본을 아직 접촉하지 않았습니다. 그는 이곳을 천당이라 불렀습니다. 그는 말했습니다. "세계가 온통 광명이었어요. 나무도 광명을 놓고, 땅도 광명을 놓고, 하늘도 광명이었어요." 또 말했습니다. "이 곳을 한번 보니 너무나 편안했고, 마음이 기뻤으며, 장엄하고 아름다웠어요."

비록 자신의 상황이 매우 안 좋음을 알고 있었지만, 그는 1994년 1월부터 회상록을 쓰기 시작했습니다. 침대에 드러누워 녹음을 하는 방식으로 생각나는 대로 녹음을 하였습니다. 녹음이 잘 되면 우리는 다시 그를 도와 정리하였습니다. 그가 보기에 만족스럽지 못하면 다시 고치고, 심지어 거듭 녹음하기도 했습니다. 이 기간에 여러 번 그의 머리가 매우 혼란되었고, 때로는 밤낮을 구분하지 못하여 한밤중에 그의 비서에게 전화를 걸기도 하고, 때로는 우리에게 보고해야 하는 중요한 일이 있는 것 같았지만 아무래도 생각이 나질 않았습니다. 그가 그렇게 도움이 되지 않는 모습을 보니, 실제로 매우 안타까웠습니다. 이상하게도 때로는 연속해서 몇 주 정신이 매우 또렷했습니다. 이렇게 회상록을 썼다가 멈추었다가 하면서 1월부터 시작하여 5월말에 이르러 비로소 완성하였습니다.

대략 3월에 그는 꿈에서 아미타 부처님을 친견하였습니다. 부처님께서는 그에게 「죽음」이란 관문을 두려워할 필요가 없다고 말씀하셨습니다. 부처님께서는 죽음이란 최후는 마치 깊이 잠드는 것과 같고 조금도 통증이 없다고 말씀하셨습니다. 그는 의사이기 때문에 매우 많은 암 환자가 최후에는 매우 괴로워하는 것을 보았습니다. 아미타 부처님께서 대자대비로 그를 위해 이러한 마음의 매듭을 풀어주셨습니다. 회상록이 완성된 후 그의 체력이 더욱 허약해지면서 일시에 여러 증상이 발현되어 대상포진, 눈꺼풀 신경 마비 등등이 잇따라 계속 왔습니다. 그러나 이들 질병은 나중에 모두 다 나았습니다.

우리는 대략 7, 8월부터 『관무량수경觀無量壽經』을 듣고 독송하기 시작했습니다. 저와 그는 모두 불보살님께 일체를 내려놓고 임종시 장애가 없이 서방극락세계에 왕생하길 기도하였습니다. 병원의 목사도 그에게 내려놓으라고 권했습니다. 비록 우리가 아무리 생각해도 그를 일깨울 수는 없지만, 그가 어떻게 우리를 미련 없이 떼어놓을 수 있겠습니까? 이 기간에 그는 또 꿈에서 아미타 부처님을 친견하였습니다.

부처님께서는 그에게 물었습니다. "이미 잘 준비가 되어 오기만 하면 되겠느냐?"

그는 말했습니다. "저는 아직 결심을 할 수가 없습니다."

이후 또 몇 차례 꿈에서 친견하였지만, 언제나 아미타 부처님께 긍정의 회답을 드리지 못했습니다.

대략 9월초에 어느 날 꿈속에서 아미타 부처님을 친견하였더니, 그를 위해 대단히 성대한 환영대회 한 장면을 열어보였습니다. 깨어나서 그는 저에게 어제 저녁에 그 환영대회는 실재로 대단히 뛰어나서 그들 불보살과 연꽃이 모두 훌륭하셨다고 말했습니다. 부처님께서는 그에게 대략 5백 명의 불보살이 왔다고 말했습니다. 또 서방세계는 정말로 매우 수승하고 나는 더 고민하지 말고 반드시 가야한다고 말씀하셨습니다. 아미타 부처님께서 하신 이러한 법문은 실로 너무나 좋았습니다.

꿈에서 환영대회를 본 후로 그는 언제나 서방삼성께서 액자 안에서 그의 전면으로 걸어 나오는 것을 보았고, 또 대단히 많은 보살이 아미타 부처님 후면에서 뒤따르고 있다고 말했습니다. 그는 언제나 저와 작은 아들 머리 위에 광배光背가 있음을 보았습니다. 그가 말한 이러한 것들을 우리는 모두 보지 못했고, 오직 그만 보았을 뿐입니다.

10월 10일 저녁, 그는 꿈에서 아미타 부처님을 친견하였습니다. 부처님께서는 그에게 그가 이번 생에 수많은 선한 일을 하였기 때문에 때가 이르면 반드시 그를 접인하러 오실 거라 말씀하셨습니다. 이렇게 부처님께서 오셔서 그를 접인하실 거라는 보증을 받을 수 있는 예는 실제로 대단히 희유하고 얻기 어렵습니다. 아미타 부처님께서는 또 매우 많은 사람이 그를 위해 부처님께 절하고 염불하여 회향함을 알고 계셨습니다.

지금 생각해보니, 석훈 씨를 위해 염불하고 부처님께 절을 하며 회향하신 분은 친척과 중미 친구들로 워싱턴불교회, 워싱턴 자제분회 뿐만 아니라 유기 거사가 창립한 각사覺社도 있었습니다. 각사의 회향망은 미국의 근 20주에 두루 분포하고 있고, 이들 회원 수는 증가하기 시작하여 실로 대단했습니다. 석훈 씨와 각사의 특별한 인연은 1992년 4월부터 시작되었는데, 각사는 석훈 씨를 각 사의 회향명단에 넣었습니다. 또 심가식 거사는 『금강경』을 1백 독 염송하고서 석훈 씨에게 회향하였고, 몽참夢參 노법사도 날마다 석훈 씨를 위해 회향하였습니다.

지금 회상하건대, 석훈 씨가 왕생할 때 일체가 먼저 안배되어 있는 듯했습니다. 선택받은 시간도 마침 제가 빌었던 시간이었습니다. 그들이 일하는 시간에 방해되지 않도록 그는 금요일 오후를 선택하여 근무 시간이 끝난 후 왕생하였습니다. 저는 또 불보살께 석훈 씨가 왕생할 때 제가 그의 곁에서 가는 것을 지켜볼 수 있게 해달라고 기도하였었습니다. 결과적으로 정말로 기도했던 대로 이루어졌습니다.

1993년 11월, 암세포가 뇌 부위로 퍼진 것을 발견한 후 의사들은 모두 기껏해야 2, 3개월 밖에 더 살 수 없다고 말했습니다. 결과적으로 그는 근 1년을 살았습니다. 지금 생각해보니 정말이지 너무나 불가사의하였습니다. 단지 「기적」이란 두 글자로 표현할 수밖에 없습니다. 또 은연중에 불보살님께서 우리들을 가지하고 보우하고 계셨습니다. 지금은 석훈씨가 와서 우리들을 제도하였다고 할 수 있습니다. 만약 그가 이번에 병이 걸리지 않았다면 저와 아이들이 불법을 접촉하고 그렇게 많은 불서를 읽고 이렇게 많은 따뜻하고 사심이 없는 법우들을 알게 될 기회가 없었을 것입니다. 그들은 모두 아미타 부처님께서 우리를 도우려고 보내주신 선지식입니다. 저는 아미타 부처님과 이들 성심을 다해 우리들을 도와주시고 관심을 베푸신 모든 상선인께 충심으로 감사드립니다.

작자 소개 : 황시취아黃施翠娥는 타이완 장화彰化시 사람으로 사대를 졸업하고 왕석훈과 결혼한 후 미국에 와서 워싱턴 천주교대학에서 도서관 이석사 학위를 취득하고 두 아들을 낳아 길렀다.

— 「미불혜신美佛慧訊」37기에서 옮겨 적다

제 (정공법사) 가 《화엄경》 을 절반 정도 강의하였을 때,
화엄회상에 참석한 모든 보살들이 염불하여 정토에 왕생하기를 원하였음을
처음으로 알게 되었습니다. 문수보살과 보현보살은 화엄세계의 등각보살이며,
그들 또한 정토에 왕생하기를 발원하였습니다.
이 사실을 안 후에 저는 이 염불법문이 모든 부처님이 중생을 구제하여
생사윤회를 끝마치고 불도를 이루게 하는 제일의 법문임을 믿게 되었습니다.
- 정공법사

4. 보리원을 실천하여 온몸으로 범부에게 가르침을 보이시다 ― 엄지달嚴智達 거사 왕생사적 기록

쓰촨四川/ 가련佳蓮

엄지달 거사(여)는 쓰촨성四川省 청두(成都) 조미료 본공장에서 퇴직한 근로자입니다. 출신이 가난하였지만, 일찍 상근기를 갖추어 19세에 발심하여 오랫동안 채식을 하였고, 평생토록 결혼하지 않았습니다.

20여 년간 일을 하면서 곳곳마다 몸소 모범을 보였고, 힘든 일을 마다하지 않았으며, 다른 사람의 원망을 겁내지 않았습니다. 당장 손해를 보아도 보수를 따지지 않았으며, 매년 고루 좋은 평가를 받는 모범일꾼이었습니다. 한평생 근면 알뜰하였고, 소박하였으며, 몸가짐이 고상하고 깨끗하였습니다.

만년에 정토법문을 전수專修하였습니다. 견디기 어려운 것을 능히 참아내었고, 행하기 어려운 것을 능히 행하였으며, 복덕 자량을 구족하였습니다. 임종에 정념正念이 분명하였고, 미소를 머금고 왕생하셨으니, 나이가 76세였습니다.

그녀는 1990년에 삼귀의를 받았고, 거사 보살계를 받았으며, 그 후 오계五戒를 엄수하였고, 십선十善을 봉행하였습니다. 그러나 수행이 아직 궤도에 오르지도 못했고, 날마다 잡수雜修를 하여서 여러 경전과 주문을 염송하였으나 공부가 득력에 이르지는 못했습니다.

1996년 정공 노법사께서 강해하신 『대승무량수경大乘無量壽經』(무량수경 선본) 녹음테이프를 들은 후 문聞·사思·수修 행行으로 곧 깨달았고, 다른 경전과 주문을 모두 내려놓았습니다. 매일 경전을 듣는 것 외에는 곧 지극한 마음으로 염불하였고 8시에서 12시까지 수학하셨습니다.

아침·저녁으로 기도일과 때 먼저 무릎 꿇고 『아미타경』을 한번 염송하고, 부처님 명호를 1만 번 소리내어 염하였으며, 연이어 『대승무량수경』 녹음테이프를 들었습니다. 또 날마다 아침 4시에 바로 일어나 염불하였습니다. 연이어 식사를 하고 청소하며 집안일을 하였으며, 또 계속 경전을 들었습니다. 수년을 하루같이 여기고 한 시라도 헛되이 보내지 않았습니다.

경전을 듣고서 초보적인 명리(明理: 이치를 밝힘)를 통과한 후 그녀는 정토법문은 부처님께서 말법시대 중생을 구제하기 위한 양약임을 깊이 알았습니다. 날마다 한 부의 경전·한마디 부처님 명호를 행지行持하여 일문에 깊이 들어가 일생에 성취할 것을 결심하였습니다.

어르신은 한평생 검소하고 소박하여 의·식·주 행을 막론하고 물과 전기를 쓸 때 최대한 절약하였으며 스스로 최저수준의 생활로 살아가려고 노력하였습니다. 그녀의 퇴직임금은 매월 4백여 원이지만, 매월 생활비는 1백 원을 넘지 않았습니다.

남은 돈과 조카아들, 조카딸들이 효행으로 준 돈을 전부 자선 사업을 하는데 썼습니다. 경전 인쇄와 방생은 물론이고 최대한 삼보에 공양하려고 했습니다. 아낌없이 주머니를 털어 남을 도왔습니다.

매번 1백 원이든 혹은 1천 원이든 지금까지 마음속에 두거나 입에 올린 적이 없었으며, 단지 몸과 마음으로 즐겁고 기뻐하였으며 만족스러운 느낌이 흘러넘쳤습니다. 왕생하기 며칠 전 그녀는 자신이 가진 나머지 돈 5천여 원 전부를 도반에게 좋은 일에 써달라고 인계하였습니다. 그 가운데 2백 원은 낙지樂至현 보국사報國寺에 주어 불사를 하였고, 2천원은 정공 노법사에게 공양하였습니다.

어르신은 재齋와 계戒를 청정히 수지하여 계정혜를 부지런히 닦았습니다. 1996년 그녀는 낙지현 보국사 창진昌臻 노법사에게 가서 팔관재계(八關齋戒 ; 여덟 가지 계행)34)를 전수받았을 때 수계를 결심하였고, 그 수승한 이익을 깊이 알고 나서 날마다 팔관재계를 목숨이 붙어있는 마지막 순간까지 수지하였습니다. 계행戒行에 빈틈이 없었고, 일심으로 정진하여서 정혜定慧가 현발하였습니다. 마침내 언제 어디서나 한마디 부처님 명호가 뚜렷하게 분명하게 드러났습니다.

---

34) "첫째, 살아 있는 생명을 해치지 않는 계행을 지키겠습니다. 둘째, 주지 않는 것을 빼앗지 않는 계행을 지키겠습니다. 셋째, 순결한 계행을 지키겠습니다. 넷째, 어리석은 거짓말을 하지 않는 계행을 지키겠습니다. 다섯째, 곡주나 과일주 등 취기 있는 것에 취하지 않는 계행을 지키겠습니다. 여섯째, 때가 아닌 때에 음식을 먹지 않는 계행을 지키겠습니다. 일곱째, 무용, 노래, 음악을 보고 듣거나 꽃이나 향으로 분장하고 장신구로 치장하지 않는 계행을 지키겠습니다. 여덟째, 높은 침상이나 커다란 침상에서 자지 않는 계행을 지키겠습니다. - 혜능 스님 엮음, 『재가불자를 위한 계율강좌』

"탐·진·치·욕망·일체 망상을 일으키지 말고, 색·성·향·미·촉·법에 집착하지 말라(不起貪瞋癡欲諸想.不著色聲香味觸法)", 『무량수경』에서 말씀하신 부처님의 가르침을 그녀는 모두 실천하고, 삼보의 가지加持를 깊이 얻어 지혜가 열렸습니다.

그녀는 본래 글자를 몰랐지만, 요 몇 년간 오히려 『아미타경』을 암송할 수 있었고, 『불교 바로 알기(認識佛教)』와 정공淨空 법사께서 강술하신 『조모과송백화해朝暮課誦白話解』35)를 모두 볼 수 있었습니다. 그녀는 말했습니다. "한번 보면 다 알지 못하지만, 여러 번 보면 저절로 알게 됩니다." 실로 불가사의한 감응으로 불법은 인생을 개선하는 진리임을 그녀가 검증해 보였습니다.

계행을 수지하고 용맹·정진하였기 때문에 그녀는 예전에 지은 죄업의 무거운 과보가 가벼운 과보로 바뀐 것을 느꼈습니다. 유방암을 5년 남짓 앓았으나, 오히려 놀랄만한 굳센 의지로 지금까지 밖으로 드러내지 않고 견뎌내었습니다. 특히 근래 2년간 경전 설법을 듣고 난 후에 그 이치가 갈수록 밝아지고, 그 마음이 더욱 열려서 철저하게 자신의 육체를 내려놓고 일심으로 극락정토에 나길 빌었습니다.

유방암을 5년 남짓 앓았지만 단호하게 수술을 받지 않았으며, 임종 전 반년까지 비밀을 지켰습니다. 종양 덩어리가 빠르게 커졌고 터져서 피가 흐르는 것이 수차례 반복되어도 그녀는 묵묵히 참아내고 일심으로 염불하였습니다. 제가 이 사실을

---

35) 정공법사의 『정종조모과송경문강기淨宗朝暮課誦經文講記』를 말하는 것으로 보인다. 『조모과송백화해朝暮課誦白話解釋』는 황지해黃智海 거사가 연술演述한 것이다.

알고 그녀를 만나 검사를 받게 하니, 종양 덩어리는 어린아이 머리만큼 이미 크게 자라 있었고, 울퉁불퉁하고 평평하지 않았으며, 그 질은 단단했습니다. 터진 곳에서는 누른 물과 피가 멈추지 않고 흘러내렸으며, 또 겨드랑이 아래 림프선으로 전이되었는데, 전이된 종양 덩어리는 비둘기 알만한 크기였고, 그 질은 단단했습니다.

당시 저의 마음은 찢어질 듯했습니다. 어르신이 이렇게 중한 병을 앓고도 이처럼 수행에 정진하고 있음을 아는 사람이 누가 있겠습니까? 야간에 통증으로 잠들 수가 없으면 일어나서 요불을 하였습니다. 처음부터 끝까지 진통제나 진정제를 한 알도 먹지 않았습니다. 고통을 이 정도로 참아낼 수 있는 인내력을 가진 분은 아직 들어본 적이 없습니다. 피와 살이 있는 범부로 누가 능히 감당할 수 있겠습니까? 상지(허리 위쪽 부분)을 들어 올릴 수도 없기 때문에 일하면서 장애가 많았습니다.

저는 공경심과 다급한 마음과 견딜 수 없이 괴로운 심정으로 낙지현 보국사 창진 노법사께 전화로 물어보았습니다. 법사께서는 말씀하셨습니다. "이욕상인(離欲上人 ; 욕심을 여읜 상인)께 항암약을 복용하라고 하세요." 약물을 복용한 후 통증이 뚜렷이 경감되었고, 단지 이틀 만에 상지를 곧 완전히 위로 올릴 수 있었고, 림프선 전이된 곳은 뚜렷하게 축소되고 부드러워졌습니다. "삼보의 가피를 비시고, 이욕상인을 가지하여 주시길 기도하세요." 어르신은 말했습니다.

"이것은 내가 과거 생에 지은 업보가 현전하는 것으로 내가 기꺼이 과보를 받아야 합니다. 이 색신은 또 나(我)가 아닙니다."

훌륭한 불자로서 그녀는 진정으로 환아幻我가 공임을 간파하였고 진정으로 「나의 것」을 완전히 내려놓았습니다. 사형들은 가슴 아파하며 그녀에게, 이불·모기장 등을 가져가서 세탁기로 씻으라고 했습니다. 그녀는 지금 그대로를 고수하면서 하려고 하지 않았습니다. 그리고 말했습니다. "불보살님께서 저에게 이 두 손으로 씻도록 도와주시고 계십니다. 저의 힘으로 씻는 것은 이미 오래전 변함없이 그대로입니다."

그녀는 경건하고 정성을 다해 끊임없이 요불·염불하였습니다. 종양 덩어리가 터져 피가 흘러 저고리와 바지가 흠뻑 젖을 때가 되어서야 그녀는 문득 몸이 차가워지고 끈적끈적해졌음을 느끼고서 손으로 만져보면, 손에 가득 피로 물들었습니다. 그녀는 곧 저고리와 바지를 갈아입었습니다. 피 덩어리가 이미 옷에 덩어리로 응결되어 있었습니다. 그녀는 손으로 씻었는데, 2시간이 되어서야 깨끗이 씻을 수 있었습니다. 그 후에 빈혈이 왔고, 종양 덩어리는 늑막·투골骰骨에 까지 전이되어 신경을 압박하여 걸을 수가 없었습니다.

동수들이 강력히 권해서 마지못해 병원에 8일간 입원했다가 자발적으로 퇴원하였고, 일심으로 염불하여 부처님께서 접인하여 주시길 기도하였습니다. 이 얼마나 진실한 현신 설법입니까! 우리처럼 그날그날 되는대로 살아가는 사람들에게 얼마나 부끄러운 일입니까!

임종시에 그는 줄곧 사람을 따라 염불하였고, 멈추지 않고 부처님께 합장하며 인사하였으며, 입을 떼서 염불하였습니다.

2000년 11월 21일 11시는 우리 동수들에게 영원한 기념일입니다. 그녀는 금빛 연화대에 올라서서 이 세상을 떠나셨습니다. 그녀는 매우 편안하였고, 미소 가득한 얼굴로 우리들과 작별하셨습니다. 24시간 후 그녀를 위해 옷을 갈아입혔는데, 그녀의 정수리는 따뜻했고, 사지는 부드러웠으며, 눈썹은 검게 변해 있었습니다. 동수들은 그녀를 위해 5박 7일을 조념하였습니다.

그녀는 한 부 『무량수경』, 한마디 만덕홍명萬德洪名에 의지하여 40여 개월 가까이 오로지 부지런하고 진실한 수행(眞修)으로 성취하셨습니다.

그녀는 서면으로 위촉하였습니다. "저의 유골은 창진 노법사님께 부탁하여 보국사에 뿌려서 벌레들에게 보시하도록 하십시오." 얼마나 위대한 정신입니까! 얼마나 숭고한 본보기입니까!

어떻게 보살께서 중생에게
여래지견을 열어보이시어 깨달아 들어가게 하실까?
이렇게 교화하신 자취를 드리우시어
몸으로 어리석은 범부를 가르치시는구나!

- 2001년 12월 「불타교육佛陀教育」 12기에서 옮겨 적다

5. 왕혜민 거사 왕생 전후의 추억

하얼빈/ 단문봉段文鳳 · 왕계분王桂芬

1. 불교를 믿게 된 인연

저의 부친께서는 1998년 3월 27일 새벽 2시 47분 50초에 88세로 왕생하셨습니다. 그는 85세에 비로소 정식으로 불교를 믿고 귀의하셨습니다. 그는 94년 말 고혈압에 부주의로 쓰러지셨는데, 병원에 입원하여 검사를 받은 후 혈전후유증이 있음을 알았습니다. 이로부터 병상에 누워서 일어나지 못하셨습니다. 우리들은 그에게 염불하라고 권했습니다. 부친께서는 날마다 침상에 드러누워서 매우 열심히 그대로 따라했습니다. 보름 후 마침내 몸을 일으켜 부처님께 절을 할 수 있었고, 아침 저녁 기도일과를 하셨습니다. 부친께서는 환희심이 생겼고, 즉시 귀의하겠다는 뜻과 원을 세워, 채식을 하기 시작하여 95년 2월 19일 마침내 서원대로 귀의하셨습니다.

그 후로 3년간 그는 매일 염불을 견지하고, 정공 법사님의

『무량수경』 및 법문을 들을 수 있었습니다. 항상 경전강설이나 법문 녹음테이프를 듣고 나신 후 박수를 치시고 크게 웃으며 말씀하셨습니다. "정말 이렇게 되는 일이구나. 법사님께서 얼마나 잘 말씀하시는지." 매일의 훈습이 그의 불법에 대한 이해와 서방극락세계에 대한 인식을 더욱 깊게 하였습니다.

우리 온 집안 식구에게는 공동의 심원이 있으니, 바로 일심으로 부친께서 서방극락세계에 왕생하도록 돕는 것이었습니다. 우리들은 부친께서 임종시 정신이 또렷하여 마음이 전도되지 않고, 미련도 갖지 않으며, 아미타 부처님께서 자비로 접인하여 주시길 지극한 마음으로 기도하였습니다. 이때문에 평일 정공법사의 『무량수경』 및 법문을 수습할 때 매우 진지하게 자세히 경전을 들었을 뿐만 아니라 성실하게 법사님의 법문대로 실천하셨습니다. 96년 음력 1월 1일 한바탕 설사를 하신 후 아버님께서는 또 쓰러지셨습니다. 체력은 겨우 앉아 있을 정도였고 몸을 일으킬 수 없었습니다. 이후로는 침대에서 경전을 듣고 염불하셨습니다. 왕생할 때까지 2년간은 집에서 부처님 명호 소리가 중단된 적이 없었습니다.

2. 진실한 믿음과 간절한 원으로 부처께서 상응하심을 느끼다

저희 딸은 싱가포르에서 정공 법사님을 배알하러 갔으나 만나지 못했습니다. 그 당시 이목원李木源 거사께서 딸을 따뜻하게 환대해주셨습니다. 큰 보따리 네 개에 결연서, 경전강설 테이프, 정공법사 사진 및 아미타불 성상 등을 싸주셨을 뿐만 아니라 차로 맞이하고 배웅해 주셔서 마음속으로 정말 감동받았습니다. 받은 이들 법보는 적지 않은 학불 동수 여러분들로

하여금 혜택을 받게 하였습니다. 우리 온 집안 식구는 그 자리에서 아미타불 불상 및 경전강설 테이프를 찍어서 사람들에게 결연 보시하는 것에 협조하기로 발심하였습니다. 특히 싱가포르에서 받은 아미타불 성상은 첫 번째 흑룡강黑龍江 유통으로 인연이 수승하고 비범하였습니다.

부친께서 병이 위중해지신 후 친척의 도움으로 왕생하겠다는 신념을 굳혔고, 이때문에 열심히 공부하여 매우 효과가 있었습니다. 우리들의 원칙은 "눈을 뜨면 염불하고, 피곤하면 휴식하고, 쓸데없는 말은 한마디도 하지 않는다."였습니다. 염불기를 침대 머리맡에 놓고 24시간 끊임없이 염불하여 왕생하는 환경을 조성하였습니다. 온 집안 식구는 "모든 것이 왕생을 돕는다"는 공감대를 형성하였고, 왕생에 대해 이익이 된다면 사람이든 재산이든 물건이든 모두 따지지 않았고, 왕생에 이롭지 않은 말은 결코 하지 않았습니다.

이 같은 통일된 생각 하에 조성된 왕생 분위기는 날이 갈수록 장엄해졌습니다. 그래서 부친께서도 매우 기뻐하셨고, 악몽을 길몽으로 바꾸기 시작하여 염불 기간 동안 두 차례 꿈에 아미타 부처님을 뵈었으며, 한차례 꿈에 정공 법사님을 뵈었습니다. 첫 번째 꿈에 아미타 부처님을 뵌 것은 왕생 1개월 전으로 아미타 부처님께서 부친을 이끌고 방문 입구에 이르렀지만, 문에 막혀서 갈 수가 없었습니다. 두 번째는 왕생 7, 8일 전으로 아미타 부처님께서 부친에게 그를 접인할 것이니 열심히 수행하라고 당부하셨다고 합니다. 꿈에 정공 법사님을 뵌 후 부친께서는 유쾌하게 말씀하셨습니다. "나는 꿈에 정공 장로를 뵈었는데, 그는 나에게 열심히 수행하라 하시고 앞으로 서방극락세계에 가도록 배웅하겠다고 하셨어." 꿈에서 이 말을 들은 후 온 집안 식구들이 매우 기뻐했습니다.『무량수경』을 헛되이 듣지 않아서, 마침내 법사님과 소식을 주고받았습니다.

불가사의 한 것은 부친이 당뇨병으로 시력이 나빠서 벽에 걸어둔 아미타불 성상과 정공 법사 법상法相이 보이지 않았지만, 꿈에 뵌 모습을 물어보니 묘사한 모습이 뜻밖에 아주 비슷했습니다.

3. 병고病苦는 왕생의 증상연增上緣이다

목숨이 마칠 때 업보가 현전하는 것은 조금도 거짓이 아닙니다. 저의 부친께서 왕생하시기 1개월 전에 병고가 현전하기 시작하였을 뿐만 아니라 상황이 갈수록 나빠졌습니다. 어느 날 무슨 원인이지 잘 모르지만, 부친께서 잠에서 깨어나 갑자기 왼쪽 발이 전부 부어올라 견디기 어려울 정도로 괴로워서, 어떤 사람이 칼로 그의 발을 찔러댄다고 계속 소리를 질렀습니다. 그런 후에 발이 짓무르기 시작하여 왼쪽 발의 엄지발가락 발톱이 떨어져 나가면서 사방으로 고름이 흐르고 검게 변했습니다. 점점 두 번째 세 번째 발가락까지 파급되어 아파서 너무나 괴로워 하셔서, 주사를 놓고 약을 발랐지만 부종이 더욱 더 심해졌습니다. 부친의 얼굴은 통증으로 인해 비뚤어졌고, 미간이 찡그러져 평온할 수가 없었으며, 또 열심히 염불해야겠다는 생각도 없었습니다. 더욱이 늘 누구를 따라 말씀하셨습니다.

"찔러! 차라리 나를 찔러 죽여 그만해!"

또 말씀하셨습니다. "와라! 찔러! 안되지? 내가 염불하면 네가 찔러도 꼼짝도 않아."

…… 이런 말을 거의 매일 저녁에 말했고, 왕생하시기 전 6, 7일 (불칠염불에서 『지장경地藏經』 염송을 회향한 후)이 되어서야 말하지 않았습니다.

우리들은 경험이 없었기 때문에 또 실제 병이 치료되었다고 생각했습니다. 나중에야 병처럼 보였지만, 실제로는 업보였음을 비로소 알아차렸습니다. 업보의 병상·병고는 의약으로 구제할 수 있는 것이 아닙니다. 이런 때 만약 아무 의사나 찾아서 아무렇게 응급조치 하면 다만 쓸데없이 환자의 고통을 더 심하게 하고 또 염불로 얻는 선정의 힘에도 영향을 미칩니다. 그러면 거의 다 되어 가다가 실패하니, 후회해도 늦습니다.

4. 조연助緣은 불력의 가지加持이다

업장이 현전하였음을 알아차린 이상 업장을 제거해야겠죠! 이에 3월 17일 우리들은 1주일 염불정진(打佛七)을 시작하였는데, 두 부분으로 나누어 동시에 진행하였습니다. 한 조는 부근 이웃집에서 단을 설치하고 하루 두 번 『지장경』을 독송하여서 업장소멸에 회향하였습니다. 다른 한 조는 저의 집에서 24시간 염불하였습니다. 사람 수에는 제한이 없었습니다.

어떻게 알았는지 모르지만, 하얼빈 시 전체 각 지역에서도 염불하러온 거사가 있었습니다. 게다가 모두 평소 『무량수경』을 독송하고 정토법문을 전수專修하신 분들이었습니다. 『지장경』을 처음 독송하기 시작할 때 그리 순조롭지 못했습니다. 분명히 평소 독송을 잘한 노련한 사람도 공교롭게도 시작한 이틀 동안 마치 눈을 뜨고도 경서의 글자를 볼 수 없는 것

같았습니다. 독송 또한 순조롭지 않았지만, 점차적으로 개선되었습니다.

이와 동시에 부친의 괴로운 표정 때문에 우리는 매우 걱정이 되었습니다. 고통이 마지막 머리에 이르러 정신이 분명하지 못하고 생각이 전도될까 매우 두려웠습니다. 이에 온 가족 식구들은 불전에서 경건하게 정성을 다해 발원하였습니다.

첫째, 부친의 병고를 자식이 대신 받고 채무도 자식이 대신 갚아 원친채주冤親債主께서 부친을 너그럽게 봐주시고, 만약 부친이 부처님의 접인을 받아 왕생할 수 있다면 장차 49일내에 크게 천도(超渡)하러 와서 우리들을 도와주시길 발원하였습니다.

둘째 정토법문을 홍양하고 장차 이익을 받은 경력을 대중에게 널리 알릴 것이라고 발원하였습니다.

다른 한편으로 부친께 상기시켜 드렸습니다.

첫째 성심으로 참회하며 원친채주에게 그 당시 불법을 몰라 풀기 어려운 원한을 맺었지만, 만약 왕생한다면 뒤에 반드시 다시 와서 그를 제도하겠으니 그가 과거에 범한 잘못을 용서해 달라고 빌어야 합니다.[36] 둘째 목숨을 버리고 왕생할 것을 기원해야 합니다. 셋째 부친의 재산 전부를 보시하고, 법을 널리 알리고 중생을 이롭게 하겠다는 원을 부처님과 함께 하여야 합니다.

5. 서상이 현전하고, 한결같은 마음으로 불명을 수지하여

---

36) 부록 2 정공법사 참회발원문 참조.

왕생을 빌다

불력의 가피는 정말 불가사의합니다. 3월 21일은 1주일 염불정진 5일째 날로 저의 부친에게 서상이 현전하였습니다. 얼굴의 혈색이 좋아지고 눈썹이 검어지며, 미간에 더 이상 주름이 잡히지 않았고 나란히 편안하고 자상한 모습이 드러났을 뿐만 아니라 더 이상 중얼거리며 혼자 말하는 모습이 나타나지 않았습니다. 부친께서는 마음이 지극히 평온하고 고요했으며, 집안 식구들과 일심으로 염불할 수 있었습니다. 우리 온 가족식구들은 요 며칠간 마음속으로 모두 매우 큰 압박을 받았던 것 같았습니다. 왠지 모르지만 이 날부터 한 사람 한 사람 모두 말할 수 없이 상쾌하였고 저의 부친께서 왕생한 후 49일까지 모두 이러했습니다.

3월 22일 저녁, 부친께서는 이곳에 더 이상 미련을 두지 않아 목숨을 버리고 서방극락세계에 왕생하겠다고 발원하며 아미타부처님께서 자비로 오셔서 접인해주시길 기도했습니다. 그는 식사를 하지 않기 시작하였고 이따금 물만 조금씩 마셨습니다. 자녀와 가족의 이름을 부르지 않고 일심으로 염불하였습니다.

3월 27일 새벽 2시 47분 50초, 마지막 한마디 부처님 명호 「불佛」 자를 염하시고 왕생하셨습니다. 6일간 식사를 하지 않았는데 배고픔을 느끼지 않은 채 일심으로 염불하셨고, 오히려 원기가 매우 왕성하셨습니다. 이와 같이 수승함은 모두 불보살의 가피입니다. 우리 온 가족·식구들은 지극히 감사하였고 조념하러 오신 거사들도 모두 불력의 가지와 자비를 깊이 이해하였습니다. 3월 17일에서 23일 1주일 염불정진을 끝마친 후에는 모두 계속해서 부친을 위해 조념하려고 했습니다. 왜 그런지 모르지만, 나와 자녀들은 모두에게 이틀간 휴식하게 하고 다시 조념하고 싶었습니다. 동시에 부친에게도 휴식을 드리고 싶었습니다. 이에 모두에게 감사의 말씀을 드렸습니다. "이번 주 염불하느라고 고생하셨습니다. 모두들 이틀간 휴식하시고 3월 26일 다시 조념을 시작합시다!" 이틀간은 염불기로 조념하였습니다.

3월 26일 오후, 계속해서 또 어떤 분이 와서 조념하셨고, 저녁에 정여淨如 법사님과 11명의 거사께서 오셔서 조념하셨습니다. 27일 새벽 2시 47분 50초에 저의 부친께서 「불」자를 염하고 숨을 거두셨습니다. 나중에 생각해보니 너무나 불가사의 했습니다. 은연중에 모두 잘 안배하신 것 같습니다. 우리 모두로 하여금 이틀간 머리도 좀 자르고, 샤워도 좀 하고, 깨끗한 상태에서 부처님께서 오셔서 부친을 접인하시는 것을 기다리도록 하셨습니다. 다음으로 사흘간 여전히 날마다 24시간 수많은 거사께서 고생을 무릅쓰고 부친을 위해 조념해주셨습니다. 숨을 거두시고 32시간이 지난 후 옷을 입혀드릴 때 부친께서는 온몸이 부드러웠을 뿐만 아니라 발의 부종이 완전히 사라졌고, 상처도 아물었으며, 등에 상처가 한 곳에 있었는데 흔적도 보이지 않았습니다. 전부가 다 건강할 때와 같아졌습니다. 정말 부처님 광명이 두루 비추자 병이 난 자리가 모두 사라졌습니다.

6. 아미타 부처님께서 대자비로 중생을 구제하시다

평소 정공 법사님의 경전강설 및 법문을 공손히 들으면 진실한 믿음을 내어 이치대로 여법하게 가르침에 의지해 수행할 수 있습니다. 또 『임종수지臨終須知』의 인도 및 노법사께서

방점을 찍은 중요 당부말씀에 의지해 성실하게 실천하였더니, 과연 부친께서 임종하실 때 불가사의한 공능이 발휘되어 부친께서 서방극락세계에 왕생할 수 있었습니다. 일체의 수승한 인연으로 서상이 시현되었습니다. 왕생 후 영구를 화장실까지 옮길 때 실내와 실외에서 기이한 향기가 사방에 넘쳐흘렀습니다. 화장을 한 후 하늘에서 세 마리 새가 나타나서 환기창으로 날아가는 한 마리 작은 새를 마중하여 네 마리 새가 공중에서 잠시 선회하다가 마침내 날개를 꼼짝도 하지 않았습니다. 정말 부처님 광명이 해와 달의 빛보다 몇 배나 더 수승하다는 경전의 말씀대로 새들이 날아간 후를 기다렸다가 일곱 빛깔 광채가 자발적으로 비쳐드는 장면을 많은 사람들이 현장에서 직접 보고서 아미타 부처님의 자비시현에 감동하지 않는 사람이 없었습니다.

어디에서나 모든 중생을 감화시키고 우리들의 신심을 증강시키는 것이 바로 부처님의 응기설법(應機說法: 근기에 맞게 법을 설함)으로 우리들의 미혹을 깨뜨리고 우리들의 깨달음을 열어주십니다. 우리 온 가족 식구들은 처음부터 끝까지 모두 부처님께서 말씀하신 것을 깊이 믿었습니다. 진실하고 성실한 마음으로 진실로 부처님께서 오셔서 감응하시어 우리들의 원을 채워주시는 것을 감득할 수 있습니다.

아미타 부처님의 자비에 보답할 길이 없습니다. 삼가 지극정성의 마음으로 부친께서 왕생한 경과 및 수승한 감응을 동수 여러분께 보고하여, 널리 대중이 진실한 신심을 일으켜서 성심으로 아미타불 성호를 진일하게 수지하고, 서방정토에 태어나서 원을 타고 다시 와 중생을 두루 제도하길 빕니다.

1999년 9월 「불타교육」 제3기에서 옮겨 적다

6. 분명코 왕생하셨다

북경北京, 왕운주王運珠

1999년 12월 19일에서 2000년 1월 1일까지 저는 어머님과 중국 북경의 거사 일행 30명의 첫 번째 참학단參學團을 따라 싱가포르 불교거사림으로 가서 염불 참학하였습니다. 본래 저의 아버님이신 왕유의王維義 거사도 함께 동행하기로 되어 있었습니다. 대자대비하신 아미타 부처님께 감사드립니다.

저희 아버님께서는 1999년 12월 13일 이른 아침, 서방극락 세계에 왕생하시어 일생의 대원을 원만히 성취하셨습니다. 12월 20일 저녁 7시 노화상 정공 상인께서 자비심으로 북경에 사는 한 거사를 만나서 영대침領隊沈 노거사가 저희 아버님께서 왕생하신 상황을 상세하게 소개하는 이야기를 들었습니다. 노화상께서 연신 고개를 끄덕이면서 말씀하셨습니다. "좋아요, 좋아요. 분명코 왕생하셨습니다."

12월 13일, 이날 아버님께서는 새벽 3시에 일어나 대소변을 본 후 집안 화로에 석탄을 넣어 세 번째 연탄불을 지피실 때 조금 불편함을 느꼈습니다. 어머님께서는 그가 지쳤다고 여기고 침대에 누워 휴식을 취하게 하셨습니다. 그는 줄곧 아미타불 성호를 염해왔습니다. 이에 길상와吉祥臥 자세로 부처님 명호를 낭랑하게 소리내어 염불했습니다. 약 6시에 이르러 그의 염불소리는 갈수록 커졌습니다.

"아미타불, 아미타불⋯⋯ 대아미타불, 대아미타불, 대불⋯"

그리고 더 이상 목소리를 들을 수 없었습니다. 아버지께서는 어떤 병고도 없이, 어떤 사람에게도 폐를 끼치지 않고 깨끗하게 소탈하게 편안하게 가셨습니다. 아미타 부처님께서는 대원에서 가리켜 보였습니다.

"제가 부처 될 적에 시방세계 중생이 저의 명호를 듣고서 보리심을 일으키고, 갖가지 공덕을 닦으며, 육바라밀을 봉행하여 굳건히 물러나지 않으며, 또 모든 선근을 회향하여 저의 국토에 태어나기를 발원하도록 하겠나이다. 일심으로 저를 염하여 밤낮으로 끊어지지 않는다면 목숨이 다하는 때 저는 보살성중과 함께 그 사람 앞에 맞이하러 나타나 짧은 시간에 곧 저의 국토에 태어나 아유월치(불퇴전) 보살이 되도록 하겠나이다. 만약 이 원을 이루지 못한다면 정각을 성취하지 않겠나이다."

아버님께서는 임종시 정념正念이 분명하셨습니다. 대원이 간절하셨으며, 신심이 굳건하셨으며, 자재하게 왕생하셨으며, 은사님께서 인증하셨으며, 온 집안 식구에게 기쁨과 위안이 되었으며, 여러 거사들이 따라 기뻐함이 수승하였습니다.

왕생하신 당일 저는 큰딸로서 어머님과 자매 및 몇몇 동수 여러분과 집에서 12시간 끊임없이 어떠한 방해와 뒤섞음 없이 매우 청정하고 수승하게 염불하고 회향하였습니다. 이와 동시에 고루鼓樓에서 염불하는 동수분들도 8시에 다 같이 염불하고 회향하였습니다.

둘째 날은 오후 2시에 유해를 향해 고별하였습니다. 가족·식구들이 그 몸을 만지니 부드러웠습니다. 동수 여러분들은 각 지역 현으로부터 사방팔방에서 서둘러 현장에 도착하였고 수십 명이 낭랑한 목소리로 염불하였고, 또 한참을 배웅하였습니다. 부처님 명호를 허공법계 일체중생을 향해 낭랑하게 회향하였습니다.

셋째 날은 팔보산八寶山에서 화장하여 배웅하였습니다. 큰 여동생은 아주 가까이에서 아버님의 입적하신 모습을 자세히 보았는데, 더욱 자상하고 안온하였으며, 간간이 기이한 향을 발산하였습니다. 화장한 후 유골은 눈처럼 희고 옥 같으며 잡색이 없었으며 치아사리 한 알을 남겼습니다. 우리 온 가족 식구는 그가 분명히 극락세계에 갔음을 깊이 분명히 알았습니다.

아버님께서 왕생하시기 1개월 전 우리들은 모두 싱가포르에 갈 준비를 하고 있었습니다.12월 12일 아버님께서 왕생하기 하루 전 아침, 그는 영대침 거사 집에서 동수 여러분과 함께 모였습니다. 싱가포르에서 북경으로 돌아가시는 동董 노거사가 상황을 설명하는 것을 듣고 모두들 매우 기뻐했습니다. 동 거사는 나중에 저에게 말해주셨습니다. 왕유의 거사 말로는 북경의 염불 소그룹이 며칠간 염불 정진한 공덕을 전부 싱가포르의 각 거사분에게 회향하였고, 그에게 1만 2천원을 가지고 가서 미타촌에 공양할 것을 부탁하였는데, 왕 거사가 돈을 전해주는 것을 심 노거사가 대신 처리해주었다고 했습니다. 또 우리들에게 이러한 행은 단지 개인을 대표하는 것이 아니라 북경 거사들로부터 중대한 부탁을 받은 것으로 임무가 막중했다고 말했습니다. 모임을 해산한 후 또 동 노사에게 집에서 불법을 같이 배우자고 청했다고 합니다. 오후 4시에 이르러 동 거사가 집에 가는 것을 배웅하러 지하철 입구까지 배웅하였습니다. 동 노사는 고령인지라 지하철로 내려가지 못하도록 했지만, 그는 오히려 간곡하게 말했다고 합니다. "이번에 제가 반드시 가서 직접 표를 사서 당신이 돌아가는 것을 배웅하겠습니다." 만 하루동안 그는 피곤해 하지도 싫증 내지도 않았고, 얼굴에 붉은 기운이 가득하였으며, 원기가 넘쳐흘러 감동 받았다고 했습니다. 그는 거듭 동 노사에게 "일체를 모두 내려놓아 아무것도 필요하지 않으며, 오직 극락 세계에 왕생할 뿐"이라고 말했다고 합니다. 어머님께서는 보름 전에 아버님께서 그녀에게 당부하셨다고 합니다.

"내가 없으면 퇴직연금을 받아서 스스로 배우도록 하세요!"

아버님이 왕생하신 후 집안에 여러 가지 변화가 일어났습니다. 우리 형제·자매는 2남 4녀로 저와 세 여동생만이 불문에 귀의하였습니다. 큰 남동생은 과거에 비린내 나는 음식은 입맛이 떨어진 적이 없었지만, 현재는 채식하며 염불하기 시작했고 1주일간 비린내 나는 음식을 먹겠다는 생각을 일으키지 않았습니다. 작은 남동생은 7일마다 염불하고 회향하였습니다. 그는 염불을 하지 않으면 괴로웠고, 염불하면 편안했습니다. 현재 그는 불법에 대해 흥미를 붙였습니다. 큰 여동생은 우리들에게 아버지가 왕생하시기 2주 전에 그녀에게 분부하셨다고 했습니다.

"나는 절대 너희들에게 폐를 끼치지 않고 절대로 어떠한 사람에게도 성가시게 하지 않고 극락세계에 왕생할 것이야."

저는 그 당시 아버님의 몸이 좋으셨는데, 어떻게 이런 말을 하셨을까? 진실로 받아들이지 못했습니다. 집으로 돌아가는 길에 저는 코가 빨개지도록 울었습니다. 다시 생각해보니, 당신이 염불한 이래 아무런 병도 없었고 확실히 건강하셨구나! 요즈음 큰 여동생도 아침·저녁으로 향 피우고 십념법十念法37)으로 염불하는 것을 견지하고 있습니다. 하루라도 염불하지 않으면 마음속으로 무언가 빠뜨린 것 같다고 합니다. 작은 여동생은 말했습니다.

"여름에 제가 친척을 방문하러 북경에 갔는데 아버지께서 저에게 서방극락세계에 왕생할 것이니 울지 말고 조념하라고 당부하셨어요. 저는 아버지의 몸이 매우 좋아졌고, 피부가 희고 깨끗해졌으며, 진실로 환골탈퇴하여 크게 바뀐 것 같아서 불가사의하게 느껴졌습니다."

그녀는 두 번째 날 밤 2, 3시에 전혀 맡아보지 못한 청정한 향을 맡아서 아버지께서 서방극락세계에 가셨다고 확신하였습니다. 그녀는 또 어머님께 아버지께서 서거나 앉아서 왕생하길 발원하고 매우 염불을 잘 하신 것을 배우라고 격려하였습니다. 어머님께서는 이후로 더욱 정진하게 되셨다고 말씀하셨습니다. 날마다 4, 5번 부처님께 절하고 염불하였으며, 마음속에 부처님 명호를 중단하지 않고 계속 유지하였습니다. 싱가포르에 가시기 전에 그녀가 원래 있던 관상동맥경화증·고지혈증·지방간이 전혀 보이지 않음을 발견했습니다. 싱가포르에 도착한 후 날마다 8시간 염불을 하였고, 2시간 경전을 들었으며, 매우 원만하여 날마다 2, 3시간 잠을 주무셔도 피곤해 하지 않으셨고, 몸과 정신이 모두 매우 건강하셨습니다. 이러한 모든 것이 저에게는 삼보의 가지라고 마음속 깊이

---

37) 부록3 정공 법사, 『정요십념법 精要十念法』 참조

느껴졌습니다!

본사 석가모니 부처님께서는 『무량수경』에서 말씀하셨습니다. "만약 어떤 선남자 선여인이 이 경전을 듣고 수지하길 독송 · 서사 · 공양하면서 밤낮으로 중단없이 저 찰토에 태어나길 간구한다면, 보리심을 발하고, 온갖 금계를 지니고 견고히 지켜서 범하지 않는다면, 유정들을 널리 이롭게 하고, 자신이 지은 선근까지도 전부 베풀어서 안락을 얻도록 하며, 자신도 서방극락의 아미타 부처님과 그 국토를 억념한다면 이 사람의 목숨이 다할 때 부처님과 같은 색신 상호와 갖가지 공덕장엄을 지니고 보배 찰토에 태어나서 곧바로 아미타 부처님을 친견하고 법문을 들으며 영원히 물러나지 않느니라."

아버님께서는 염불 정진하셔서 자재 왕생하셨으니, 인囚도 이와 같았고, 과果도 이와 같았습니다. 그는 1990년에 북경 법원사法源寺에서 삼보에 귀의하셨고, 같은 해 광제사廣濟寺에서 보살계를 받으셨습니다. 이로부터 그는 보살도로 용맹정진하는 여정을 시작하셨습니다. 92년에 그는 인광印光 대사님의 소주蘇州 영암산사靈巖山寺 도량을 예방하여 정공 노법사님께서 자비대원으로 정토를 전일하게 홍양하고 계심을 알게 되었습니다. 그가 강해한 『무량수경』 선본 녹음테이프가 이미 국내외에 폭넓게 유통되고 있다는 사실에 매우 기뻤습니다.

북경으로 돌아가 곧 이 법보를 구했고, 반복해서 들으면서 학불하셨습니다. 법희 충만하였고, 큰 참괴심(慚愧心: 부끄럽고 두려워하는 마음)이 일어났습니다. 날마다 경전을 들으면서 대조 반성하였고, 「참괴」 두 글자를 침대 머리맡 벽에 걸어두고 스스로를 격려하시며 가르침대로 봉행하셨습니다. 93년, 67세에 처음으로 밤낮 생각하던 은사 정공 상인을 뵌 후 마음으로 規竅가 열린 것 같았습니다. 삼가 스승의 가르침을 좇아서 『무량수경』 전수專修를 시작하여 하루 세 번 독송하고 3년을 견지하여 신심을 굳건히 하였습니다. 그는 날마다 부처님께 300배를 하였고 그런 후에 한마디 아미타불 성호를 단단히 지키면서 일심으로 정토에 태어나길 구했습니다.

93년에서 98년까지 그는 집 밖을 나서지 않았고 반연(攀緣; 수행에 방해되는 복잡하게 얽히고설킨 쓸데없는 일)을 짓지 않았습니다. 어머님과 집에서 문을 닫고 정업을 닦았습니다. 집에서 아미타불 성상과 정공 노화상 법상에 공양하고 하루하루 공경 예배하고 하루하루 스승님의 경전 강설을 수 시간 듣고, 일심으로 아미타불 성호를 칭념하여 발원하고 서방정토에 태어나길 기도하였습니다. 이 기간에 인연이 수승함으로 말미암아 그는 잇따라 다섯 차례 정공 은사님을 뵈었고, 스승님을 뵐 때마다 법희 충만하셨습니다. 그는 그를 서방의 은사로 받아들이고 일심으로 뒤따라야 한다고 말씀하셨고, 스승님의 상수중(常隨衆; 늘 따라다니는 대중)이 되기로 결심하셨습니다. 또 은사님을 한번 뵙고 견줄 수 없는 동력을 일으킬 수 있었고, 은사님은 더욱 정진하도록 추동하였습니다. 그래서 매번 친견하신 후 그는 어머님과 집에서 말을 금하고 염불정진하시길, 8시간, 12시간, 16시간 매번 시간을 늘려가면서 염불로써 스승님 은혜에 보답했습니다.

그는 아침 · 저녁 일과를 지금까지 중단한 적이 없으셨고, "임종시가 되면 스스로 가는 때를 알아 몸에 아무런 병고 없이 자재왕생하게 하소서(若臨命終 , 自知時日 , 身無病苦 , 自在往生)." 라고 발원하셨습니다. 그는 몇 년간 밤낮으로 염불정진하며 보냈습니다. 나중에 그는 고루에서 24시간 염불에 참가하였을 때 언제나 서서 염불하였고, 목소리가 우렁찼습니다. 정신을 집중하였고, 온통 진실하고 정성스런 마음이 순진한 아이와 같았습니다. 이李 거사는 감동받아 계속 눈물이 흘러내렸습니다. 나중에 그는 24시간 염불을 잘 하여 언제나 자기 몸이 있는지도 모른 채 염불하였고, 마음속이 청정하고 환희심이 생겼다고 말했습니다. 그가 이와 같이 정진하는 것을 보고서 저도 그를 따라 24시간 염불하였고, 이렇게 온통 진실하고 정성스런 마음으로 염불하면 의심할 바 없이 반드시 극락에 왕생한다고 마음속 깊이 느꼈습니다.

아버님께서는 평소 매일 4시 남짓 일어나서 방, 마당, 입구와 도로를 깨끗이 청소하는 것을 지금까지 중단한 적이 없었을 뿐만 아니라 곤란한 사람이 있다면 주위에 누구든 관계없이 열심히 도왔습니다. 왕생하신 후 둘째 날 거위회파居委會派 대표께서 집에 방문을 오셔서 말씀하셨습니다. "이 어르신은 정말로 훌륭하신 분으로 다른 사람을 열심히 돕고, 우리들의 일을 지지하셨으며, 사람들을 위해 거리를 깨끗하게 하여 좋은 환경을 만드셨습니다."

저희 집은 자녀가 많았기 때문에 가정 형편이 부유하지 않았습니다. 저희 아버님께서는 한평생 부지런히 일하셨고 검소하셨습니다. 92년, 93년, 광화사 대형법회에서 『무량수경』을 독송하였는데, 아버님께서는 여러 해 저축한 돈 전부를 경전을 인쇄하여 기부하는 데 쓰셨습니다. 자녀들이 아버님께 드린 돈을 모두 다 당신에게 쓰는 대신 경전을 인쇄하여 공덕을 지으셨습니다. 99년, 작은 딸이 부교수로 선발되었을 때 몇천 원 상금을 내주어 아버님께 드려서 부모님께서 키워주신 은혜에 보답하였습니다. 아버님께서는 받은 돈 전부를 염불기를 만드는데 기부하셨습니다.

아버님께서는 자녀가 부모님께 공양하는 것은 곧 부모님의 은혜를 갚는 것이고, 제가 경전을 인쇄하는 것은 제불에게 공양하고 일체중생을 이롭게 하는 것이며, 부처님 은혜와 중생의 은혜에 보답하면 심량이 넓어진다고 말씀하셨습니다.

고루 염불조는 통현通縣에서 사람들을 위해 1년 내내 염불정진을 할 수 있는 도량을 제공했습니다. 아버님께서 이 불사를 아시고서 어머님께 이것은 보시를 성취할 수 있는 보기 드문 좋은 기회라고 말씀하셨습니다. 두 분께서는 그 자리에서 몇천 원의 침구와 카펫을 사서 차를 빌려 도량에 보내어 공양을 하셨지만, 그 자신은 아껴 먹고 아껴 썼으며, 옷과 일상용품을 사지 않으셨습니다. 두 분이 머무시는 곳은 냉장고도, 텔레비전도 없었으며, 생활은 지극히 간단했습니다.

한번은 방생하고 집으로 돌아가는 길에 아버님께서는 소산리小山里 아가위(紅果) 2근을 구매하는데 2원을 쓰셨지만, 옆에 더 큰 것이 있어도 5원에 1근을 사지 않으셨습니다. 아버님께서는 저에게 말씀하셨습니다. "물을 끓여 마시기는 매 한가지이니, 돈을 절약해 방생하는 것이 더 좋지!" 아버님께서는 평소 몸이 불편하신 경우 부처님께서 절하고 의약비를 보시하지 않으면 대량으로 방생하셨습니다.

요컨대 저희 아버님께서는 부처님의 행지行持를 배움에 어느 곳에서나 정공 은사님의 가르침을 따르셨습니다. 그는 자재 왕생하셨습니다. 의지한 것은 바로 온통 지극정성으로 한 분 부처님, 한 부의 경전, 한 분 스승님, 한마디 부처님 명호를 끝까지 칭념하는 것으로, 이를 통해 일심으로 저절로 서방에 왕생하셨습니다.

12월 27일, 싱가포르에서 정공 상인께서 친절히 북경 거사들을 위해 질의에 답해주셨습니다. 저는 기회를 빌어서 은사님께 아버님께서 싱가포르에 와서 염불하신 원을 만족시키기 위해 유골을 가지고 와서 어떻게 공양을 안배할 것인지 가르침을 청했습니다. 정공 법사님께서는 이목원李木源 회장에게 가르침을 청하라고 말씀하셨습니다. 마침내 이목원 회장께서 선택하신 대로 거사림 보리수 아래에 아버님의 유골을 안치하였습니다. 이처럼 장엄하고 수승한 곳에 아버님의 원이 원만히 성취되어 집안 식구 권속들은 매우 기뻐했고, 일체 대중도 따라 기뻐하였으니, 참으로 매우 원만하였습니다.

이번에 저는 싱가포르 불교 거사림에 와서 사중(四重: 부모님, 스승님, 부처님, 중생)의 깊은 은혜 속에서 생활하고 있음을 마음속 깊이 느꼈습니다. 저는 정공 상인, 이목원 회장 등 대덕들께서 부처님의 정법에 따라 교화하시는 곳에서 인간정토가 성취되고 있고, 부처님의 정법이 바로 이곳에서부터 전 세계를 향해 흘러서 진허공盡虛空·변법계遍法界의 중생에게 진정으로 「진실한 이익을 베푸는 것(惠以眞實之利)」을 보았습니다. 저는 아버님의 족적을 밟아 스승을 존경하고 도를 귀중히 여기며, 은사의 뒤를 따라서 잘 염불하여 서방정토에 태어나길 구하려고 합니다. 그리고 이 염불한 인연을 가지고 일체중생께 회향하여 함께 정토에 태어나고, 정공 상인께 회향하여 그 어르신께서 건강하고 장수하시어 정법이 오래 머물길 빕니다. 이목원 대덕께 회향하여 그 어르신께서 건강하고 장수하시어 정법을 널리 지키고 부처님의 혜명이 이어지길 빕니다. 싱가포르 불교거사림 여러분, 호법 자원봉사자, 동참 법우들께 회향하여 빨리 정과正果를 이루길 빕니다. 왕유의 거사께 회향하여 연위蓮位 증상增上으로 중생을 널리 제도하여 보리원이 만족하시길 빕니다.

나무서방극락세계 대자대비 접인도사 아미타불!

2000년 3월 「불타교육」 제5기에서 옮겨 적다

7. 이李 노거사의 염불 공덕과 왕생기

대만, 오영 법사悟永法師

말학은 이번에 정공 노화상님을 대표해서 여러분들에게 안부를 묻고, 참학하러 왔습니다. 정종학회는 저에게 「염불의 공덕」이란 제목을 내어주었는데 제가 몇 가지 불법을 충분히 말씀드릴 수 있길 희망합니다. 실제로 말학은 박복하고 장애가 무거우며 지혜가 아직 열리지 않아서 아무것도 말할 수 없지만, 단지 염불의 최종 목적이 이번 생에 생사를 끊고 극락에 왕생하여 그런 다음 사바에 거듭 돌아와 중생을 제도하는 것임을 알고 있을 뿐입니다. 여러분들께서는 모두 경전상의 이론을 저보다 깊고 넓게 투철하게 연구하셨다고 믿습니다. 오늘 이렇게 강단에 올랐으니, 염불의 공덕에 대해 이야기해보려고 합니다. 현재 저희 어머님께서는 암 말기로 투병중이십니다. 염불하는 신심을 증가시킬 수 있도록 저희 어머님께서 어떻게 정토에 태어나려고 분투하셨는지, 그리고 최후에는 앉아서 염불하시다 왕생한 경과를 여러분들에게 보고해드리겠습니다.

1. 만년에 정토를 수학하시다

저희 어머님께서는 염불 수행을 시작하여서 왕생에 이르기까지 단지 5년이란 짧은 시간만 있었을 뿐입니다. 어머님께서는 66세 그해 불법을 가까이 하기 시작했습니다. 그 당시 저는 노보살께서 학불하는 기연이 성숙하였던 것으로 보여 정공 상인께서 강설하신 『아미타경소초연의阿彌陀經疏鈔演義』녹음테이프를 가지고 가서 그녀에게 들려주었습니다.

노보살께서 듣고는 저에게 말했습니다. "무엇을 말씀하시고 계시는 거야? 왜 이렇게 느리게 말씀하시지? 알아들을 수가 없어."

이 말씀은 이상할 것이 없습니다. 불법을 처음 배운 사람에게 불법에 대한 의리와 내용은 자연히 매우 생소합니다. 그 당시 저는 그녀에게 권했습니다. "알아듣지 못하는 것은 당연해요. 반복해서 듣다 보면 언젠가 들리면서 받아들일 수 있을 겁니다." 저는 재차 다른 테이프를 그녀에게 계속 들려주었습니다. 노보살께서는 선근이 매우 두터우셔서 녹음테이프를 연속해서 4번이나 들으셨습니다.

어느 날, 그녀는 저에게 말했습니다. "알겠어! 알아들었어."

그녀가 안다고 말한 것은 단지 상인께서 강설하신 내용을 알아들었다는 것일 뿐, 불교의 의리에 대해서는 여전히 잘 몰랐습니다. 저는 녹음테이프 한 세트를 그녀에게 보내주었습니다. 그녀는 들으면서 염불하셨습니다. 오래되지 않아 곧 주도적으로 『무량수경』을 학습하고 독송하려고 하셨습니다. 노보살께서는 처음 발심하시고 용맹정진하시어 시작하실 때 일부 무량수경을 두 차례 나누어 완독할 수 있었습니다.

천천히 흥미와 선근의 추진에 따라 매일 1독 독송하였고 2독까지 전진하였습니다. 그녀가 왕생하신 이후 저는 그녀 스스로 쓴 기록을 보니, 매일 가장 많게는 7독까지 독송하셨고, 최소한 3독을 하셨으며, 평소 하루에 적어도 4시간 염불하셨습니다.

어르신의 일생은 검소하고 소박하셨으며, 교제하는 사람이 매우 적었습니다. 노년에 불법을 접촉하자마자 용맹정진하셨습니다. 그 당시 말학은 아직 출가하지 않았고, 타이베이「불타교육기금회佛陀敎育基金會」에서 매월 실시하는 방생활동을 담당하였습니다. 저는 어르신들의 참가를 격려하였고, 동시에 수많은 기연機緣을 만들었으며, 노보살들에게 조념에 참가하도록 하였습니다. 그 당시 노보살께서는 비록 60여 세였지만, 몸은 정정하셨습니다. 그래서 저는 사람들에게 임종하려는 친척 · 친구가 있으면 주저하시지 말고, 조념이 필요하다고 말을 하시라고 청했습니다.

하루는 전화를 걸어 노보살께 가서 조념하시라고 청했습니다. 저는 그녀가 조념하는 가운데 어떠한 사람이 염불하여 왕생할 수 있는지, 어떠한 사람은 도와주는 사람이 많이 있어도 왕생할 수 없는지 잘 보아서 생사를 체득하시길 희망했습니다. 저는 늘 그녀에게 말했습니다.

"조념하러 가실 때 생각을 바꾸어서 침대에 드러누워 있는 사람이 자신이고, 부근에 이런 연우가 당신을 대신해서 조념하러 온 것이라 가정해보세요. 이런 마음으로 다른 사람을 도와 조념해보세요."

다른 한편으로는 이것 역시 장래 자신이 왕생을 위해 준비하는 것입니다. 그래서 그녀는 늘 조념하러 갔습니다. 어느 날 독경·염불이나 조념을 포함해서 10여 시간 불법을 받아들이는 훈습薰習이 있었습니다. 정공 노화상께서 타이베이 징메이景美에 있는 「화장도서관華藏圖書館」에서 강경하실 때 노보살께서도 저녁마다 참석하였습니다.

2. 암 말기

1991년 9월, 갑자기 타이베이에서 전화를 받았는데 전화하는 가운데 노보살께서 병이 매우 위중함을 알았습니다. 10~20일 간 화장실을 가지 못했을 뿐만 아니라 매우 허약하고 무척 괴로워서 저는 서로 잘 아는 동수님께 노보살을 보살펴달라고 청했습니다. 며칠 후 저는 타이베이로 돌아가 노보살을 국태병원國泰醫院에 모셔가 검사를 받았습니다. 그당시 국태병원에는 많은 의사와 간호사가 있었는데 모두 정공 상인의 학생이었습니다. 그들은 흰 옷 호주머니 안에 모두 『무량수경』 소책자가 들어있어서 틈이 나면 독송하였습니다. 우리들이 들어가니 의사들이 매우 빨리 침상을 안배하고 검사를 하였습니다. 검사결과는 암이었고 게다가 병세가 매우 엄중하여 의사들이 상급병원인 룽중榮總 병원으로 옮길 것을 건의했습니다. 룽중 병원도 같았습니다. 수많은 의사, 간호사들이 모두 『무량수경』을 공손히 듣고 독송하고 있었습니다. 우리들의 인연은 매우 수승했습니다. 룽중 병원의 검사결과는 직장암 말기로 암세포가 이미 온몸에 퍼져있었습니다. 그 당시 병원에서는 나의 동의를 서면으로 구하였습니다. 위를 열어 상세한 검사를 하길 희망했습니다.

그때 왕생의 기연이 아직 성숙하지 않아서 저는 그에게 더 상세한 조직 절편과 기타 검사를 받게 했고, 동시에 체내의

거대한 종양 몇 개를 잘라버리는 수술에 서명하였습니다. 노보살께서 수술방에 들어가서 나올 때까지 대략 17, 8시간이나 오래 걸렸습니다. 집안 식구들은 바깥에서 기다리면서 때로는 『무량수경』을 독송하고 때로는 아미타불을 염하면서 한 마음 한 뜻으로 불보살의 가지를 빌었습니다. 노보살께서 혼미한 상태에서 왕생하시지 말고 업장이 소멸하여 또렷하게 염불할 수 있기를 희망하였습니다. 수술 후 마취약이 빠져서 의식이 회복될 때까지 기다렸다가 저는 노보살께 첫마디 말을 꺼냈습니다. "검사 결과는 암말기이니, 다시 살아도 시간이 얼마 되지 않습니다." 왜냐하면 노보살께서는 평상시 매우 열심히 수학하셨고, 또 늘 경전 강설을 들어서 저는 그녀가 두려워하지 않고 반드시 염불정진하여 왕생을 구할 것이라 믿었습니다. 그때 왜냐하면 막 마취에서 깨어났을 때 아무런 고통이 없었기 때문입니다. 수많은 종양도 모두 잘라버려서 그녀는 매우 시원하게 말했습니다.

"좋아! 빨리 돌아가 염불해서 극락세계 태어나길 구해야지."

그녀는 병원에서 5, 6일 기다렸습니다. 상처가 조금 좋아지길 기다렸다 곧 바로 퇴원했습니다.

3. 병고 중에 염불하다

그때부터 시작하여 노보살께서는 약을 드시지 않고 침도 맞지 않았습니다. 사실상 이미 소용이 없어서 의사는 저에게 2, 3개월을 넘기지 못할 것이라 말했습니다. 노보살께서 평소 열심히 수행하셨기 때문에 부처님 명호를 여전히 들었습니다.

집으로 돌아오는 날부터 시작하여 저는 24시간 노보살 곁에서 함께 있으며 그녀를 돌보면서 그녀를 위해 조념하였습니다. 그녀가 잠을 자려고 할 때마다 저는 그녀가 편안히 잠에 들 수 있도록 인경을 치며 염불하였고, 그런 다음 저도 곁에서 좀 휴식을 취했습니다. 그녀가 깨어나서 몸을 돌리면 저도 따라 깨어나서 다시 염불했습니다.

이렇게 1개월 남짓 흘러 그녀의 암세포가 계속 퍼져 고통이 시작되었습니다. 하루는 여러 차례 진통이 있어서 이따금 그녀는 제게 말했습니다.

"통증으로 부처님 명호를 거의 칭념하지 못할 지경이야…, 반드시 내게 그것이 더 아파 오지 않거나 혹시 치료할 수 있는 방법을 생각하도록 해주게. 나는 반드시 용맹정진하여 가는 때가 이르렀음을 알 때까지 염하여 앉아서 가거나 서서 가겠네."

왜냐하면 평소 그녀는 정공 상인께서 경전을 강설하실 때 늘 염불인은 반드시 앉아서 가거나 서서 갈 때까지 염불해야 한다고 말씀하시는 것을 들었기 때문입니다. 그러나 나는 그녀에게 찬물 한 세숫대야를 쏟아 붓는 말을 했습니다.

"왜 현재 염불하여 왕생하길 구하는 원을 발하지 않고 구태여 병이 낫기를 기다려서 다 일심불란이 될 때까지 염불할 필요가 있습니까? 사실상 이미 얼마 버틸 시간과 방법이 없고 근본적으로 약이 없습니다. 기껏해야 마취제를 사용하여 정신을 혼미하게 해서 통증을 감소시킬 뿐입니다. 그러나 만약 이 중간에 숨이 끊어지면 어찌 삼악도에 떨어지지 않겠습니까?"

그녀는 악도에 가야 한다는 말을 듣고 얼른 말했습니다.

"아미타불! 나는 지옥에 가지 않을 거야. 염불을 해야지."

이에 다시 부처님 명호를 들었습니다. 날마다 괜찮았다, 괴롭다 했습니다. 괴로울 때는 염불이 너무 힘들었지만, 우리들이 그녀와 함께 염불하는 것밖에 방법은 없었습니다.

한번은 집안 식구가 노보살에게 말했습니다. "타이완 도원 시골에 약초를 파는 의원 한 사람이 있는데, 암 말기 환자라도 관계없이 약이 있다고 해요. 곧 죽으려는 사람조차도 치료할 수 있데요."이에 노보살께서는 살고자 하는 욕망이 일어나 제게 그녀를 데리고 가서 보여 달라고 졸랐습니다. 자식된 자가 효순孝順하려면 부모님의 뜻에 순종하여야 하므로 저는 어머님을 모시고 갔습니다. 그곳에 도착하니 객실에 이미 수십 명의 사람이 줄을 서서 기다리고 있었습니다. 저도 후면을 돌아가 보니 따로 집이 한 칸이 있었는데, 방 안에 약재가 가득했습니다. 어떤 선생님 한 분이 작은 걸상에 앉아 있었습니다. 전면에 도마가 있었고, 약재로 자르고 패어서 한 보따리 한 보따리씩 담았습니다. 어떤 병이 발생하였느니 상관하지 않고 병력도 묻지 않으며 맥박 혈압을 재지 않고 모두 다 같은 약을 써서 한 보따리에 몇 만 위엔이었습니다. 제가 노보살을 모시고 후면에 도착해서 그녀에게 권하면서 말했습니다.

"이런 약을 믿으세요? 병이 나을까요?"

노보살께서는 과연 지혜가 있어 저를 끌어당기며 말했습니다. "가자! 돌아가자. 이건 사기야."

이 일로 시작해서 그녀는 더 이상 「살고자」 희망하지 않았습니다. 다른 사람이 어떤 약을 다시 말했는데 그녀는 전혀 받아들이지 않으시고 착실하게 염불하셨습니다. 하루에 몇 차례 진통이 있었지만, 용감하게 염불하셨습니다.

4. 7일 밤낮으로 염불정진하다

어느 날 그녀는 통증을 견뎌낼 수 없어 곧 7일 밤낮으로 먹지도 잠자지도 못하고 염불하면서 아미타 부처님께서 접인 하여 주시길 기도하였습니다. 아미타 부처님께서 만약 그녀를 접인하지 않으신다면 그녀에게는 다시 지탱할 방법이 없었습 니다. 그녀가 이 원을 발한 후 저는 정말 매우 기뻤습니다.

여러분! 우리들은 모두 알고 있습니다. 극락세계에 왕생하려 면 신·원·행 모두 당사자 자신이 발해야 하고 실천해야 합니다. 가장 중요한 고비에서 저는 특별히 그녀에게 비교적 가까운 여섯 분의 연우를 선택하였는데, 그 가운데 두 사람이 비구니였습니다. 우리들 일곱 사람은 교대로 노보살을 보살피 면서 그녀를 도와 7일 밤낮으로 한마디 부처님 명호를 철저하 게 염하였습니다. 노보살께서 비교적 혼침하실 때는 우리들은 큰 소리로 염불하다가 가만히 그녀를 밀어서 그녀를 일깨우는 것이 중요한 고비였습니다. 막 시작하기 3, 4일 전에 날마다 그녀는 체내에서 더러운 것을 매우 많이 배설하였습니다. 하루는 여러 차례 깨끗이 배설하였고, 4일차 이후에는 식사를 하지 않아서 배설할 것도 없었습니다.

이 7일 동안 두 차례 노보살께서 반드시 부처님을 친견하였을 것이라 짐작했습니다. 4일차와 6일차였을 때 그녀는 우리들 에게 타월, 빗, 거울을 가지고 오라고 해서 얼굴을 매우 깨끗이 닦았고, 머리카락을 매우 단정하게 빗질했습니다. 병원에서 돌아오실 때 저는 노보살을 보살피는 침실 4면 벽에 아미타불 성상을 붙였습니다. 향로를 설치하여 날마다 매우 좋은 향을 공양하고 염불의 분위기를 조성하였습니다.

그녀가 일어나 앉으셨을 때 얼굴이 부처님을 향하고서 곧바로 우리들과 같이 염불하셨고, 눈을 크게 뜨셨으며, 염불할수록 장엄해져, 저는 곧 왕생할 것이라 생각했습니다. 그녀는 염불하고, 염불하고, 염불하다가 갑자기 미간을 한번 찡그리셨습니다. "너무 피곤해. 자야겠어." 그리고 쓰러지셨습니다. 저는 생각했습니다. "아뿔싸! 아미타 부처님께서 아마도 가신 것 같구나. 기연을 놓쳤네." 이런 상황이 두 차례 있었습니다.

7일 중에 마음이 혼미한 상태가 매우 적어서 우리들과 용맹정진하며 염불하셨고 7일을 원만하게 염하셔서 1주일 염불정진을 해낸 것이나 다름없었습니다. 노보살께서는 7일 밤낮을 발원 염불한 이래로 한 번도 통증 소리를 낸 적이 없었습니다. 그녀에게 고통은 이미 멀리 떠났습니다.

7일이 지난 후 저는 몇몇 도와주신 동수들에게 집으로 돌아가라 하였습니다. 따로 조념하러 올 많은 동수 분들을 찾았습니다. 왜냐하면 그녀는 평소 다른 사람을 돕는 조념을 하여 수많은 선연을 맺었기 때문입니다. 그래서 필요할 때 속속들이 매우 많은 사람이 와서 그녀를 도와 조념하였습니다. 인광 대사께서는 『문초文鈔』에서 장래에 좋은 인연을 심기 위해서 우리들에게 사람을 도와 조념할 것을 권했습니다. 이것이 곧 하나의 사례입니다.

5. 8일째 날에서 15일째 날까지

8일째 되는 날에 저는 노보살께서 조금이라도 음식을 먹어보아야 한다고 생각했습니다. 그녀는 평소 동분冬粉 먹기를 좋아했습니다. 저는 동분을 흐물흐물하게 삶아서 작은 접시를 쥐고서 그녀에게 맛을 보였습니다. 그녀는 두 숟가락 먹고서 말씀하셨습니다. "아이고! 실제로는 먹을 필요가 없어." 예! 먹을 필요가 없는 것은 먹지 못한다는 말이지만, 그녀는 정신력이 매우 좋아서 왕생하지 않을 것 같았습니다. 저는 약국에 가서 수용성 비타민을 사서, 날마다 그녀에게 조금 주었습니다. 그녀가 체력이 있어 계속 지탱하며 염불하여 아미타불께서 접인하실 때까지 염불할 수 있길 희망했습니다.

아직 출가하기 전에 저는 아내와 딸이 있었습니다. 저의 작은 딸은 노보살과 가장 가깝게 지냈습니다. 왜냐하면 어릴 적부터 그녀가 작은 딸을 키웠기 때문입니다. 그 당시 저는 이미 30세 였습니다. 평소 노보살께서는 늘 말했습니다. "나는 손녀와 이렇게 가깝게 지내지만, 앞으로 내가 왕생하는 때를 모른다면 나쁜 길로 빠져서 육도윤회 할지도 몰라." 그녀가 걱정하고 있는 것이 상황과 이치에 맞아서 발생할 가능성이 있었습니다. 그녀는 늘 다른 사람에게 말씀하셨습니다. "앞으로 염불왕생하기에 가장 좋은 것은 토요일이야." 모두 그녀에게 왜 그러냐고 물었습니다. 그녀는 말했습니다. "화장도서관은 일요일 함께 수학하지. 나는 토요일에 왕생할 거야. 일요일 나를 도와 조념해줘." 그녀는 늘 이렇게 말씀하셨습니다. "정공 상인께서 강경하실 때 하신 말씀이 늘 내 마음속에 맴돌아. 「앞으로 앉아서 가는 것이 아니라 서서 가게 될 것입니다. 염불인이 누워있으면 보기가 너무 흉하지 않겠습니까?」"

6. 업장이 현전하다

8일째 날에서 14일째 날, 바로 두 번째 7일이었습니다. 비록 7일 동안 24시간 염불은 하지 않았지만, 저는 그녀 곁에서 조념을 하였습니다. 그녀는 자다 깨다 했습니다. 깨었을 때

곧 염불하였는데 이 가운데 늘 업장이 현전했습니다. 어떤 때는 염불하는 가운데 갑자기 말했습니다.

"아이고! 이 부처님 명호를 어떻게 하지. 계속 소리가 나서 멈추지 않아. 내가 잠을 자려고 해도 잠을 잘 수가 없어. 어떻게 멈춰지지 않는 거야?"

그녀는 염불하고 싶지 않았는데, 이것도 일종의 장애입니다. 저는 가족들과 노보살 곁을 둘러쌌습니다. 저는 한 손을 당기고, 저의 딸도 한 손을 당겼습니다. 그녀가 무엇을 말하던 관계없이 우리들은 계속 염불하였습니다. "아미타불……아미타불……", 그녀는 천천히 우리를 따라 염불했습니다. "됐어! 너무 피곤해! 좀 쉬어야해." 살펴보니, 모두 1, 2시간 이후의 일이었습니다. 또 한 번은 부처님 명호를 염하는데 그녀가 말했습니다. "됐어! 멈춰! 염불하지마. 나는 이미 갔어." 저는 말했습니다. "어디로 갔나요?" 그녀는 말했습니다. "나는 이미 극락세계에 도착했어." 저는 말했습니다. "극락세계에 갔다고요? 저를 속이지 마세요. 정토경전에서는 극락세계 왕생은 임종시 염불하면 아미타 부처님, 관세음보살, 대세지보살, 여러 상선인께서 현전하셔서 접인하신다고 말하고 있죠. 십만억 불국토나 멀리 있는 극락세계를 어떻게 가신 겁니까?" 그녀는 말했습니다. "아니? 그런가?" 그녀는 바로 깨어났습니다. 극락세계에 갔다는 것은 틀림없이 그녀의 환상입니다. 왜냐하면 10여 일 잠을 자지 못해 환상을 피하기 어려웠거나 아니면 업장이 현전한 것입니다.

우리는 환자를 돌볼 때 신경을 써야 합니다. 평소 경교經教에 깊이 들어가야 대사를 그르치지 않을 수 있습니다. 경마다 모두 우리들에게 말해줍니다. 극락왕생은 왕생자가 마지막

한 호흡까지 염불하고, 부처님께서 현전해서 접인하실 때까지 염불해야 비로소 왕생하는 것입니다. 아미타 부처님의 48원, 『무량수경』 제6품 제18원에서 임종시 십념하면 부처님께서 현전하여 접인하시는 것이지, 누가 누구에게 가라고 떠미는 것도 아니고, 또 자기 스스로 가는 것도 아닙니다. 우리들은 주의해야 합니다!

14일째 날 저녁에 노보살께서는 꿈에서 무엇을 말씀하셨는지 몰랐습니다. 그녀는 꿈을 꾸면서 자신의 몸을 산 뒤로 들고 가서 마음대로 태워버리면 좋겠다고 말했습니다. 또 몇 마디 말했는데, 저도 못 알아듣는 말을 했습니다. 저는 집안 식구와 급히 노보살을 부축해 일으켜서 집안에 그녀가 평상시 부처님께 절을 하던 작은 불당으로 모시고 불상 면전에 가서 그녀에게 물었습니다. "보살님, 저것이 무엇입니까?" 그녀는 말했습니다. "나무아미타불! 서방대도사 아미타불!" 그리고 바로 절을 하였습니다. 10여일 먹지도 잠자지도 못하고 단지 피골이 상접한데도 경건하게 정성을 다해 절을 하였습니다. 우리들은 그녀를 도와 1배, 2배, 3배 절을 하고서 일어날 수가 없었습니다. 그때 저는 눈물이 줄곧 배 속으로 흘러내렸고, 마음속으로 조용히 생각하였습니다.

"이렇게 경건하고 강건한 노인께서 아미타 부처님, 당신을 염불하는데, 만약 접인하시지 않는다면 저는 불법을 믿지 못할 것입니다."

삼배를 마친 후 우리들은 그녀를 부축해 일으켰습니다. 그녀는 정신이 또렷했고 다시 염불하였습니다. 그녀를 전송해 방으로 돌아가서 계속 그녀를 모시고 함께 염불했습니다.

7. 단정히 앉아서 왕생하시다

이튿날, 즉 그녀가 먹지도 자지도 않기 시작한 15일째 날, 아침 9시 남짓 일본 항공사에서 승무원으로 일하는 작은 딸이 할머니 앞에서 무릎을 꿇고서 말했습니다. "할머니! 저는 일하러 동경에 가야 해요. 며칠 지나야 돌아올 수 있어요. 빨리 염불해서 극락왕생하세요. 앞으로 제가 아빠와 같이 극락세계에 뵈러 갈게요." 노보살께서는 눈에 이윽고 보이지 않자 한 손을 흔들며 말했습니다. "가거라! 가거라! 가거라!"

평소 두 사람은 사이가 너무 좋아서 제 딸이 일하러 가려할 때 그녀는 살고 있는 5층에서 1층으로 내려와서 눈으로 배웅하고 여전히 신신당부하려고 했습니다. 그러나 이 날은 손녀가 그녀와 작별을 고하자 그녀는 손을 흔들었습니다. 이윽고 눈에 보이지 않자 노보살은 정말로 내려놓았습니다.

오후 4시 즈음이 되자 마지막 한 분 연우께서 집에 돌아가도록 그녀를 도와 몸을 깨끗이 정리해주자, 저는 동생과 노보살을 보살펴줄 수밖에 없었습니다. 그가 앉아서 염불하기를 요구했습니다. 왜냐하면 그녀는 늘 앉아서 가거나 서서 가겠다고 말했기 때문입니다. 저는 긴 매우 큰 의자를 준비하고, 그녀를 안아서 일으켜 앉히고는 솜이불과 담요로 잘 덮어드렸습니다.

우리들은 염불을 하였고 그녀는 손가락으로 박자를 쳤습니다. 우리들을 따라 "아미타불, 아미타불……" 소리 내지 않고 염불하셨습니다. 우리 형제 두 사람은 교대로 돌아가면서 그녀를 보살피며 염불하고 『무량수경』을 독송하였습니다. 6시 남짓경, 저는 『무량수경』을 원만히 염송하고 불전에 회향하고서 다시 그녀의 방으로 돌아왔을 때 노보살의 호흡이 점점 느려짐을 발견하고서, 저는 어쩌면 왕생할 기연에 이르렀는지도 모른다고 생각했습니다.

저는 또 향을 한 가닥 올리고 그녀의 업장을 소멸시키고 접인하여 왕생하게 해달라고 불보살님의 가지加持를 구했습니다. 우리들 형제 두 사람은 한 사람이 한쪽 곁에서 노보살님을 도와 염불하였습니다. 저녁 7시까지 염불하였습니다.

"나무아…" 염불소리가 날 때 노보살은 단정히 앉아서 숨을 거두셨습니다. 그때 눈을 3할만 뜨고, 눈가에는 눈물방울이 맺혔습니다. 이는 부처님을 보았다는 일종의 상징이었습니다. 4시 남짓부터 그녀를 안아 일으켜서 앉아서 염불하셨는데, 이런 모습으로 염불하시다 가셨습니다.

저는 동생에게 계속 염불하게 하고 동시에 전화를 걸어 그녀와 친한 연우인 서徐 거사님께 연락하였습니다. 서 거사께서는 그녀가 때마침 『지장보살본원경地藏菩薩本願經』 독송을 완료하여 노보살께 회향하였다고 말했습니다. 저는 말했습니다. "이런 우연이 있나요? 노모살께서 지금 막 가셨습니다. 아미타불!" 저는 그녀에게 다른 연우에게 노보살님께서 어떻게 왕생하셨는지 와서 보시라고 알려줄 것을 요청했습니다. 그때 저의 집이 환해졌습니다. 마치 장례를 치르는 것 같지 않았고, 수많은 사람들이 그녀를 도와 조념하여 불연을 맺는 염불회 같았습니다.

노보살께서 12시에 왕생한 후 온몸이 모두 차가와졌지만, 정수리는 따뜻했습니다. 제가 그녀를 덮은 이불을 젖혔을 때 노보살께서는 그야말로 사랑스러웠습니다. 두 손은 미타인 彌陀印을 맺은 채로 솜이불 속에 있었습니다. 그녀는 이렇게 앉아서 미타인을 맺고서 왕생하셨습니다. 우리들이 그녀를 안아 일으켰을 때 온 몸이 부드러웠고 갖가지 서상이 있었습니다.

그러나 우리들은 왕생 후 특별히 서상을 강조하지 말아야
합니다. 왕생은 반드시 염불하여 왕생하는 것입니다. 임종
마지막 한 호흡에 염불이 있는지 없는지 살피는 것이 가장
확실합니다. 다른 방법은 우리는 알지 못하고 말하지도 않습
니다.

8. 임종시 장애 되는 인연을 피하라

노보살께서 병이 걸려 7일 밤낮으로 먹지도 자지도 않기
시작할 때부터 저는 외삼촌, 친삼촌을 포함하여 모든 친척에
게 알리지 않았습니다. 왜냐하면 그들은 학불을 하지 않아서
장애를 불러올까 걱정이 되었기 때문입니다. 그녀가 왕생한
후 우리들은 계속 2일째 날 아침 8, 9시까지 염불하여 13시간
이 경과하고서야 비로소 손윗 사람들께 알렸습니다. 그들이
저희 집에 도착해서 노보살이 가신 것을 보고서 일반 풍속에
따라 아랫사람인 저는 곁에서 무릎을 꿇고 있었습니다. 그들
은 저를 보고 곧 욕설을 했습니다. "너 이놈 불효자식아!
어머님이 이렇게 병에 걸리셨는데, 병원에 가보지도 않고,
이렇게 깡마른 채 돌아가시게 하였느냐." 이렇게 줄곧 욕을
퍼부었습니다. 저는 무릎을 꿇고서 마음속으로는 끊임없이
"아미타불! 아미타불!" 염불하면서, 입으로는 "예! 예! 예!"
라고 말해야 했습니다. 마음속으로는 오히려 매우 다행이라
여겼습니다.

"노보살께서 왕생하신 것을 당신들에게 알리지 않는 것이
좋다. 알리면 당신들이 함부로 욕설을 하여 나쁜 길로 빠질까

두렵다."

이는 확실히 매우 큰 용기가 있어야 할 수 있는 것이었습니다. **한 사람을 도와서 왕생시키는 것은 간단한 일이 아니고, 과단성이 있어야 하고, 그 사람에게 장애가 되는 인연을 가능한 배제시키려고 해야 합니다.** 정공 상인께서는 늘 "삶이 있으면 반드시 죽음이 있으므로 죽음을 두려워해서는 안 된다. 죽은 이후 그곳에 이르러 환생하는 것이 중요하다."라고 말씀하셨습니다. 우리들은 결코 감정적으로 일을 처리해서는 안 됩니다. 전심전력을 다해 집안 식구, 친구 및 인연이 있는 사람을 도와서 왕생시켜야 합니다.

죽음이 어떻게 되는 일인지 이해하려면 침대에 있는 사람을 자신이라 생각해야 합니다. 조념을 할 때 내가 다른 사람을 위해 조념하는 것이 아니라 다른 사람이 나 자신을 위해 조념한다고 생각해야 합니다. 항상 이렇게 단련시켜야 합니다.

9. 기회를 붙잡고 자신이 행하고 남을 교화하라

제가 노보살께서 왕생하신 경과를 여러분에게 보고 드린 중요한 이유는 자녀들이 부모님께서 염불하여 정토에 태어나길 기도하는 것이 제일 중요한 일이라고 권할 수 있도록 여러분들을 일깨워주기 위함입니다. 부모님께서 곧 왕생하실 때 당신에게 아무리 중요한 일이 있더라도 상관없이 모두 마지막으로 효도하는 기회를 잡아서 어르신을 도와 극락에 왕생하길 기도하여야 합니다. 실제로 인생은 지독히 짧아서 몇 십 년이 지나가버렸는데, 그래 어르신이 왕생해야 하는 며칠, 몇 개월 동안 우리가 그를 돕지 못한단 말입니까?

몇몇 사람들은 저에게 "어르신에게 염불하라고 가르쳐도 그가 염불하지 않는데 어떡하죠?"라고 묻습니다. 저는 "당신 자신이 염불하지 않으면, 어르신도 당연히 염불하지 않죠."라고 말했습니다. 어떤 어르신은 받아들이려고 하지 않아도 상관마십시오. 우리들은 지장보살을 배워서, 스스로 수행해서 앞으로 보살이 되고 부처가 되어 다시 와서 부모님의 은혜를 갚고 부처님의 은혜를 갚을 것입니다. 자신이 진실로 수행하는 것이 가장 중요합니다. 그런 다음 만약 인연을 우연히 만난다면 반드시 어르신에게 부처님을 믿고 염불하라고 권해야 합니다.

마지막으로 저는 내친김에 한 사람이 한평생 염불하였지만 극락에 왕생할 수 없게 된 이야기를 말씀드리겠습니다. 이것은 1996년 제가 호주에 있을 때 일입니다. 말레이시아 신도 한 분께서 저에게 실제 인물과 사실을 알려주셨습니다. 말레이시아에 한 분 여승이 계셨는데, 10여 세부터 머리를 깎고 염불하기 시작했습니다. 수계를 받지 않았지만, 스스로 절 한 칸을 짓고 청정히 닦았습니다. 이 여승께서는 평소 염불에 매우 정진하셔서 한마디 부처님 명호가 언제나 입에 걸려있었지만, 어떠한 경전 기초도 없었고 단지 염불만 좋아했습니다. 그녀는 설령 병에 걸려도 염불을 잘하였으며, 의사를 별로 본 적이 없었습니다. 10~20살에서 1998년, 80여 살까지 계속 염불하였습니다,

그녀가 임종시 수많은 친구 신도가 와서 그녀를 도와 조념했습니다. 그녀가 평소 염불을 잘하였기 때문에 지병에 걸렸을 때 염불정진하여 아미타 부처님께서 오실 때까지 염불했습니

다. 그녀도 아미타 부처님을 보았지만, 그녀는 "가지 않겠습니다! 저는 가지 않겠습니다!"라고 말했습니다. 이런 생각이 한번 일어나자 다시 아미타 부처님을 친견하지 못했습니다. 다른 사람이 그녀를 도와 조념을 하였지만, 그녀는 오히려 이것저것 잡생각만 했습니다. 눈을 크게 뜨고 여기저기 보다가 3일 이후에 죽었는데, 안색이 검었고 매우 보기 흉했다고 합니다.

염불인이 만약 진정으로 극락세계에 나길 구하지 않으면 임종시 아무 소용이 없습니다. 도대체 원인이 무엇이었습니까? 원래 그녀는 결혼을 하지 않았지만, 양녀가 한 명 있었는데, 사이가 매우 좋았습니다. 그녀가 임종할 때 양녀를 보지 못해서 이 딸이 생각마다 걱정이 되었습니다. 이 집착 때문에 왕생의 기연을 이번 생에 놓치고 만 것입니다. 그녀는 몇 겁을 윤회하고 난 후에야 비로소 사람 몸을 다시 받고 다시 불법을 듣고 정토를 믿게 되는지 모릅니다. 염불하여 윤회를 벗어나는 기회는 일념의 순간뿐입니다!

인조印祖께서는 『문초文鈔』에서 우리들에게 한 사람이 임종 염불시 집안 식구의 장애로 염불할 수 없는 것은 자신이 과거 세세생생 다른 사람이 왕생하는 것을 방해하여 다른 사람과 원한을 맺은 과보라고 말씀하셨습니다. 우리들이 지은 업장은 한량없고 끝이 없으므로 진정으로 참회하는 마음을 내어서 염불하여 앞으로 원을 타고 다시 와서 중생을 널리 제도하여야 합니다.

염불의 유일한 공덕, 유일한 목표는 극락에 태어나길 구하는 것입니다. 삼가 여러분들에게 권하오니, 우리 이번 생을 결정코 헛되이 보내지 맙시다. 사람 몸을 한번 잃으면 영원토록 벗어날 기약이 없습니다.

2002년 「모서幕西」 제43기에서 옮겨 적다

당신을 힘들게 하는 이에게 감사하십시오

真誠 淸淨平等正覺慈悲

看破 放下自在隨緣念佛

釋淨室

너를 해치려는 사람에게 감사하라.
그가 너의 심지를 단련시켜주기 때문이다.
너를 속이려는 사람에게 감사하라.
그는 너의 견문과 학식을 늘려주기 때문이다.
너를 채찍질하는 사람에게 감사하라.
그는 너의 입장을 제거해주기 때문이다.
너를 내버려두는 사람에게 감사하라.
그는 내가 자립하도록 지도하기 때문이다.
너를 걸려서 넘어지게 하는 사람에게 감사하라.
그는 너의 능력을 강화시켜주기 때문이다.
너를 꾸짖는 사람에게 감사하라.
그는 너의 선정과 지혜가 자라도록 돕기 때문이다.
너로 하여금 꿋꿋하게 성취하게 하는 모든 사람들에게 감사하라.
— 정공법사 (허만항 거사 번역)

8. 전유경 노거사 왕생견문록

자이嘉義, 묘음거사妙音居士

전유경田有耕 노거사께서는 타이완 윈린(雲林) 사람으로 1913년에 태어나 1998년 2월 20일 오후 2시 15분(대만시간)에 자이嘉義 시 재가인이 모시고 함께 염불하는 가운데 안상히 업보의 몸을 버리고 서방극락세계에 왕생하셨으니, 향년 86세였습니다.

전씨 집안은 「의사집안醫藥世家」이라 할 만합니다. 대대로 의사 간판을 내걸고 개업하여 세상 사람들을 구제하였고, 약자를 도와 빈곤을 구제하였으며, 마을 사람을 행복하게 해주었고 병에서 구한 사람이 수없이 많았습니다. 자녀들 또한 가업을 이어 의발(의술과 정신)을 잘 계승하였습니다. 노거사께서는 한평생 십선업十善業을 닦으셨고, 자비심으로 살생하지 않았으며, 효심으로 부모님을 봉양하고 스승과 어른을 공경하셨습니다. 나아가 시문 감상을 즐겨하셨고 낭송을 좋아하셨으며, 골동품과 서예작품의 애호가였습니다. 노거사의 언행거지言行擧止는 가는 곳마다 「온화溫 · 선량良 · 공경恭 · 검소儉 · 겸양

讓」의 미덕을, 신체언행은 「인仁·의義·예禮·지智·신信」을 펼쳤습니다. 한평생 관용寬으로 사람을 대하셨고, 엄정하게 자신을 규율하셔서, 지방에 명성과 이름 있는 사람들과 친한 친구들로부터 존경과 추대를 널리 받았습니다.

전 노거사께서는 젊은 시절 삼보에 귀의하셨습니다. 인순印順 법사를 예경하여 삼귀오계三歸五戒를 수지하시고 법호를 「굉정宏淨」이라 하셨습니다. 『육조단경』, 『금강경』 및 인순 대사께서 저술하신 『묘음집妙雲集』을 즐겨 독송하셨습니다. 1997년 정토법문을 접촉하여 정공 상인의 제자인 오도悟道 법사께서 타이완어(타이완 현지 방언)로 명백하게 풀이하신 『불설대승무량수장엄청정평등각경』과 오행 법사가 타이완어로 강연한 『불설아미타경』 등 경전 녹음테이프를 여러 차례 경건한 마음으로 들은 후에 곧 깊은 믿음과 간절한 발원의 마음을 내셨고, 착실하게 염불하여 한뜻으로 정토에 태어나길 구하셨습니다. 또한 담허倓虛 대사께서 강술하신 『염불론念佛論』 옛이야기 중에 수무修無 법사께서 남기신 「말만하고 실천을 하지 않는다면 그건 진정한 지혜가 아닙니다(能說不能行, 不是眞智慧)」이 게송으로 자신을 경계하고 격려했습니다.

노거사께서는 늘 스스로 원컨대 임종시 시현으로 가친권속과 친한 친구들을 제도할 것을 기대하면서, 「아직 못 건너간 유정들 건너가게 하고 이미 건너간 자 부처를 이루게 하리라(未度有情令得度, 已度之者使成佛), 항하사 성인께 공양을 올린다 하여도 스스로 굳은 결의로 용맹하게 정진해 위없는 정각을 구하는 것만 못하다네(假令供養恆沙聖, 不如堅勇求正覺)」(무량수경 제4품 법장비구 인지)라고 발원하였습니다.

노거사께서 왕생하기 2개월 전, 몸과 마음에 별고 없이 뜻밖에

집안식구를 향해 사후처리를 당부하였습니다. 나아가 불교의
식으로 간소하게 진행하고 다비를 엄숙히 거행할 것을 신신당
부하고, 이후에 자이현, 번로향番路鄉, 의덕사義德寺의 해회탑(海
會塔; 사부대중의 탑이나 유골을 모셔놓는 곳)에 탑을 사들였습니다.
노거사께서는 다시 한번 자녀에게 겉치레 장례식이 아니라
자신부터 「환경보호장례(環保喪禮)」를 실천하여 장례 풍속의례
를 개선하길 바라며, 장례식 차량·화환·제물·악대 등을
정중히 사절하셨고, 왁자지껄 떠들지 말라·엎드려 곡하지
말라·교통에 영향을 주지말라·이웃집에 방해하지 말라,
이 네 가지를 원칙으로 삼고 힘써 간소하게 조용하게 깨끗하게
청정하게 장례를 치를 것을 훈계하였습니다. 노거사께서는
재삼 자녀들에게 사치를 조장하는 저질의 사회풍조를 불허하
는 한편, 절약하여 지출하고, 금전을 보시에 사용하며, 빈곤한
사람에게 물질적인 도움을 주고, 삼보에 공양하고 호지할
것을 훈계하였습니다.

노거사는 객지에 머물고 있는 자손에게 만약 인연이 있으면
타이완으로 돌아와 같이 결혼 60주년을 즐겁게 보낼 것을
호소하였습니다. 그리고 기뻐서 시 한수를 썼습니다. 이 시는
노거사 생전의 마지막 유작입니다. 시에 이르길,

同苦同甘六十年 괴로움과 즐거움 함께하며 보낸 60년
兒孫滿眼喜無邊 아들손자 눈앞가득 기쁨이 가이없고
蝸居舒適欣安樂 누추한집 편안하고 즐겁고 안락했네

慣看風雲幾變遷 바람구름 몇번 변천함이 새삼스럽나
種杏已超三世業 살구심어 삼세의업 이미 뛰어넘었네

誦經禮佛五更天 날마다 새벽녘에 송경하고 예불하여
老來惟愛心淸淨 늙어서 오직 청정한 마음 좋아할 뿐
一念彌陀結善緣 일념으로 아미타불 선연을 맺을지라

왕생하시기 약 2주전, 노거사께서는 갑자기 한밤중에 잠꼬대를 하시며 몇몇 망자의 이름만 말했습니다. 곁에서 보살피던 자녀들은 서둘러 큰 소리로 염불하여 정념을 가다듬도록 도왔습니다.

2월 18일 새벽 3시 25분, 노거사께서는 약 3분간 합장하고 환희심이 넘쳐 흘러 심상치 않았습니다. 왕생하시기 전 날 밤, 딸인 묘음 거사는 한밤중 꿈속에서 갑자기 대세지보살께서 한 송이 큰 연꽃을 손에 가지고 공중에서 내려오시는 것을 보았습니다. 2월 20일 오후 2시 15분 노거사께서는 여러 차례 합장하고 소리내어 염불하는 가운데 안상히 극락세계로 왕생하셨습니다. 20시간 조념 후 옷을 갈아입힐 때 몸이 부드러웠고, 모습도 장엄하였으며, 정수리도 따뜻하였습니다.

26일 한밤중 2시 5분(상을 당하고 7일째 되는 날 새벽) 묘음 거사는 또 꿈속에서 갑자기 노거사께서 단호하게 분명하게 타이완어로 두 차례 「똑같이 묘음여래라 (同名妙音如來)」라고 말씀하셨습니다. (이 경문의 상세한 것은 하련거 노거사께서 회집하신 『불설대승무량수장엄청정평등각경』「이 경을 듣고 나서 큰 이익을 얻다(聞經獲益)」 제48품 참조)

2월 28일 정오 12시 다비(화장)를 할 때 작은 사리 10여 알, 채색 사리화 수개 편을 수습하였는데, 이는 노거사님께서 반드시 팔 한번 펼 동안에 연지蓮池에 이르러 화개견불(花開見佛)

하셨음을 족히 증명하고 남음이 있습니다. 그것은 아미타 부처님께서 48원을 발하셔서 중생을 널리 제도하심이 모두 진실이고 거짓이 아님을 증명합니다.

1998년 「모서慕西」 제41기에서 옮겨 적다

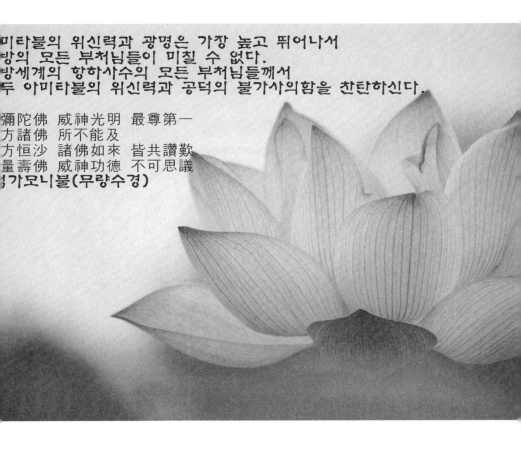

미타불의 위신력과 광명은 가장 높고 뛰어나서
방의 모든 부처님들이 미칠 수 없다.
방세계의 항하사수의 모든 부처님들께서
두 아미타불의 위신력과 공덕의 불가사의함을 찬탄하신다.

彌陀佛 威神光明 最尊第一
方諸佛 所不能及
方恒沙 諸佛如來 皆共讚歎
量壽佛 威神功德 不可思議
가모니불(무량수경)

圖嚴莊界世樂極

제3부
무량수경 호법가피

1. 하련거 거사 왕생 사실기록

관율법사寬律法師 선록撰錄

하련거夏蓮居 거사께서는 젊어서 학문에 뜻을 두어 널리 온갖

서적에 정통하셨고, 이성理性38)을 연구하셨으며, 여러 예술분야에도 두루 뛰어나셨습니다. 중년의 나이에 은밀히 불경內典을 닦아, 종승宗에서 교승教까지 그리고 현교顯에서 밀교密까지 모두 원용하여 걸림이 없으셨고, 마지막에 정토로 귀의하셨습니다.

을축년(1925), 군벌軍閥 장종창張宗昌39)이 산동성의 도독督魯이던 시절, 거사께 근거 없는 죄를 뒤집어 씌워 재산을 몰수하고 지명수배 명령을 내리자 그 화를 피해 일본으로 건너가셨습니다. 한 해가 지나간 후 중국으로 다시 돌아와 사람과 왕래하는 관문 나루(關津)의 문을 닫아걸고, 거처하는 방에서 오직 아미타불 불상을 모시고 일심으로 거룩한 명호를 경건히 염불하며 정성을 다해 수행하셨습니다. 10년이 지나가면서 감응도교感應道交를 이루어 상서로운 현상을 여러 번 보았다고 합니다.

거사께서는 부처님을 친견하고 광명을 보셨지만, 이제까지 (그 경계를) 다른 사람에게 내보이지 않으셨습니다. 거사께서 쓴 시40)에서는 이렇게 노래하고 있습니다.

一卷六字經 나무아미타불 여섯 글자, 한 권의 경전
轉破千年暗 굴러서 천년의 암흑을 깨뜨리네.
人云我念佛 남들은 내가 염불念佛한다 말하지만

---

38) 이理의 작용이 사事이고, 성性의 작용이 상相이므로 성상性相·이사理事를 말함.

39) 청나라 말기 비적 출신의 장군으로 품행이 악랄하고, 잔인하고 살육을 좋아하며 먹고 마시고 도박하고 여색을 즐기는 등 온갖 악행을 저질렀다고 함.

40) 전체 원문은 『연공대사정어蓮公大士淨語』에 실려 있음.

我說是佛念 나는 불념佛念[41]한다 말하겠네.

迷雲陳霧重重過 미혹의 구름, 자욱한 안개 겹겹이 지나가고,

瞥見澄潭月影圓 문득 맑은 연못에 달그림자 원만하여라.

9·18 만주사변이 터져 국난이 매우 심각해지자, 북경에서는 세상에 관심 두지 말고 바로 와서 고루鼓樓 옆에 거처를 정하라고 거듭 단호히 청하였습니다. 마음을 다잡고, 거사께서는 은밀히 수행하셨고, 최선을 다해 널리 교화하셨으며, 널리 대승을 찬탄하고 정종을 선양하셨습니다. 수십 년을 하루같이, 사람들을 교화하시길 게을리 하지 않으셨습니다.

도를 구하고 학문하는 자는 (극락세계의) 정원에서 해가 가득차고, 법익法益을 입을 수 있는 자는 (탁한 세상에서) 승리할 수 없습니다. (몇몇 이들은) 혹 마음을 밝혀 견성見性하기도 하고, 혹 앉은 채로 죽음을 맞이하기도 하며, 혹 왕생하여 서상瑞祥을 나투기도 하고, 혹 세속을 버리고 출가하기도 합니다. (그러나) 헤아릴 수 없이 많은 사람들은 가르침을 듣고 믿음을 열고서야 마음을 씻고 선善을 향합니다.

때는 을사년(1965) 11월, 83세 되던 해였습니다. 하루는 이렇게 말씀하셨습니다.

"나는 대작불사(무량수경 선본)를 끝마쳤으니

이 탁한 세상을 버리기로 결심했다(余大事已辦, 決舍濁世矣)!"

---

41) "염불念佛은 염불하는 나와 그 대상인 불호佛號가 서로 상대하는 상대적인 사事일심불란의 염불이고, 불념佛念은 나와 불호가 혼융일체가 되어 자성미타가 스스로 염불하는 절대적인 이理일심불란의 염불입니다. 법신대사 중에도 높은 계위의 성인이 경지라 합니다." 서정西定 박병규 거사 주해.

이때에 정신은 생생하였고, 법요法要를 열어 보이시며 나타난 바의 경계를 수지하시니, 평소에 늘 말하던 분이 아니었습니다. 열흘 후에 가벼운 병을 보이시드니, 밤중에 집안사람이 곁에서 시중들다 그 염불이 이어지는 소리를 들었다고 합니다. 문뜩 한차례 큰 소리로 외치는 염불소리를 듣고 놀라서 살펴보니, 곧 이 한마디 만덕홍명萬德洪名 가운데 안상히 왕생하셨다고 합니다.

거사께서는 정념正念이 분명했고, 은혜를 베풀라(行便行)고 말씀하셨으며, 아미타 부처님 서원의 바다에 들어가시어 학인의 본보기가 되셨으니, 진실입니다! 『관중염불시關中念佛詩』[42]에서 얼마간 (그 사실을) 처음으로 세상에 전하였습니다.

- 근대왕생수문록近代往生隨聞錄에서 발췌

---

42) 만년에 쓴 관중염불의 염불시를 말한다. 『연공대사정어蓮公大士淨語』에 실려 있음.

2. 황념조黃念祖 거사 왕생 사적事迹

풍지진馮智眞 거사

생각컨대, 북경의 황념조黃念祖 거사께서는 1992년 3월 27일

에 편안히 왕생하셨습니다. 거사께서는 현교와 밀교를 쌍수雙
修하셨고, 종승과 교승을 두루 통하셨으며, 특별히 정토 염불
법문을 홍양弘揚하셨습니다. 여러 해 계속해서 피곤을 마다하
지 않고, 『대승무량수경大乘無量壽經』을 주해注解43)하시어 뭇 풀과
같은 존재인 중생들을 두루 이롭게 하셨으니, 노력이 헛되지
않으셨습니다. 지금 황 거사님의 외손자인 백진白眞 거사 본인
이 직접 쓴 두 통의 편지를 통해, 황념조 거사께서 왕생하실
때 나타난 갖가지 서상瑞相을 소개하고자 합니다. 원컨대 이를
보고 듣는 사람들은 이 인연에 의지하여 참으로 생사에 대해
보리심을 내고 믿음·발원·염불로 함께 극락에 왕생하시길
바랍니다.

풍지진馮智眞 합장

[첫 번째 편지]

풍 선생님, 안녕하십니까!

저는 황념조 스승님의 외손자인 백진白眞이라고 합니다. 여러
분께 침통한 소식을 알려드리고자 합니다. 저의 외조부님께서
서기 1992년 3월 27일에 왕생하셨습니다.

어르신께서는 올해 주요임무이셨던 『무량수경백화해無量壽經
白話解』를 완성하셨습니다. 어르신께서는 우리들에게 늘 말씀

---

43) 하련거 거사께서 회집하신 무량수경 선본에 대해 황념조 거사께서 주해를
    다신 『불설대승무량수장엄청정평등각경해佛說大乘無量壽莊嚴淸淨平等覺經解』
    (약칭, 대경해大經解)를 말한다.

하셨습니다. "내가 이전에 주석한 『대경해大經解』는 일반적인 수준, 일반적인 근기의 사람은 읽어도 이해할 수 없다. 『백화해白話解』가 출간되면 장차 대단히 많은 중생들이 법익을 받을 수 있을 것이다!" 이 때문에 저의 외조부님께서는 80세 고령에 몸이 허약하고 여러 질병을 앓고 계셨는데도 당신을 돌보지 않으시고, 필사적으로 주석서를 쓰셨습니다. 『백화해』는 단지 『대경해』를 번역한 책이 결코 아닐 뿐만 아니라 『대경해』의 기초 위에 있고, 또한 상당히 많은 내용을 드러내었으며, 수없는 법문이 다채롭기 그지없고 『대경해』에는 없는 내용이 많습니다. 중생의 복이 천박하고 업장이 깊어, 이 책은 단지 절반만 완성되었고, 현재 우리들이 원고를 정리하고 있는 중입니다.

스승님께서는 매일 『대경大經』을 서둘러 쓰는 것을 제외하고는 계속해서 당신의 기도일과(하루 3회 염불, 4만 불주佛咒, 대법大法 일좌一座 수행)를 완수하셨습니다. 이 때문에 날마다 밤 1시 이후에나 주무실 수 있었습니다. (외조부께서는 저희들에게 말씀하셨다. "어떠한 사정이 있더라도 염불을 줄여서는 안 된다!") 1년 내내 채식을 하셨기 때문에 영양상태가 매우 좋지 않으셨고, 특히 초하루 날에 모두 일을 나가고 집에 아무도 없는 날 점심때는 당신 스스로 어제 저녁에 먹다 남은 채소와 밥 요리를 이용하여 묵은 야채 죽 한 사발을 해 드셨는데, 그 야채 죽은 언제나 거의 풀이나 다름없었습니다.

어르신께서는 사경하고 쓴 것을 불에 태우고서는 항상 잊어먹었습니다. 한번은 제가 마당에 있는데 죽밥 냄새가 나서 누구네 집의 밥이 죽이 되었구나 생각이 들었습니다. 다시 꼼꼼히 냄새를 맡아보니, 외조부 집에서 나는 냄새였습니다. 저는 방문을 밀어젖혔고 방안에 연기가 가득하여 잠깐 마음이 조마조마했습니다. 외조부님께서 지금까지 방에서 나가신 적이 없고 또 심장병이 있었기 때문에 이렇게 큰 연기를 알아차리지 못한 것으로 보아 필히 심장병이 재발한 것을 알았습니다. 당황한 마음에 막 머리를 돌리려 하다가 그분의 책상을 보고서 저의 눈가가 촉촉해졌습니다.

어르신께서는 부처님의 크신 은혜에 보답하고 불법을 홍양弘揚하며 중생을 제도하기 위해 코를 찌르는 짙은 연기를 조금도 느끼지 못한 채 완전히 당신을 잊어버리고 주석서를 쓰고 계셨던 것이었습니다. 저는 눈물을 흘리면서 "이 죽은 먹을 수 없는 것입니다"라고 말했더니, 어르신께서는 미소를 지으며 "이 음식으로 충분하단다. 먹는데 정력과 시간을 들일 필요가 없어."라고 말씀하셨습니다. 새까만 야채 죽을 한 사발 담아서 맛있게 드시면서 저에게 미소 지으며 말씀하셨습니다.

> "나는 현재 신선과 같은 생활을 지내고 있단다. 나의 생활을 그 누구의 생활과 바꿔도 다 바꾸지는 못할 것이다. 인생 최고의 즐거움이 무엇이겠느냐? 그것은 부처님을 배우는 법락法樂이니라!"

3월 16일에서 18일까지 스승님께서는 3일간 연달아 한 사람에게 매일 늦게까지 법문을 하셨습니다. 이 때문에 원래 염불에 쓰는 시간을 줄이는 경우가 많았고, 저녁에 시간을 늘려 하루의 기도일과를 완수하느라 8일간은 평상시 보다 더 늦게 주무셨습니다.

19일 저녁, 어르신께서는 갑자기 목에 불편한 증상을 느껴 침대에 앉아서 손을 뻗어 약을 들어 올리려 했습니다. 그때

졸음이 쏟아져서 졸다가 잠이 드는 바람에 침대에서 굴러 떨어져 의자 모서리에 넘어졌습니다. 어르신께서는 한마디도 못하고 심한 고통을 억지로 참으셨습니다.

보통사람은 상상하기 힘든 의지로 어둠속을 더듬으며 침대에 올라가려고 애쓰시다 두 번째 날 이른 아침에 어르신께서는 마침내 홀가분한 마음으로 "어제 저녁에 내가 넘어졌다."하고 저희들에게 말씀하셨습니다. 저희들은 외조부님께서 농담하시는 것으로 생각하여, 그 당시 모두 믿지 않았습니다. 그 후 검사를 하고서야 넓적다리뼈에 분쇄성 골절의 부상을 당했음을 알았습니다. 부상당한 넓적다리에서는 이미 큰 조각의 자흑색 어혈이 발견되었습니다.

부상이 이렇게 심했는데도, 어르신께서는 또 "나는 나이를 먹은지라, 넓적다리를 잘 쓰든 못쓰든 상관이 없어. 머리도 잘 돌아가고, 손도 움직일 수 있으니, 나는 침대에서 꼼짝 못해도 『백화해』를 완성해야만 해"라고 말씀하셨습니다. 이렇게 넘어져서 부상을 당하는 바람에 몸에 지니고 있던 많은 병들이 재발하였고, 심장·폐·신장이 모두 악화되었습니다. 외조부님께서는 한평생 병원에 가는 것도, 입원하는 것도, 병원에서 죽는 것도 원하지 않으셨습니다. 『백화해』를 완성하고 나서야 병원으로 모시고 가는 것을 동의하실 정도로 마지막 노력을 다 기울이셨습니다.

국내외 제자들이 소식을 듣고 시봉하러 오겠다고 하니, 외조부님께서는 "누구도 오지 말거라. 모두 제자리에서 염불하고, 나는 전력을 다해 『백화해』를 완성할 것이다."라고 전보를 쳤습니다. 44)

---
44) 이때에 비로소 황념조 거사님께서 법을 위하고 중생을 위한 희생 봉헌과

3월 26일 오후, 외조부님께서 병이 더욱 위중해졌습니다. 몇 번이나 입을 열었으나, 이미 말을 하실 수 없었습니다. 이때 어르신은 매우 초연해져 홀가분한 마음으로 웃으셨습니다. 우리들은 "이분의 마음속에는 아무것도 없어서 매우 홀가분해 하는구나." 라는 느낌이 들지 않을 수 없었습니다. 그 후론 다시 아무것도 드러내시지 않으시고, 27일 밤 1시 7분에 세상을 떠나셨습니다.

우리들은 한 밤중을 이용해서 영가를 집으로 모셨습니다. 집안사람과 외조부님의 북경 제자들이 밤낮으로 7일간 조념 염불을 하였습니다. 날씨가 고온이라 우리들은 어떻게 부패 방지처리를 할지 감당이 안 되었지만, 유체遺體에 다른 냄새가 없었을 뿐만 아니라 오히려 기이한 향냄새를 맡은 사람들이 많았습니다. 4월 3일 화장을 하였는데, 세상을 떠나신지 벌써 8일째가 되었습니다. 유체를 옮길 때 유체가 부드럽게 느껴졌고, 손가락을 모두 움직일 수 있었으며, 그리고 분명히 가볍다고 느꼈습니다. 이때에 기이한 향냄새가 났습니다.

화장한 후, 외조부님께서는 몸에 지니시고 계시던 염주와 경전은 큰 불에도 허물어지지 않았고, 유골은 순백의 보석과 같았으며, 뼛가루 중에서 연이어 오색(홍·노·백·초·흑)의 사리 300 여 과를 찾아내었습니다.

　　정진을 기원합니다.

　　　　　　　　4월 26일, 우둔한 사람(下愚) 백진白眞 합장

자비를 알게 되었습니다. 우리들이 『대경해大經解』를 성실하게 수학修學하지 않는다면 거사님의 큰 은혜 큰 공덕에 부끄러울 따름입니다. (황념조 거사 제자 주석)

[두 번째 편지]

풍 거사님, 안녕하십니까!

선생님의 편지를 연거푸 받고, 귀하께서는 근래에 오로지 루스 리프(loose leaf)식 불교 문장선집을 인쇄하여 그것으로 저의 외조부님의 왕생 정황을 소개하고자 하심을 알았습니다. 이것은 바로 제가 지금 가장 하고 싶은 일로, 그것은 정법을 홍양하고 여러분의 신심을 증대시키는데 너무나 수승한 의의가 있습니다. 지금 저는 먼저 제가 알고 있는 몇 가지 서상瑞像을 아래와 같이 상신하고자 합니다.

외조부님의 유체를 집안에 모시고 우리들은 밤낮으로 조념하던 동안 미국에 사는 예葉씨 할머니는 유체에서 기이한 향을 맡았다고 합니다. 4월 7일에 유체와 고별하는 의식에서 미국에 사는 주패진周佩臻 여사도 기이한 향을 맡았다고 합니다. (예씨 할머니와 주 여사는 모두 다 외조부의 미국 제자로 외조부께서 왕생하신 것을 듣고 아신 후 곧바로 황급히 비행기 편으로 북경에 도착했습니다.)

3월 28일 새벽녘에 제아齊阿 이모는 외조부님의 영전 앞에서 조념하실 때 유체를 모셔둔 곳에서 외조부께서도 다른 분들과 함께 "나무아미타불" 염불하시는 소리를 들었다고 합니다. (제아 이모는 외조부의 북경 제자이다. 7일 조념기간 동안 이모는 정성을 다해 간절히 염불하셨기에 우리들은 감동하지 않을 수 없었다.)

4월 7일 8시에서 10시까지 팔보산八寶山 강당에서 고별의식을 거행하였고(수백 명이 참가하였다), 10시 15분에서 50분까지 화장을 진행하였습니다. 화장을 보고자 하는 사람들이 너무 많아서 결국 전부 나오라는 요청을 받았습니다. 단지 두 분 비구니 스님(북경 통교사通教寺의 창원昌圓 스님과 성혜聖慧 스님)께서만 슬그머니 화장 통제실에 들어가 화장 감시 폐쇄회로 TV를 통해서 화장하는 정황을 또렷이 볼 수 있었습니다. 두 분 스님께서는 외조부님의 유체를 화장하는 때 세 차례 홍색 빛과 녹색 빛이 방광했고 유체 상공에서 빛으로 조성된 백색의 연꽃이 나타나는 것을 직접 눈으로 지켜보았다고 합니다.

4월 2일, 외조부님께서 왕생하신지 7일째 날에 대만 연화정사 蓮華精舍의 심沈 거사는 집에 모신 불당에서 외조부님을 위해 조념을 하셨다고 합니다. 그분께서 염불이 매우 청정한 경지에 이르렀을 때에 갑자기 한번 마음을 냄에 (외조부의 위패 앞부분에 공양 올린) 기름등의 심지가 뜻밖에 뛰어올라 2과의 사리가 나오는 것을 문득 보았다고 합니다(유등은 한 참 타오르는 중이었다). 지금 그 2과의 사리는 사리탑 안에 모시고 나서 공양을 올렸습니다. (심 거사는 외조부의 대만 밀종 제자이다)

3월 27일, 양력 4월 29일 새벽녘에 비광費廣(이모의 자식으로 올해 8살, 줄곧 외조부와 가까이 지냈고, 가장 큰 귀여움을 받았다)이가 꿈에 그녀와 많은 사람들(이모, 나와 나의 형제 등 그녀가 아는 사람과 그녀가 알지 못하는 사람을 망라하여)이 다 같이 흰 구름을 타고 법회에 참가하는 것을 보았다고 합니다.

걷고 또 걷다보니, 갑자기 공중에서 갖가지 빛깔의 보석으로 만든 계단으로 이루어진 큰 전각(大殿) 하나가 나타났다. (면적은 천안문 광장의 몇 개나 되었고, 높이는 20, 30 미터였다.) 큰 전각은 너무나 장엄하고 웅장하였으며, 금색 광명이 번쩍 번쩍 빛났다. 큰 전각 주위로는 대나무 숲이 둘러싸고 있었다. (꿈에서 깨어난 후 나는 그녀에게, 이것이 어디에 있더냐? 하고 물었더니 그녀는 "자죽원紫竹院요!" 라고 답했다. 나는 "너는 어떻게 알고 있니?"하고 물었다.

"저도 어떻게 알게 되었는지 몰라요. 어쩌든 저는 자죽원이라 알고 있거든요.")
(자죽원은 실은 관음도량이다)

구름을 버리고 계단에 올라 큰 전각에 걸어 들어가니, 큰 전각 양측에 각각 홍색의 큰 기둥이 일렬로 늘어서 있고, 황금용이 그 기둥을 휘감고 있었다. 전각의 꼭대기는 유리처럼 투명했고, 전각의 담장은 수정처럼 빛났지만 투명하지는 않았다. 또 담장 안의 벽감壁龕에는 아주 많은 오목한 부분이 담장 양측 위로 고르게 분포·배열되어 있었고, 벽감 하나하나마다 황금색 입체 불상 1기가 모셔져 있었다.

두 개의 벽감 사이마다 몸에 쪽빛 남색 표대飄帶를 걸친 불상이 모셔져 있었고, 담장 위로는 또 한 폭의 채색 불보살상이 걸려있었다. 전각 안 담장 위로 도처에 온갖 색상의 보석이 상감되어 있었고, 사방으로 빛을 발하고 있었다. (깨어난 후 소광小廣은 기쁨이 넘쳐서 "저는 지금까지 이렇게 크고, 이렇게 높으며, 이렇게 아름다운 곳을 본적이 없어요. 도처에 보석이고, 도처에 광명이며, 가는 곳 어디서나 마치 양탄자 위를 걸어가는 것처럼 폭신폭신 했어요"라고 말했다.)

큰 전각 바로 앞쪽에는 큰 홍색 가사를 입은 채(가사 위에는 7색 보석이 수놓아져 번쩍번쩍 빛나고 있었다), 반가부좌로 앉아 계신 외조부님이 보였는데, 앉은 자리는 홍색 보석으로 이루어진 한 송이 큰 연꽃이었다. (연꽃의 직경은 1미터 남짓 되었고, 꽃 아래는 물이 있었으며, 연잎은 없고 줄기만 있었는데, 연꽃은 수평으로 2, 3미터 솟아있었다) 한쪽 다리를 절반쯤 내밀었고, 발 아래는 또 한 송이 연꽃이 피어 있었다. 어르신께서는 한 손에는 금강령鈴을, 또 한 손에는 북을 각각 쥐고서 대중들에게 법문을 하시는 중이었다.

외조부님의 머리 위에는 매우 큰 빛 고리(광배는 빨래판 남짓 크기였다)가 나타나 있었고, 황금빛 빛발(光芒)이 쏟아져 나왔다. 외조부의 몸 뒤에는 좌우 양측으로 각각 작은 연꽃 위에 반좌盤坐를 한 동자가 한 명씩 있었다. 외할머니께서 우측에 계셨다. (외할머니는 1978년에 이미 왕생하셨다) 옅은 노란색 연꽃 위에 단정히 앉아서 법을 듣고 계셨는데(연화는 수면에서 1, 2미터 솟아있었다), 머리에는 홍색 빛 고리가 있었고, 몸 뒤에는 두 명의 동녀童女가 작은 연꽃 위에 있었다. 큰 전각 양측에는 각각 황금색 불보살 불상이 5좌가 있고, 지면의 분홍색 연꽃 위에 볼록 나와 앉아 있었다. (연꽃 아래는 물도 연줄기도 없었다) 아래에는 법을 듣는 사람들이 일곱 줄로 나뉘어 연장자는 앞에, 연소자는 뒤에 있었다. (소광小廣은 가장 뒷줄에 있었다) 모두 지면에 그린 연꽃 위에 앉아 있었으며, 지면 위는 마치 시몬스 침대 위에 앉아 있는 것처럼 너무나 부드러웠다. 사람마다 머리 위에 모두 한줄기 빛이 있었지만, 그다지 분명하지는 않았다.

그녀는 오래 앉아 있지 못하고, 전각 바깥으로 달려가 먹을 것을 사려했지만, 돈을 꺼낼 필요도 없이 먹을 것을 생각하면 생각한 대로 나타났다. 전각 바깥에 대나무 숲에는 흰옷을 입은 관음보살께서 손에 파릇한 버드나무 가지를 꽂은 작은 꽃병 하나를 쥐고서 조용히 산책을 하고 있었다. (나중에 저는 소광小廣에게 "너는 관음보살이 누구인지 아느냐?"하고 물었더니, 그녀는 "불당의 화상畵像에 있는 관음보살과 완전히 똑같았어요!"라고 말했다.) 지면 위로 눈꽃같이 반짝반짝 빛나는 작은 꽃이 자라났고, 숲 주위에는 약초 꽃이 빽빽이 피어 있었으며, 쟁반 크기만한 꽃 한 송이가 홍백 자색을 띠고 있었다. 하늘에는 다채로운 빛깔의 봉황 한 마리와 황룡 한 마리가 함께 춤을 추고 있었고, 공중에는 수많은 꽃구름이 피어나고 있었다."

비광費廣이 이 꿈을 꾸기 전에 우리들은 지금까지 그녀에게 극락세계의 어떠한 상황도 말한 적이 없었고, 외조부님도 단지 그녀에게 "극락세계에는 무언가 생각하기만 하면 그대로 있고, 먹을 것을 생각하면 그대로 나타날 것이다"라고 말한 적이 있었을 뿐이었습니다.

소광小廣이 꾼 이 꿈은 대체로 윤곽이 뚜렷하였을 뿐만 아니라 아주 많은 세세한 부분들조차 모두 너무나 분명하였습니다. 저는 (이 꿈이) 매우 수승하고 매우 길상하여서, 선생님께 휘보(彙報; 여러 종류의 기록)를 드린 것이라 생각합니다.

4월 8일 오전, 우리들은 뼛가루에서 오색사리 100여 과를 골라냈고, 염주사리 30여 과는 단단하여 허물어지지 않았습니다. (현장에 있었던 20여 사람들이 모두 보았고, 애석하게도 다들 서둘러 뼛가루를 나누느라 사진 찍는 것을 잊어버렸다.) 이미 50% 뼛가루가 되었는데, 근 100과에 가까운 사리와 큰 불에도 허물어지지 않는 염주사리 20여 과는 미국 · 대만 · 쿤밍昆明 연화정사蓮花精舍 및 광화사廣化寺로 보내졌습니다. 지금 우리 쪽에는 50%의 뼛가루가 있는데, 오색사리가 200여 과가 됩니다. (화장 후 8일째에 뼛가루에서 200여 과의 사리를 골라내었다.) 전후로 모두 사리 300과와 염주사리 10알을 얻었습니다. 저는 즉시 사진을 찍었고, 말끔히 씻은 다음 가능한 빨리 선생님께 보낼 것입니다. 지금 먼저 어르신의 초상을 선생님께 봉증奉贈합니다. (따로 부칩니다.)

저는 어릴 적부터 외조부님 곁에서 성장했는데, 그 어르신의 신상을 따라 저는 대단히 많은 것을 배웠습니다. 어떻게 어울려 살아가야 하는가? 어떤 사람이 되어야 하는가? 무엇을 위해 살아가야 하는가? 어떻게 살아야 의미 있는 삶인가?
그 어르신께서는 항상 저를 지도하여 주셨습니다. "**다른 사람
을 이롭게 하여야 한다! 부처님의 은혜를 갚아야 한다! 중생의
은혜를 갚아야 한다!**"

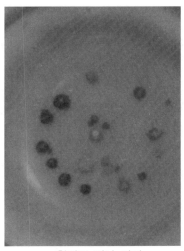

황념조 거사 사리

황념조 거사 염주사리

저는 털끝만큼의 과장도 없이 말할 수 있습니다. "부모님께서는 저에게 (육신의) 생명을 주셨고, 외조부님께서는 저에게 지혜의 생명을 주셨습니다. 그분은 저의 외조부님이시고, 또한 저의 인생 스승이시며, 그분께서는 제가 일평생 해야 할 일, 그것을 위해 추구하고 노력하는 방향을 밝혀 주셨습니다."

선생님, 건강하시고 즐거우시길 기원합니다.

5월 4일 밤에 후배 백진 합장

3. 한영 관장 왕생 서상

정공淨空 법사

최근 우리 화장정종학회華藏淨宗學會 회장이신 한 관장께서 왕생
하셨습니다. 그분께서 왕생하실 때 보이신 서상瑞相은 우리들
에게 매우 큰 신심을 불러일으켰고, 우리들에게 매우 큰 일깨
움을 주셨으며, 염불왕생이 거짓이 아니라 진실임을 설명해주

셨습니다.

어제 저는 이곳에 와서 비행기 안에서 채蔡 거사를 만났습니다. 채 거사는 저에게 이번에 대만으로 돌아갈 것이라고 말했습니다. 3개월에 네 사람의 죽음을 배웅하였다고 하니, 사람 목숨이 얼마나 무상합니까! 돌아가시는 분을 꼼꼼히 살펴보니, 병이 위중하여 돌아가시기 전에는 의심이 생기고 두려워하였다고 합니다. 『지장경地藏經』의 말씀처럼 이 사람이 오기도 하고, 저 사람이 오기도 합니다. 그가 말한 것은 모두 그가 알고 있는 이미 지나간 세상의 것입니다. 그들이 정말로 왔습니까? 『지장경』에서는 아니라고 말합니다. 그의 원친채주冤親債主가 온 것입니다. 곧 숨이 끊어질 것 같을 때 친한 친구로 변화하여 그를 유혹하러 온 것입니다. 그를 찾아 빚을 정산하려는 것이지 정말로 배웅하러 온 것이 아닙니다. 우리들은 매일 한 사람이 임종할 때 거의 이러한 현상이 일어남을 수없이 많이 목격합니다. 이는 『지장경』의 말씀과 완전히 일치합니다.

한 관장님께서 병환으로 입원해 계실 때 우리는 요망한 마군이나 괴상한 귀신(妖魔鬼怪)이 병원에 매우 많이 있음을 알았습니다. 어찌 하루 종일 병원에 죽는 사람이 없겠습니까? 매일매일 상당히 많은 사람들이 죽습니다. 의사와 간호사 중에는 부처님을 믿지 않은 사람들이 매우 많지만, 귀신은 있다고 믿습니다. 왜 그럴까요? 그들은 귀신을 본 적이 있습니다. 정말로 본 적이 있습니다. 조금도 거짓이 아닙니다! 이따금 무상대귀(無常大鬼)[45] - 백무상白無常과 흑무상黑無常[46]이 보이기

---

45) 육도윤회도六道輪回圖에는 연기緣起의 법칙에 의해 지배되는 윤회의 끝없는 순환과정을 무상대귀無常大鬼라는 괴물이 붙잡고 있는 수레바퀴로 표현하고

도 합니다. 만약 환자가 병원입구에 나타나면 그들은 이 환자가 기껏해야 3일 밖에 살지 못함을 알고 있습니다. 그들은 언제나 지켜보고 있습니다! 관장님께서 병원에 계실 때 우리들이 가장 걱정한 것은 바로 이 일이었습니다. 그래서 그분의 병세가 조금 더 위중해질 때 우리 출가자들은 그분을 지켜드렸습니다.

대만은 요 며칠 날씨가 매우 더웠습니다. 우리는 법복(해청海青)을 입을 필요가 없어서, 저는 스님들에게 병실 안에서 조념助念할 때 모두 옷을 걸어두자고 했습니다. 그분의 병상 위에 우리들은 아미타 부처님 불상과 대승경전을 공양하였습니다. 이렇게 삼보三寶를 원만히 갖추었습니다! 그 목적은 바로 원친채주를 억눌러서 접근할 수 없기를 바라는 마음이었습니다. 우리는 이 작업을 매우 잘 해내었고, 그분이 병에 걸렸을 때부터 돌아가실 때까지 줄곧 매우 엄밀하게 보호하였습니다. 그런 것을 보았다고 말하지는 못하지만, 우리는 매우 안심이 되었습니다.

그동안 염불하는 중에도, 병이 위중한 때에도 그분께서는 이 사람, 저 사람을 본 적이 없습니다. 병원 내 의사와 간호사가 저희에게 말했습니다. "전체 병원 분위기가 평상시와 달리 상스러운 기운과 화목한 분위기가 가득합니다. 종전과 달리 공포도, 불안도, 괴이한 것들도 모두 사라져 버린 것 같습니다." 이것은 정말로 삼보三寶의 위신력에 의해 가지加持를 입은

있다.

46) 백무상과 흑무상은 저승사자들로 이들이 임종을 맞이하는 사람에게 와서 그를 쇠사슬로 묶어 체포한 후 심문하고 죄를 판단하여 저승으로 돌아가게 한다.

것입니다. 우리들은 이 도리를 이해하고 있었고, 그래서 엄정히 지켜드렸습니다.

저는 매일 두세 차례 가려고 노력했고, 대부분의 시간은 그곳에서 그분을 도와 조념助念하였습니다. 그분은 매일 정오에 아들에게 시켜서 저에게 전화를 걸었습니다. 원래 저는 매일 정오에 도서관에 돌아가 휴식을 취하거나 낮잠을 잤습니다. 대개 3시 정도에 다시 그분을 보러 갔습니다. 그날 12시쯤 제가 마침 밥을 먹고 있었는데, 그분이 돌아가시려고 한다고 저를 불렀습니다. 이때 상황은 매우 위급했습니다. 저는 바로 가서 대략 3시 정도까지 그분과 대화를 나누었습니다. 그분은 한 시간 가량 혼미한 상태로 있었습니다. 그래서 우리는 크게 소리내어 염불하였습니다. 정식으로 조념 염불을 시작하여, 그분의 의식을 일깨웠던 것입니다.

1. 첫 번째 부처님 친견(第一次見佛)

저녁 대략 6, 7시 즈음 주치의가 와서 상태를 살펴본 후 아들에게, 한 관장님에게는 명이 대략 두 시간만 남아있을 뿐이라고 알려주었습니다. 그래서 우리도 염불을 강화하여 8시까지 염불하였더니, 의식을 회복해 정신이 매우 좋아졌습니다. 물도 마시려고 하고, 음식도 드시려고 했습니다. 저녁 10시 반까지 그분의 상태가 매우 좋아서 큰 소리로 "아미타불"을 염불하였습니다. 그러자 **첫 번째로 아미타 부처님을 대략 3~4 분 정도 친견하고서 아미타 부처님께서 가셨다고 알려주셨습니다.** 저는 대개 아미타 부처님께서 오셔서 위로하셨다면 아마 건강이 좋아질지도 모른다고 말했습니다. 우리들은 그분이 회광반조迴光返照47)하여서 결국 그분의 정신이 더욱 좋아졌을 것이라고 생각했습니다. 그래서 저는 우리들이 앞으로 전개해 나갈 '불법을 널리 펴서 중생을 이롭게 하는(弘法利生) 일'에 대해 그분과 담소를 나누었습니다. 그분께서는 제일 큰일을 제시하였습니다. 바로 교학教學으로, 이것은 너무나 중요하므로 결코 중단해서는 안 된다고 하셨습니다. 1차로 『화엄경華嚴經』을 청하면서 반드시 그것을 원만히 강설해 주길 희망하셨습니다.

우리는 대략 2시간 반쯤 담소를 나누며, 밤 2시 정도까지 이야기하였습니다. 그분의 정신은 매우 좋았습니다. 그래서 저는 일이 없을 것 같아 의사에게 찾아가서 잠깐 진단을 기다렸습니다. 의사는 고개를 저으며 말했습니다.

"불가사의해요! 당신들 염불인은 정말 이상합니다. 불가사의해요! 건강을 회복하신 것 같아요."

이것이 그분께서 첫 번째 아미타 부처님을 친견하신 경위입니다.

저는 그분에게 말했습니다.

"지금 아미타 부처님을 염불하셔서 저희들보다 더 아미타 부처님과 가까워졌습니다. 관장님께서는 친견하셨지만, 저희들은 아직 친견하지 못했습니다."

그녀는 말했습니다.

---

47) 빛을 돌이켜 스스로에게 비춘다(스스로의 내면을, 스스로의 마음을 비춘다)라는 뜻으로, 1) 해가 지기 직전 일시적으로 햇살이 강하게 비추어 하늘이 밝아지는 현상. 2) 빛을 돌이켜 스스로에게 비춘다는 말로, 끊임없는 자기반성을 통해 자신에게 내재된 영성(靈性)을 깨닫는다는 말.

"맞아요! 맞습니다!"

두 번째 날도 저는 다시 그녀를 보러 갔지만, 모든 것이 매우 정상이었습니다.

세 번째 날, 저는 그날 저녁에 이야기를 나누고 싶은 내용을 메모하였습니다. 12가지를 메모하였는데, 모두 적고 나서 오후에 그녀에게 보여주었습니다. 하나하나 저의 생각을 그분에게 들려주었더니, 매우 좋아하셨습니다.

그분께서는 완전히 의식을 회복하셨고, 머리가 맑고 깨끗한 상태로 우리와 함께 염불하셨습니다. 바로 이때 저는 돌연히 생각이 떠올랐습니다. 저의 가사 옷이 커피색이기 때문에 제가 지금 출가자란 생각이 들자 황색 법복을 입고, 홍색 가사를 걸쳤습니다. 이것은 여법하지 않습니다. 일체 대소 경론에서는 출가자 입어야 하는 옷은 모두 염색한 옷으로 진노랑·진홍색 옷은 없습니다. 이런 옷은 없다고, 한 관장님께서 누차 강조하셨습니다. 우리는 여법해야 합니다. 우리 출가자들은 다른 출가자들의 좋은 본보기가 되어야 합니다. 재가자들도 다른 재가자들의 좋은 본보기가 되어야 합니다. 도량도 다른 도량의 본보기가 되어야 합니다. 이것이 그녀의 바램이었습니다. 그래서 저는 우리 도서관에 있는 출가자들은 옷을 중요시해야 한다고 생각합니다. 제가 병원에서 오도悟道 스님에게 전화를 걸어, 빤치아오(板橋) 승복 가게에 통지를 해서 저녁에 와서 옷을 재라고 말하고서 저는 돌아갔습니다.

2. 두 번째 부처님 친견(第二次見佛)

제가 돌아간 후 병원을 떠난 지 얼마 되지 않아 4일 정오

무렵 그분께서는 두 번째로 아미타 부처님을 친견하셨습니다. 또 연꽃과 연못을 보았는데, 물이 엄청 났습니다. 엄청난 양의 물에 연못도 상당히 컸습니다. 그분이 두 번째로 아미타 부처님을 친견할 때 저는 없었습니다. 저녁까지 승복 가게의 주인 아주머니가 와서 우리 몸 치수를 재어 옷을 빨리 공급할 수 있기를 희망하였습니다. 어쩌면 우리가 매우 급히 사용해야 할지도 몰랐습니다! 그 주인 아주머니는 말했습니다. "저도 알고 있어요."

도서관 사람들은 모두 멍하니 들었습니다. 어떻게 알고 있다는 거지?

그녀는 말했습니다. 정오에 아미타 부처님께서 관장님께 왕생할거라고 알려주셨다고 합니다.

"도서관에 급한 일이 있을 거니, 너희들은 반드시 그를 위하여 일을 서둘러야 한다."

우리들은 이 말을 듣고서 정말 위로가 되었습니다. 원래 관장님의 일은 아미타 부처님께서 그녀를 위해 안배安排하신 것이었습니다. 이 주인 아주머니는 아미타 부처님께서 그녀에게 이 말씀을 알리시는 것을 들었다고 했는데, 관장님이 두 번째로 아미타 부처님을 친견하는 시간과 똑같았습니다. 한 사람은 산쥔쫑(三軍總) 병원에 있었고, 한 사람은 빤치아오(板橋)에 있었는데, 시간이 똑같다니, 이것은 불가사의한 일입니다!

그래서 그날 오후 저는 병원에 가서 관장님을 뵈었습니다.

제가 말했습니다.
"또 아미타 부처님을 친견하셨군요."
그녀가 말했습니다.

"예"

제가 말했습니다.

"아미타 부처님의 자비와 친절을 느끼셨군요!"

그녀가 말했습니다.

"예! 정말 너무나 자비롭고 친절하셨습니다!"

이는 조금도 거짓이 아닙니다! 그녀는 우리들에게 신심을 불러일으켰습니다. 승복가게 주인 아주머니는 과연 옳았습니다. 그분은 집에서 옷감을 모두 잘 준비하셨습니다. 그래서 관장님께서 왕생하신 후 우리들이 조념할 때 걸친 옷은 전부 다 커피색이었습니다. 사진을 이미 가지고 왔으니, 여러분들도 다 볼 수 있습니다. 확실히 매우 여법하였습니다.

물을 마실 때 그 근원(우물을 판 이)을 생각하듯이 은덕恩德, 즉 스승의 은혜(師恩)와 호법의 은혜(護法恩)를 말씀드리겠습니다.

관장님의 사람됨은 수많은 동수 여러분들께서 평상시 그분과 함께 지내보면 항상 하하 웃으셔서 마치 그분이 염불하는 모습을 본적이 없어 보이는데, 그분의 왕생은 왜 이렇게 수승할까요? 자세히 생각해보면 그분은 보통사람이 아니라 아미타 부처님께서 호법을 위해 파견하신 분입니다. 정종학회는 특별히 하련거 거사께서 회집會集하신 『무량수경無量壽經』 선본을 오늘날 전 세계에 두루 퍼뜨릴 수 있었습니다. 물을 마실 때 그 근원을 생각하듯이, 그 근원을 찾으면 바로 그녀가 삼보를 호지護持한 공덕입니다. 이 공덕은 너무나 큽니다.

우리들은 그해 타이베이(台北)에서 경전을 강설했습니다. 그 당시 우리들이 맞닥뜨린 좌절과 고난은 상상할 수가 없을 정도였습니다! 질시와 장애는 우리를 거의 막다른 골목으로 몰아넣었고, 핍박은 환속하지 않으면 안 될 정도였습니다. 우리는 이렇게 엄청난 고난을 겪어야만 했습니다! 그분은 이런 때에도 경전강설을 듣는 청중의 한 사람이었습니다. 제가 한 관장님 부부, 두 분께 경전을 강설하면 그분들은 언제나 그 경전강설을 들어주셨습니다. 제가 이런 곤경에 빠져있는 모습을 보고 두 분께서는 저의 편이 되어주었습니다. 그래서 저를 자신의 집에 초청해서 저는 한 관장님이 거주하는 집을 방문하였습니다. 그 집은 독채 건물 한 동으로 작은 서양식 집이었습니다. 위층은 비어있었습니다. 그분의 아이들은 초급중학교에서 공부하고 있었고, 그중 한 아이는 위층에 살았습니다. 그분은 저에게 물었습니다. "이런 환경에도 머물러 계실 수 있겠습니까?" 저는 매우 만족하였습니다.

그 후 타이중(台中)으로 돌아갔습니다. 이러한 사정을 이병남李炳南 거사께 알려 드렸더니, 이병남 거사님께서는 "괜찮다!"고 답하셨습니다. 그래서 저는 그분의 집에 머물렀고, 그분은 삼보를 호지護持하셨습니다.

경전을 강설하는 법사는 쉽지가 않습니다. 두각을 나타내기가 너무너무 힘듭니다! 강단이 있고, 청중이 있어야 연마를 하고 연습을 해나갈 수 있습니다. 그분은 저를 위해서 장소를 물색하였으며, 저에게 장소를 빌려주었습니다. 그분을 찾으면 친구로서 경전강설을 들으러 오셨습니다. 저로 하여금 중단 없이 줄곧 경전을 강설하게 하였습니다. 삼보를 호지護持한지 30년 동안 변하지 않는 항심(恒心)이 있었고, 인내심(耐心)이 있었습니다![48] 이렇게 오늘날 우리는 성취하였습니다. 그래

---

48) "선비(士) 라면 항산(恒産; 안정적인 재정)이 없어도 항심恒心을 가질 수 있지만,

서 그분의 병환이 위중할 때 그분 스스로도 알고 싶어 해서, 저는 그녀에게 『지장경地藏經』에 있는 말씀을 들려주었습니다. 그녀는 이번 일생에 좋은 일들을 하셨지만, 그녀 스스로 신심을 가지고 왕생하는 것이 매우 중요했습니다.

우리들 정종학회는 한 그루 보리수와 같습니다. 이것의 묘목은 장가章嘉 대사님께서 재배하신 것으로 작은 나무가 타이중에서 성장한지 10년이 되었습니다. 이때는 매우 연약하여 사람들이 그것을 망쳐버리고, 가벼워서 들기 쉬웠습니다. 그 뒤로는 그녀가 30년을 보살펴서 정종학회는 오늘날 국내외에 확대 발전되었고, 이미 전 세계에 두루 퍼졌습니다.[49] 그 근원을 찾으면 바로 그분이 삼보를 호지하신 공덕입니다. 그분이 막 돌아 가시려 할 때 아미타 부처님을 두 차례 친견하셨습니다. 아미타 부처님께서는 우리들에게 옷을 지으라 부촉하시고, 일을 서둘러 하라고 하셨습니다. 그녀가 아미타 부처님께서 파견하여 오신 것이 아니라면, 누가 파견해서 오신 분이겠습니까? 이 인연은 희유할 따름입니다!

이러한 은덕은 저 한 사람에게 준 것이 아니라 매일 『무량수경』 선본을 염송하는 사람과 매일 아미타 부처님을 염불하는 사람은 모두 다 그분의 은덕을 입었습니다. 이러한 도리가 여기에 있습니다. 그래서 홍법弘法과 호법護法은 쉽지가 않아 매우 높은 지혜와 인내심, 굳은 의지가 있어야 하고 일체의 비방과 칭찬을 인내할 수 있어야 합니다. 당연히 칭찬하는

일반 백성은 항산이 없으면 항심을 가질 수 없다'(無恆產而有恆心者 , 惟士為能。若民 , 則無恆產 , 因無恆心). 『맹자』 양혜왕梁惠王 상上

49) 2015년에 영국에 정종학회가 설립되었고, 정공 법사님은 여러 정종학회 승가 여러분과 영국에서 법회를 여는 한편 영국황실의 환대를 받았습니다.

사람도 있고, 헐뜯는 사람도 있습니다. 우리는 참아내어야 합니다. 좌절을 만날지라도 조금도 물러나고 두려워하는 마음을 내어서는 안 됩니다. 이러면 지금까지의 노력이 모두 수포로 돌아가기 때문입니다. 그분은 확실히 이번 일생에 그렇게 실천하셨습니다. 그 당시 어떤 사람이 한가롭게 잡담을 하거나 어떻게 공격하든지 그분은 모두 여여如如 하여 움직이지 않았습니다.

우리는 해외에까지 홍법하였는데, 모두 그녀가 방법을 생각해 내어 난관을 돌파하였습니다. 젊은 시절 출가한 사람이 출국하려면 반드시 중국불도회中國佛徒會를 거쳐야 하는데, 중국불도회가 불허하여서 여권을 발급받지 못했습니다. 그러나 중국불도회가 절대 저를 도와줄 리가 없음을 저는 너무나 잘 알고 있었고, 한 관장님도 이해하고 있었습니다. 그분은 저를 외국에서 홍법하도록 하기 위해서 『만국도덕회萬國道德會』에 가입시켰습니다. 만국도덕회의 그 당시 몇몇 지도자들은 모두 동북인東北人으로 고향이 같았습니다. 그분은 만국도덕회에 저를 고문으로 초빙할 것을 청하였습니다. 그들의 단체를 따라 미국 로스앤젤레스에서 3차 세계대표대회를 개최했습니다. 만국도덕회에서 저를 위하여 여권 서류를 작성하여 주어서 여권을 발급받았습니다. 사실상 이것은 삼보의 가피입니다. 30여 명이 모여 비자신청을 하러 갔는데, 오직 저와 관장님만 5년 비자를 발급받았습니다. 다른 사람들은 모두 3개월 비자였습니다. 너무나 뜻밖이었습니다! 출국한 후 해외에는 우리들의 친구와 학생들이 많았고, 이렇게 인연이 맺어졌습니다. 이제야 비로소 국제 홍법이 전개되었습니다. 이것은 모두 어느 곳에서나 애쓰고 어느 곳에서나 방도를 찾아 도와서 겹겹의 난관을 돌파한 그분의 공덕 때문입니다. 그래서 호법은 그분 한 사람의 역량으로 성취되었습니다.

🪷

관장님께서는 언제나 이목원李木源 거사님을 찬탄하셨습니다. 오늘날 난양南洋[50)에서 염불하는 풍조가 번창한 것은 그분이 이끌어 나가신 덕분입니다. 제가 제1차로 싱가포르에 도착한 것이 87년이었습니다. 그때에 싱가포르에는 비록 도량이 매우 많고 스님이 무척 많았지만, 정토를 수행하는 곳은 없었습니다. 요즈음 우리들은 정토수행을 챙기고, 『무량수경』 선본을 챙기고 있습니다. 말레이시아에는 7~8개의 정종학회가 있는데, 현재 그곳에는 독경하는 사람들도 많고, 염불하는 사람도 많으며, 왕생한 사람도 종종 있습니다. 모두 이목원 거사님 한 분의 공덕입니다! 저는 언제나 여러분들에게 외칩니다. 여러분들 생각해보십시오. 만약 이목원 거사님이 아니었다면 그 누가 우리를 싱가포르에 경전강설을 할 수 있도록 초청하겠습니까? 우리를 초청하는 사람은 아무도 없습니다! 2년간 그분은 경전강설을 청하였을 뿐만 아니라 또 육성반을 운영하여 인재를 계속 훈련시키는 계기를 마련하고 있습니다. 이것은 대단히 중요합니다. 이런 공덕은 너무나 크고 불가사의합니다! 그래서 우리들은 진정으로 호법에 의지하고, 이분께 의지합니다. 그분이 이끌어 나가지 않는다면 성취할 수 없습니다.

---

50) 중국 대륙기준로 난양南洋은 서남아시아로 우리가 통상 말하는 동남아시아 지역을 말하는데 이 지역 사람들은 대부분 수세대에 걸쳐 각지에서 이민 온 이주민인데 그중 중국계인들은 자신들을 난양화교라고 부릅니다.

5. 이목원 거사의 암 치유와 불법 호지護持

정공 법사

우리들은 분명히 알아야 하고, 배워야 하며, 진실을 다해야
하고, 믿음이 있어야 하며, 두려워해서는 안 됩니다. 설사
오늘 조금 병에 걸려 아플지라도 다른 사람이 당신에게 의사에

게 가보라고 하더라도 정말로 마음을 믿고, 부처님을 믿고, 보살을 믿는 마음이 있다면 저는 가지 않을 것입니다.

저는 싱가포르에서 여러 번 강설한 적이 있습니다. 이목원李木源 거사께서 바로 가장 좋은 본보기이십니다. 그분은 7년 전 병에 걸렸는데, 건강검사를 받으러가서 암 진단을 받았습니다. 의사는 그분에게 단지 6개월만 살수 있다고 말했습니다. 그분은 매우 경건한 불교도였습니다. 어린 시절부터 부처님 공부를 하여 이 일을 알고 있었는데, 가는 때를 안 것이나 다름없었습니다. 그분은 장사를 하셨는데, 그의 사업과 재산을 모두 부인에게 넘겨주고, 그의 부인에게 경영을 하도록 하였습니다. 자신은 사후처리를 준비하고, 몸에는 한 푼의 돈도 지니지 않았습니다. 그는 의사의 진료도 받지 않았고, 약도 먹지 않았습니다. 아미타 부처님께서 접인하셔서 왕생하길 기다리면서 날마다 염불한지 금년이 7년이 되었지만, 아미타 부처님께서 아직 오시지 않았습니다.

다시 검사를 받으러 갔는데, 병원의사는 고개를 저으면서 "불가사의하군요." 라고 말했다고 합니다. 그분의 병증이 다 사라져버렸습니다. 그래서 그분은 불교를 위해서 하루를 살겠다고 발심하고 아무런 보수도 받지 않고 매일 일하셨습니다. 그분은 불교 거사림에서 적지 않은 일을 하셨지만, 한 푼의 보수도 바라지 않았습니다. 아마도 다만 점심·저녁에 거사림에서 제공하는 한 끼 식사로 괜찮았습니다. 전심전력을 다해 불법을 호지護持하고, 매년 저에게 경전 강연을 청하셨습니다. 종전 해(1995) 하반기 입문자 육성반을 시작하고 마치는 과정을 모두 그분이 해내셨습니다. 현재 그의 몸은 갈수록 좋아지고 있습니다. 그래서 한 관장님의 사업은 이목원 거사께서 맡아서 하고 계십니다. 전반부 30년은 한 관장님께서 호지하셨고, 후반부는 이목원 거사께서 하시고 계십니다.

보십시오. 이러한 중병에 걸렸는데 다시 검사를 받아보니 확연히 병증이 사라졌습니다. 그분은 의사를 찾지도 않았고, 약도 먹지 않았으며, 수명을 구하고 싶은 생각도, 자기 몸을 돌보려는 생각도 없었습니다. 실로 아무것도 없었습니다. 어떠한 생각도 없었습니다. 단지 하루를 살고 하루를 일하는 것으로 마냥 기뻐하셨고, 언제 어느 곳이라도 아미타 부처님께서 접인하러 오시길 기다렸습니다. 그래서 저의 생각으로는 그의 후반부 수명은 매우 길 것이고, 앞으로 호지하실 일은 그 책임이 막중할 것입니다. 그분은 말씀하십니다. "우리 모두는 아미타 부처님께 의지해야 합니다. **아미타 부처님의 복보는 가장 크십니다. 부처님께 의지하지 않는다면 어느 누구에게도 의지하지 못합니다. 꼭 부처님께 의지하여야 합니다. 부처님에 대한 확고한 믿음이 있어야 합니다.**"

부처님께서는 어디에 계십니까? 『무량수경』이 바로 아미타 부처님이십니다. 우리들은 매일 독송하면 마치 아미타 부처님을 마주하고, 그의 법문(여래지견)을 받고 그의 가르침을 받는 것과 같습니다. 우리들은 이렇게 진실하고 참된 태도로 독송하여야 합니다. 이럴 때 비로소 감응이 있습니다.

과거 인광印光대사께서 말씀하셨습니다. 1분의 정성과 공경(誠敬)이면 곧 1분의 감응이고, 10분의 정성과 공경이면 곧 10분의 감응을 얻습니다. 무량수경을 펼침은 마치 아미타 부처님을 마주하는 것과 같습니다. 진실하고 정성을 다하는 마음과 공경심으로 독송하고, 부처님의 가르침을 수지하여야 합니다. 그러면 언제나 염송하며 살 수 있고, 생활 속에서 가르침대로 받들어 행할 수 있습니다. 이것이 그 무엇보다 중요합니다. 시시때때로 "삶과 죽음보다 큰일은 없고, 무상한 세월보다 빨리 가는 것은 없다(生死事大 , 無常迅速)"·"만법은 모두 공하지만, 인과는 공하지 않다(萬法皆空 , 因果不空)", 이 두 글귀를 염송해야 합니다. 우리는 이번 일생의 생활에 방향이 서있으면 목표와 원칙에 따를 수 있고, 끌려가서 자신을 잃어버리지 않을 수 있습니다.

『당생성불 當生成佛, 한韓 관장 왕생의 계시啟示』에서 발췌

4. 정공법사 모친, 서마온숙徐馬蘊淑 거사 왕생견문기

상해上海/ 서업화徐業華 거사

정공스님의 속가의 모친이신 마태馬太 부인께서는 1995년 5월 29일 오후 4시 45분에 상하이 자택에서 편안하게 아미타 부처님의 극락정토에 왕생하셨습니다. 자세한 경과와 상황을 정공스님의 동생이신 서업화徐業華 거사님께 면회를 청하여 보고드리겠습니다.

지도자 여러분, 고승대덕 여러분,
법우 여러분, 친구 여러분,

모두들 안녕하십니까! 아미타불!

오늘 제가 형님이신 정공 스님과 온 집안 식구들을 대표하여 저희 어머님께서 염불하여 극락왕생하셨음을 축하하러 이 자리에 함께 하신 여러분들께 진심으로 감사의 말씀을 전합니다.

자애로운 어머니이셨던 마온숙馬蘊淑 님은 1905년 가난한 집안에서 태어났습니다. 마음씨가 착하고 사람됨이 현명 · 정숙하였으며 근검절약으로 집안일을 돌보셨습니다. 부친은 일찍이(1947년) 병으로 돌아가셔서 집안 살림은 아무것도 없었으므로 어머님께선 일을 해서 온 가족의 생활을 유지해야만 했고, 형님은 학업을 중단하고 스스로 일자리를 찾아야만 했습니다.

고향이 해방된 후 정부의 도움으로 어머님께선 공장에 들어가 일을 할 수 있었고, 저도 공부를 계속하여 진학할 수 있었습니다. 1957년 부단復旦대학을 졸업하고 상하이에 남아 일을 할 수 있게 되었습니다. 어머님께선 1961년 정년퇴직 하시고 상하이로 오셔서 집안일을 돌보셨습니다. 부지런히 일하시고 절약하셨으며, 남을 돕는 일을 즐거워 하셨고, 이웃과 화목하게 지내셨습니다.

1981년 형님의 소식을 듣게 되었습니다. 어머님께선 형님의 사진을 보고서야 형님께서 출가하신 줄 아셨고, 마음속으로 조금 슬퍼하셨습니다.

1984년 정공 스님께서 초청을 받아 홍콩으로 가서 법문을 하게 되었을 때 어머님께선 정부의 배려 하에 80세 고령으로 왕생하기 전 처음으로 홍콩에서 형님과 상봉을 허가 받았습니다. 어머님께서는 형님을 만나고도 마음이 차분하였고 눈물을 흘리시지 않았습니다. 다만 스님께 이렇게 말씀하셨습니다.

"네가 매일 보고 싶었단다!"

스님께서는 어머님께 이렇게 말씀하셨습니다.

"매일 아미타 부처님을 생각하십시오. 나중에 극락에 왕생하셔야 모두 다 함께 살 수 있습니다."

홍콩에서 짧지만 10일 동안 처음으로 불법을 만나게 되었고 상하이로 돌아온 후 부터는 1년 내내 채식만 하셨습니다. 매일 염불하고 예불하며, 극락정토에 왕생하길 발원하셨습니다. 어머님께선 비록 글은 모르셨지만, 스님께서 법문한 녹음 테이프를 들으시고 법문 비디오테이프를 보시면서 염불법문의 좋은 점을 알게 되었고, 서방극락세계가 훌륭하다는 것을 확신하셨습니다.

정토왕생의 큰 서원을 내시고 부터는 한마디 부처님 명호를 끝까지 고수하셨습니다. 비록 초기에는 매일 염불하시면서도 때론 망상이 뒤섞이곤 하셨고 일상의 자질구래한 일에도 신경이 쓰였으나, 시간이 흐르면서 차차 모든 것을 내려놓을 수 있게 되었습니다. 특히 근래 2년 동안에는 아미타 부처님 명호를 일향으로 전일하게 염불하여(一向專念) 몸과 마음이 청정하였습니다. 가끔 국내외의 거사, 친구, 스님들까지 집에 문안을 왔고 모두 다 매우 평온하였습니다. 말씀을 많이 하시지 않으셨지만, 채식하며 염불하여 함께 극락에 돌아갈 것을 권하셨습니다.

1992년 병에 걸려서 입원한 적이 있었는데, 병실에 계시면서

도 염불을 놓지 않으셨고, 널리 법연法緣을 맺으셨으며, 의료진과 환자들과 관계가 매우 좋았습니다. 입원해 있는 동안 또 관세음보살께서 금색으로 장엄하신 모습을 친견하여 환희심이 넘쳐 흐른 적이 있었습니다. 한 달이 넘게 병원에 계시다가 병이 낫자 집으로 돌아 오셨습니다.

1994년 봄 또 다시 병에 걸려서 입원하셨습니다. 어느 날 계방(桂芳; 손녀)에게 "**아미타 부처님을 친견했어!**" 라고 알려주시고는 또 갈 때가 되었다고 하셨습니다. 그리고는 "울지 말거라. 좋은 일이니, 날 위해 정성껏 염불을 해주면 좋겠구나." 라고 알려주셨습니다. 20일 후에 병이 나아서 퇴원하고 집으로 돌아온 후 또 계방에게 "**내년 봄에는 갈 것이다.**" 라고 알려 주셨습니다.

올해 4월, 몸에는 아무런 고통이 없었습니다. 어느 날 계방에게 "**이젠 가야겠다!**" 고 말씀하셨습니다.

계방이 "어디로 가실 거예요?"라고 묻자, 어머님께서는 "극락세계로 가야지! 너도 데려가 줄까?" 라고 답하셨습니다.

계방이 "**전 나중에 갈게요. 할머니 극락에 가 보셨나요?**"라고 말하자, 어머님께서는 "그래 가 봤지. **극락세계는 아주 좋은 곳이야! 나중에 모두 다 갈거야.**" 라고 답하셨습니다.

계방은 할머니께서 때가 이르렀음을 미리 아셨다고 말했습니다.

요즘 들어서는 정말로 모든 인연을 내려놓고 일심으로 염불만 하셨습니다. 가거나 머물거나 앉거나 눕거나 모든 동작에 염불하는 것은 물론이고, 식사하실 때도 염불을 놓지 않으셨습니다. 때론 염불기를 따라 조용히 염불하셨고, 때론 소리

내어 염불하셨으며, 밤중에도 잠에서 깨시면 곧바로 염불을 하셨습니다. 오로지 정성을 다해 정진하셨습니다.

5월 25일 미국에서 뢰계영賴桂英 거사님이 집에 문안을 왔습니다. 어머님께선 기분이 매우 좋으셨으며, 모두에게 아미타불을 염하여 정토에 왕생할 것을 권하셨습니다. 5월 27일, 약간의 감기 기운이 있어 내복약을 드셨습니다. 28일에도 약간 열이 있어 의료진을 집으로 불러 치료를 받았는데, 항생제 정맥주사를 맞았습니다. 29일에는 열이 내리기 시작했고, 혈압과 혈당이 모두 정상이었습니다. 계방은 이번에도 할머니께서 호전되셨다고 말했습니다.

그날 오후 저는 어머님을 부축해 일으켜서 침대에 앉혔고, 계방은 할머님께 죽을 먹여드렸습니다. 우리들은 염불하면서 죽을 먹여드렸습니다. **이때 베개 맡에 주야로 끊임없이 틀어 놓고 있던 염불기에서 갑자기 부처님 명호가 중복으로 흘러 나왔습니다.** 계방은 "염불기가 고장 난 게 아닌가?"라고 말했는데, 단지 몇 번 소리가 난 후 정상으로 회복되었습니다. 어머님께서는 죽을 반쯤 드시고 나서 눈을 크게 뜨고 서쪽에 모셔져 있는 아미타불 불상을 바라보시고는, 다시 고개를 돌려 저를 바라보셨습니다. 그러고는 허공을 우러러 보시면서 **아미타불, 아미타불** 두 번 소리 내어 염불하셨고, 세 번째 아… 소리가 끝나기도 전에 극락왕생하셨습니다. 우리는 어머님께서 염불하시는 것을 도와주었습니다.

어머님께서는 1995년 5월 29일 오후 4시 45분 (음력 을해년 5월 초하루)에 왕생하셨습니다. 몸은 아무런 고통도 없었고 (어머님께선 당뇨병이 있어 왼쪽 발 뒷꿈치가 썩어 문드러진 지 2개월쯤 되셨고,

상처가 쉽게 아물지 않았는데, 1주일 전에 씻은 듯이 나았고 흉터조차 남지 않았다. 다리의 붓기도 완전히 빠졌다. 정말 불가사의한 일이었다.), 정념正念 또한 분명하셨으며, 염불하는 가운데 조용히 눈을 감으시고 편안하게 가셨습니다. 가시는 모습이 소탈하셨고, 환희심에 넘쳐 가셨습니다. 향년 90세였고, 마침내 밤낮으로 그리시던 극락정토에 도달하셨고, 염불로 극락에 왕생하신 것입니다!

어머님께선 왕생하시기 한 달 전에 정공 스님께서 미국에서 빠른우편으로 『칙종수지飭終須知』한 권을 보내 오셨는데, 아마도 (어머님께서 왕생하시리라는) 예감이 계셨던 모양입니다. 이 책은 저에게 매우 중요하였습니다. 이 책을 다 보고난 후 왕생하기 전후에 주의해야 할 사항들을 잘 알 수 있었습니다.

어머님께서 왕생하시던 날, 몇 분의 거사님들께서 집으로 오셔서 끊임없이 염불하셨습니다. 한 밤중이 되자 갖가지 서상이 나타났습니다. 거사님들은 어머님의 머리 부위에서 방광을 보았는데, 어떤 이는 천연색(彩色)을 보았고, 어떤 이는 황금색을, 어떤 이는 정수리에서 수증기(蒸氣)를 보았습니다. 실내에서는 늘 이따금 기이한 향기가 가득하였고, 어머님의 얼굴색은 생전과 같았으며, 편안히 잠자는 모습 같았습니다.

이튿날 (5월 30일), 거사님들은 번갈아가며 계속해서 주야로 염불하고, 요불(繞佛 : 왼쪽으로 돌면서 염불) 하였습니다. 오후 6시경(왕생 24시간 후) 거사님들이 어머님을 목욕시키고 옷을 갈아 입혔습니다. 몸은 깨끗하여 불결함이 없었고, 얼굴 색은 불그스레 광택이 있었으며, 몸은 유연하기가 솜털 같았습니다(목과 수족, 관절이 다 생전보다 유연하였다). 이를 본 거사님들은 환희심이 넘쳐흘렀고, 찬탄하지 않는 이가 없었습니다!

3일째 되던 날(5월 31일), 오전 9시쯤 장엄한 염불 속에서 장례식장 직원들이 영접하였습니다. 운반을 할 때도 몸은 유연하기가 평소와 같았습니다. 그 직원들은 모두 다 일찍이 이런 일은 한 번도 본 적이 없다고 말했습니다. 거사님들은 이것이 염불수행을 한 결과라고 일러 주었고, 직원들에게 불서와 법문 테이프를 드렸습니다. **아미타불!** 그들도 환희심이 넘쳐흘렀습니다. (두 시간 다비 후에 유골 중에서 크고 작은 각색의 사리와 지골사리指骨舍利 등 수백과가 나왔습니다.)

어머님께선 비록 글을 모르셨지만, 스님의 법문을 스스로 듣고 불법을 이해했습니다. 정토법문에 대한 신심이 아주 돈독했으며, 큰 서원을 세우시고, 한마음 한뜻으로 오로지 정성을 다해 염불하셨습니다. 미리 때가 이르렀음을 알았으며, 마침내 염불 소리가 가득한 가운데 극락에 왕생하셨습니다. 환희심에 가셨습니다! 어머님의 왕생은 저희 집안에 모범을 세워주셨습니다. 어머님께서 염불왕생하는 모습을 직접 지켜 볼 수 있었습니다. 차후 저희들이 더욱 더 열심히 부처님 공부를 할 수 있도록 격려해 주셨습니다.

악을 그치고 선을 닦아야 합니다. 부처님께서는 "모든 악을 짓지 말고 온갖 선을 받들어 행하라" 하셨습니다. 불교는 "부처님께서 베푸신 지극히 선하고 원만한 가르침"으로 이를 통해 가정이 원만하고 국가가 안정하며 세계가 평화로울 수 있습니다. 여러분들은 부처님을 공부하여서 세상을 구제하고 인간을 이롭게 하며, 사회를 행복하게 하는 등 국가를 이롭게 하는 건설 사업을 많이 하셔야 합니다.

정공 스님께서는 현재 싱가포르에서 법문하고 계시는데, 귀국할 수 없어 여러분들께 너무나 감사하다는 전보를 보내왔습니다. 스님께서는 해외에 계셔도 마음은 항상 중화中華에 계시면서, 조국을 열렬히 사랑하시고, 조국의 평화통일을 지지하시며, 아울러 조국을 건설하고 번영케 하는 문화교육사업을 위하여 자신의 미약한 힘이나마 최선을 다하고 계십니다. 여러분 감사합니다.

끝으로 법우님들이 보리심을 발하고 오로지 아미타 부처님 명호를 염불하시어 반드시 만인이 닦아 만인이 가서 모두 왕생하고 극락에 함께 오를 수 있기를 축원 드립니다. 감사합니다.

수행은 반드시 전일하여야 합니다. 전일하기만 하면 수행의 성취는
온당하고 그 속도는 빠릅니다. 결코 복잡하게 닦아서도, 뒤섞어
닦아서도, 산란되게 닦아서도 안 됩니다. 그렇지 않으면 설사 열심히
닦을지라도 왕생하기가 쉽지 않습니다. 경전에서는 왕생의 조건을
매우 또렷하게 말하고 있습니다. 아미타경에서는 일심불란一心不亂이
왕생의 조건이고 무량수경에서는 일향전념一向專念입니다.
하나의 방향, 하나의 목표로 아미타불을 전념하여야 합니다.
이번 생에 육도윤회를 벗어나고 왕생하여 불퇴전지에 올라
성불하려면 이를 반드시 준수하여야 합니다.
- 정공 큰스님, 〈무량수경 청화〉

일심불란一心不亂
일향전념一向專念
아미타불阿彌陀佛

一心稱念
南無阿彌陀佛
莫懷疑
莫夾雜
莫間斷
盡此一生必生淨土
淨空敬勸

부 록

부록 1

깨달음으로 가는 길의 여정(覺路進程)

황념조 거사

하련거 거사께서는 「지계持戒하고 염불念佛하며 경교經敎를 살 피고, 과거의 습기를 돌아보며, 스스로를 속이지 말라(持戒念佛看 經敎 察過去習毋自欺)」라고 하셨다. 이 14글자는 정업행인이 세속 티끌을 등지고 깨달음과 합치는 것(背塵合覺)을 개괄하고 전부 힘써 수행을 시작하는 곳(下手處)이다. 「이명理明 · 신심信深 · 원 절願切 · 행전行專 · 공순功純 · 업정業淨 · 망소妄消 · 진현眞顯」 이 16글자로 깨달음의 길(覺路)을 걸어감에 있어 처음부터 끝까지 전체 과정을 가리킨다. 하련거 거사께서 사용하신 문자는 정선되고, 의리가 깊고 넓으며, 실로 위없는 제호(醍醐 ; 가장 숭고한 부처님의 경지)이다.

이명(理明 ; 이치에 밝음)

이理는 본체로, 즉 「실제이체實際理體」이다. 이理와 사事는 상대 적이다. 이를 따라 사를 현현하고, 사를 따라 체를 나타낸다.

비유하자면 이는 물이고 물결은 사이다. 물결은 물에서 현현하고 물결은 천차만별이지만 물은 단지 근본이 하나이다. 이는 곧 사람마다 본래 갖추고 있는 자심自心, 즉 법신法身이다. 법신은 상相이 없어 일체상을 나툰다. 그래서 「푸른 대나무 잎은 법신이 아님이 없다(靑靑竹葉, 無非法身)」하였다. 밀종密宗의 관음의궤觀音儀軌에서는 「드러난 일체가 모두 법신이다(所見一切皆法身)」하였다. 대지와 삼라만상이 모두 물 위의 물결과 같아서 물로부터 나타난 것이고 물을 제외한 그밖에는 자체가 없다. 이러한 이치를 잘 알 수 있다면 곧 가장 초보적인 이치 밝힘(明理)이다. 만약 미묘한 진리를 깊이 밝혀 착실히 염불할 수 있다면 생각생각 가운데 은연중에 무주생심無住生心에 계합할 것이다. 염불해 오고 염불해 가며 염이 사일심事一心에 이르러 내맡기면 견사혹見思惑이 떨어져나갈 것이다. 이것이 곧 진일보한 이치 밝힘(明理)이다. 만약 이일심理一心에 이르러 일분 무명을 깨뜨리면 일분 법신이 현현하는데, 곧 진실한 이치 밝힘(明理)이다. 전부 42품 무명을 타파하면 본래 갖추고 있는 지혜 덕상이 분명히 드러나니, 곧 정각正覺이다.

신심(信深; 깊은 믿음)

경교(經敎; 대지도론)에서 말하길 "불법의 대해는 믿음으로 능히 들어가고 지혜로써 능히 건넌다(佛法如大海, 信爲能入, 智爲能度)"라고 하였다. 신심이 부족하면 불법에 들어갈 수 없음을 충분히 증명한다. 연지대사께서는 『소초疏鈔』에서 "믿음은 곧 마음이 청정함(信卽心淨)이다", "오직 불신으로 인해 자상이 혼탁하여 지극히 더러운 물건과 같아 자신을 물들이고 타인을 물들인다(唯有不信, 自相渾濁如極穢物, 自穢穢他)."라고 말씀하셨다. 대사의 말씀은 신심은 바로 청정심인데 여우같은 의심이 있어 자신의 몸과 마음이 혼탁하고 오염되어 엉망이 되게 한다는 말씀이시다. 이러한 불신의 마음은 자신을 혼탁하게 할 뿐만 아니라 그것은 지극히 더러운 물건과 같아서 그것에 접촉하는 사람은 누구라도 더러운 것에 물든다. 그래서 대사께서는 "믿음을 급선무로 삼아라(信為急務)"라고 결론지어 말씀하셨다. 선종의 석두고봉碩德高峰 선사께서 어록에서 "믿음은 도의 근원이요 공덕의 어머니이며, 믿음은 위없는 불보리이며, 믿음은 번뇌의 뿌리를 영원히 끊을 수 있고, 믿음은 해탈문을 속히 증득케 한다"라고 말씀하셨고, 또 "위로부터 부처님과 조사께서 피안에 뛰어 오르시어 대법륜을 굴리시고 중생을 이롭게 하신 것이 모두 이 '믿을 신信'자에서 흘러나오지 않은 것이 없다." 그래서 믿음이 관건 중의 관건임을 알 수 있다.

일반인들은 모두 "나는 불교도인데 어찌 믿을 수 있는가?"라고 말한다. 이로 인해 믿음이 깊은지 얕은지, 삿된지 바른지 분별을 알지 못한다. 수많은 사람들은 불교에 귀의하였지만 여전히 외도를 믿고 있는데, 이런 신심은 바르지 않다. 또한 어떤 사람은 서방 극락이 있고, 아미타 부처님이 계시다는 것을 믿을 수 있지만, 믿음이 여기까지일 뿐, 그 믿음이 너무 얕아서 깊은 믿음이 아니다. 우익대사의 『미타요해彌陀要解』에서는 이理·사事·자自·타他·인因·과果 여섯 가지 믿음을 가리킨다. 여섯 가지를 모두 믿어야 깊은 믿음이다. 극락이 있음을 믿음은 신사信事이고, 아미타 부처님께서 계심을 믿으면 신타信他이다. 여섯 가지 믿음 중에서 두 가지 믿음이 거의 3분의 1을 차지하는데, 그 믿음은 거의 같다. 만약 깊이 믿으려면 반드시 이치를 밝혀야 한다. 여섯 가지 믿음 중에서 이理와 자自는 모두 밝혀진 「이」안에 포함된다. 앞에서 이미 명리明理는 이체이자 법신이라고 설명하였다. 곧 그 사람(當人)의 본래 원천인 불성이다. 극락의 일체 사상장엄事相莊嚴은 모두 이체·법신·자심自心에서 흘러나온 것이다. 이것은 표면의 사상을 믿고 받아들이는 것일 뿐만 아니라 사물의 본체를 체득하는 것으로 비로소 사물의 진실처를 인식할 수 있다. 이래야 깊은 믿음이다. 타불他佛·자불自佛도 이와 같다. 단지 아미타불만 믿는 것이 다른 부처를 믿는 것이고, 본사께서 보이신 자신이 본래 갖춘 여래의 지혜 덕상, 자기自己가 부처임을 모른다. 『관경觀經』에서 "이 마음이 부처를 짓고 이 마음이 그대로 부처이다(是心作佛, 是心是佛)"라고 하였다. 만약 본사께서 성불하실 때 열어 보이신 것을 믿고 받아들일 수 있다면 『관경』의 경문을 쉽게 이해할 수 있다. 자신이 염불 수행하는 것이 자심自心이 부처를 짓는 것이다. 자심에 관해서 말하면, 「본래 갖추고 있는 여래의 지혜덕상」, 「이 마음 그대로 부처이다.」 이래야 『관경』의 위없는 법문(開示)을 받아들일 수 있다. 다른 부처를 믿을 뿐만 아니라 자기 부처를 믿을 수 있으면 믿음의 대상으로 깊이 들어간다. 이와 마찬가지로 믿음이 삿된지 바른지 깊은지 얕은지, 네 가지 공덕의 차별은 숫자로 표시할 수 있는 것이 아니다.

원절(願切 ; 간절한 원) **행전**(行專 ; 전일한 행)

위에서 이치를 밝혔고, 깊은 믿음을 밝혔다. 이치에 밝으면 바른 믿음을 낼 수 있을 뿐만 아니라 깊이 들어갈 수 있다. 이미 이체를 밝혔고 또 깊이 믿을 수 있으면 저절로 발원하고 원력이 생긴다. 일체중생은 모두 여래의 지혜·덕상을 갖추고 있으므로 모두 제도할 수 있다. 그러나 지금 고통이 무량한 육도윤회에 빠져 억울하게 괴로움을 받고 있다. 모두 악몽을 꾸며 놀라서 큰 소리를 지르고 있다. 서둘러 그를 깨워라! 어서 깨워라! 어리석은 꿈을 더 이상 꾸지 말라. 구태여 죄에 대한 과보를 받을 필요가 있겠는가? 깨어나면 아무 일도 없다. 사자도 늙은 호랑이도 모두 없다. 꿈의 경계는 바로 이렇다. 이러한 이치를 알면 원력이 생긴다. 중생은 제도를 받든 제도를 받지 않든 모두 망상집착으로 인해 일시적으로 전도된 것이다.

믿음이 깊으면 원도 「절切」하다. 「절切」이란 바로 간절함과 실제와 부합됨(절실함)이다. 간절하지 않은 원은 "헛된 희망을 지음"이라 한다. 실제에 부합되지 않은 원은 "미친 원을 지음"이라 한다. 둘 다 헛수고이고 실행할 수 없다. 간절한 원을 발하면 저절로 행지行持가 전일專一해진다. 『사십이장경四十二章經』에서는 "마음을 한 곳에 잡아매면 일을 마치지 못함이 없다(制心一處 , 無事不辦)"[51] 『무량수경』의 삼배왕생三輩往生의 인因은 모두 일향전념一向專念 아미타불阿彌陀佛이다. 오늘 이것을 배우고, 내일 저것을 배우는 것이 아니다. 여기서 뒤지고 저기서 찾으며, 이리 기웃거리고 저리 기웃거리면 하나도 이룰 수 없다.

공순(功純; 순숙한 공부) · 업정(業淨 ; 청정한 업)

마음에 「이치에 밝고 믿음이 깊음(理明信深)」이 네 글자는 실로 수행의 관건이다. 신 · 원 · 행을 삼자량三資糧이라 부르는데,

---

51) 『유교경遺教經』「수집대치공덕修集對治止苦功德」에 "制之一處 , 無事不辦"라는 문구가 보인다.

그 중 하나라도 모자라서는 안 된다. 이치에 밝으면 바른 믿음이 생기고, 믿음이 깊으면 바른 원이 일어나며, 발원이 간절하면 바른 행이 일어난다. 믿음이 아니면 원이 전일할 수 없고, 원이 아니면 행을 열 수 없다. 원이 있지만 행이 없으면 단지 미친 원이고, 행이 있는데 원이 없으면 바른 행이 아니다. 이상의 네 가지 관계는 밀접하면 저절로 행이 전일한 후 오랜 공부가 순숙純熟해지니 「공순功純」에 이른다. 이로 인해 염불은 모두 육근을 거두어 들이고 저절로 새로운 업을 짓지 않는다. 또 이로 인해 한번 소리내어 염불하면 일억 겁의 생사중죄를 소멸시킬 수 있는 까닭에 저절로 「업정業淨」이다.

망소(妄消 ; 망상이 소멸함) · 진현眞顯

염불공부가 순숙하면 망상이 절로 일어나지 않는다. 이미 망상이 일어나지 않으면 무엇에 집착하겠는가? 그래서 「망소妄消」이다. "중생은 본래 여래의 지혜 · 덕상을 갖추고 있다." "오직 망상집착으로 인해 증득할 수 없다," 「망상집착」을 이미 녹여 없애어, 본래 있는 불성이 저절로 현현한다. 『수능엄경首楞嚴經』에서는 "미쳐 날뛰는 망심이 쉬지 못하다가 쉬니 곧 보리이니라(狂心不歇, 歇即菩提)"라고 말한다. 현묘한 거울이 깨끗하여 본래 마음이 밝게 드러나니 본래 그대로 부처이다(鏡淨心明, 本來是佛).

그래서 깨달음의 과정은 바로 「이명理明 · 신심信深 · 원절願切 · 행전行專 · 공순功純 · 업정業淨 · 망소妄消 · 진현眞顯」 16글자이다. 이 16글자 중에서 뒤쪽의 8글자에 대해서는 아직 바쁘지 않지만, 현재 앞쪽의 8글자, 즉 「이명理明 · 신심信深 · 원절願切

· 행전行專」를 매진하면 그것으로 충분하다.

본문 첫머리에서 스승님께서는 "중생은 본래 여래의 지혜· 덕상을 갖추고 있다. 오직 망상집착으로 인해 증득할 수 없을 뿐이다"라고 말씀하셨다. 말미에 스승님께서는 게송으로 "공부가 순숙하면 업이 청정해지고 망상이 사라져서 진여가 드러난다(功純業淨, 妄消眞顯)" 하셨다. 업이 청정하면 망상집착이 제거되어 개인이 본래 지닌 각성覺性이 회복되고, 여래의 지혜 공덕 상이 드러난다. 이것이 바로 성교聖敎의 뿌리이고, 대법大法의 원천이자, 학불하는 이가 반드시 갖추어야 하는 불법의 기본인식이다. 이러한 지견이 있음을 "정견正見"이라 한다. 이것을 버리고 따로 구하면, 마구니의 그물(魔網)을 벗어나기 어렵다.

중생은 단지 망상집착으로 인해 타락한다. 단지 망상집착을 녹여 없앰으로 인해 본각을 회복하고 삼신三身이 드러난다. 미혹과 깨달음은 하늘 땅 차이지만, 관건은 단지 생각을 돌려 바꾸는데(回頭一轉) 있다. 깨달음의 본래자리를 등지고서 객진 번뇌에 합쳐있는 것(背覺合塵)으로부터 바꾸어서 객진번뇌를 등지고서 깨달음의 본래자리와 합하는 것이다. 부지런히 계정혜를 닦아 탐·진·치를 쉬고 소멸시키는 것이 더 구체적인 내용이 바로 「지계持戒하고 염불念佛하며 경교經敎를 살피며, 과거의 습기를 살피고 스스로를 속이지 말라」는 것이다. 이 두 문구는 첫 걸음 시작부터 임종시 고향집으로 돌아감에 이르기까지 정종淨宗의 일체요행要行을 포함한다.

불법은 큰 바다와 같아서 들어가면 들어 갈수록 더욱 깊어지고, 순서에 따라 덕을 향상시키고 업을 닦으면 저절로 궤도에 들어간다. 처음에 학불하는 사람은 반드시 이치를 밝히고 믿음을 내는 곳(明理生信處)으로부터 시작하고 신심이 이미 깊으면 반드시 간절히 발원하여야 한다. 원심이 간절하면 반드시 바른 행을 일으켜야 한다. 바른 행이 전일하면 저절로 순숙해지고 뒤섞임이 없으면, 공력이 수승하고 업력이 신속히 소멸하여서, 업이 청정하고 공부가 순숙하여, 망상이 자연히 생기지 않고, 망상집착이 완전히 공해 본래 있는 불성이 훤히 나타난다. 이것이 바로 수지修持하는 과정의 전부이다.

「지계持戒하고 염불念佛하며 경교經教를 살피고, 과거의 습기를 살피며 스스로를 속이지 말라」 이 두 문구에 의지하는 것이 객진번뇌를 등지고서 깨달음의 본래자리와 합하는 것이다. 깨달음의 길 위에서 「이명理明 · 신심信深 · 원절願切 · 행전行專 · 공순功純 · 업정業淨」으로부터 「망소妄消 · 진현眞顯」에 이르는 것이 바로 수승하고 원만하다. 정토행인은 깊이 믿고 간절히 발원하여 부처님 명호를 수지할 수만 있다면 분명코 왕생한다. 앞의 8글자는 이미 문제를 해결할 수 있다. 아래 나머지 8글자는 연화세계(蓮邦)에 가서 계속 덕을 향상시키고 업을 닦는다. 만약 어떤 사람이 대장부의 하늘 높이 치솟는 의지를 품고, 세상을 다니며 무명을 깨뜨리고 법신을 나투길 서원한다면, 아래 8글자대로 속히 호랑이 뿔을 달고서 두루 인천의 스승이 되길 간절히 바랄지라.

『불법의 기본과 요경要經』에서 발췌

부록2

원친채주 참회발원문

들어가는 글

이 참회문은 이름을 밝히지 않은 우리 시대의 선지식께서 말법시대의 크나큰 죄로 인해 고통 받는 중생들을 불쌍히 여기시어, 중생들 한 사람 한 사람이 수없이 많은 세월 동안 지은 모든 업과 육도六道 속에서 수없이 태어나고 죽는 가운데 **원친채주冤親債主**들과 맺은 갖가지 대립과 갈등을 소멸시키도록 하기 위해 지으신 것입니다.

우리가 수없이 많은 세월을 걸쳐 원한을 맺거나 애정으로 얽혀진 존재들이 이번 생에 우리들에게 진 빚을 갚으라고 찾아올 수 있습니다. 이러한 존재들을 **원친채주**라고 합니다. "우리들 자신이 빚진 것, 우리들 자신이 사로잡혀 있는 것, 다른 사람들이 우리를 붙잡고 있는 것, 끝내지 못한 여러 인연들이 모두 장애가 되어 우리들의 극락왕생을 성취하지 못하게 할 수 있습니다. 그러므로 우리는 염불을 통해서 이번 생에 그들에게 빚지고 있는 은혜와 그들에게 빚지고 있는 원한을 모두 갚아주어야 합니다."

이 글은 미혹과 어리석음을 깨뜨려 없애고 세세생생 맺힌 원한을 풀어, 원친채주들과의 관계를 함께 부처님 공부를 하는 도반으로 바꾸고, 번뇌를 바른 깨달음의 지혜로 바꾸어, 생사의 고해苦海에서 깨달음에 이르도록 이끌어주는 불법이란 배를 함께 타고서 서방극락으로 돌아가길 서원하는 참회발원문입니다.

이 참회문을 읽고 나면, 마치 감로수를 마신 것처럼 마음속 폐부까지 깊이 스며들어 편안함을 느끼게 하고, 마치 청풍이 남아있는 구름을 한순간 깨끗하게 다 쓸어 없애듯이 우리의 몸과 마음을 확 트이고 밝게 하여 우주와 인생의 진실한 모습을 분명하게 깨닫게 할 것입니다. 이로 인해 우리는 바른 앎(正知)과 바른 견해(正見)로 수많은 중생들에게 전생의 원한을 잊게 하고, 맺힌 원한을 풀게 하고, 모든 인연을 다 내려놓고 깨달음을 구하고자 하는 마음을 확고하게 하고, 부처님의 자비하신 마음에 감사함을 느끼도록 이끌게 될 것입니다. 이 참회문을 읽은 사람들은 이 글의 한 글자 한 글자가 마음속 깊이 들어와 눈물이 절로 쏟아질 것입니다.

이 참회문을 얻으신 후에는 불법을 공부하는 수많은 사람들에게 불사를 행할 때나 아침·저녁으로 기도를 올릴 때에 정성스런 마음, 일체에 대해 공경하는 마음, 일체에 대해 부끄럽고 두려워하는 마음, 일체에 대해 자신의 잘못을 뉘우치고 용서를 비는 마음으로, 마음속의 번뇌를 다 내려놓고 열심히 읽도록 두루 권하십시오. 시작도 없는 무량한 세월 동안, 우리 자신과 관계를 맺어 온 원친채주들과 진지하게 협상하고, 이 참회발원문 속에 담긴 미묘한 이치를 함께 깨달아 우리 자신도 깨우치고 중생들도 깨우쳐, 철저하게 속히 잘못을 뉘우치고 각성하여 깨달음의 도를 구하고자 하는 진실한 마음을 더욱 더 가지도록 한다면, 불사와 염불공부가 모두 적은 노력으로 큰 성과를 거두는 효과를 얻을 수 있습니다.

이렇게 하신다면, 위로는 모든 불보살님들께서 중생들이 간절히 바라는 염원에 감응하실 수 있고, 아래로는 세상에서 일어나는 온갖 대립과 갈등을 풀어 없애고, 항상 중생들을 따를 수 있습니다. 중생들과 같은 마음, 같은 공덕, 같은 발원으로 수행하여 서방극락으로 돌아가는 길을 방해하는 모든 장애를 말끔히 치워버린다면, 이번 생에 반드시 깨달음의 열매를 증득하여 서방극락세계에 왕생하여 물러남 없이 부처님이 되실 것입니다.

우리 모두가 함께 법희法喜에 젖고, 함께 부처님의 은혜를 입고, 함께 인생과 우주의 진실한 실상眞如實相을 깨달으시길 발원합니다.

불초제자 정례

참회발원문

자신의 잘못을 뉘우치고 용서를 구하는 이 참회발원문은 글이 비록 길지만 원만하므로, 병이 있는 사람 혹은 원한 맺힌 사람과 급히 화해하고자 하는 분이 읽으신다면 실제로 큰 이익을 얻을 수 있으십니다.

이 참회발원문을 읽을 때, 지극히 정성스런 마음, 일체에 대해 공경하는 마음, 일체에 대해 부끄럽고 두려워하는 마음, 일체에 대해 자신의 잘못을 뉘우치고 용서를 구하는 마음으로 이 글의 뜻을 정확히 알아 깊이 새기면서 읽으신다면, 반드시 원친채주들이 그 마음을 알아 감동하여 맺힌 원한을 풀 수 있습니다.

(날마다 2번 읽을 것이며, 가장 좋은 것은 이 참회문을 읽으신 후 15분 동안 "아미타불" 부처님 이름을 부르는 것입니다. 그렇게 하시면 즉시 그 순간에 원친채주들을 제도할 수 있고, 모든 일이 뜻하는 대로 이루어질 것입니다. 만약 별도로 참회를 올리는 분의 작은 위패를 모셨을 경우에는 반드시 염불한 후 즉시 태워 버리십시오.)

이 참회발원문에서는 염불하여 원친채주를 극락세계에 함께 태어나는 도반으로 삼으라는 의미로, 착한 보살님, 즉 **선보살 善菩薩님**이라 부르겠습니다.

일체 원친채주 선보살님들에게 회향하는 참회발원문

헤아릴 수 없이 길고 긴 세월 동안
저 ○ ○ ○ 로 인해 상처 받은
허공 법계에 두루 계시는
일체 고난 중생 선보살님들이시여!

너무나 너무나 죄송합니다. (1배拜)
제가 잘못했습니다. (1배)
제가 정말로 잘못했습니다. (1배)
진심으로 용서를 빕니다. (1배)
진심으로 용서를 구합니다. (1배)

저 ○ ○ ○ 는 셀 수 없이 길고 긴 세월 동안 태어나고 죽고
다시 태어나고 죽는 가운데, 마음이 헷갈리고 뒤바뀌어 온갖
못된 짓을 저질렀으며, 선보살님 당신들께 알게 모르게 죄를
지었고, 또한 선보살님 당신들께 상처를 주었고, 심하게는
선보살님 당신들을 살해하였으며, 선보살님 당신들의 몸과
마음에 크나큰 고초를 겪도록 하였고, 한량없는 고통을 받게
하였으며, 한량없는 번뇌를 늘어나게 하였습니다. 이로 인해
선보살님 당신들께서 지금까지도 지옥에 떨어져 벗어나지
못하도록 하였습니다.

저는 제 자신의 죄업이 깊고 무거우며, 죄악이 극에 달하여
도저히 용서받을 수 없음을 깊이깊이 느낍니다. 이 모두가
오랜 세월 제가 탐욕과 성냄과 어리석음과 오만과 의심으로

몸과 말과 생각이 지은 일체 죄업과 일체 잘못 때문입니다. 저는 그 어떤 말로도 이 부끄러운 마음, 이 두려운 마음, 이 미안한 마음, 이 잘못을 뉘우쳐 용서를 구하는 마음을 표현할 길이 없습니다. 또한 어찌 한 두 마디 미안하다는 말로 선보살님 당신들께 입힌 크나큰 상처를 풀 수 있겠습니까? 저는 저의 허물을 깊이 잘 알고 있습니다. 제가 어떻게 감히 선보살님 당신들께 용서를 구할 수 있겠습니까? 그저 저의 온 마음을 다해 지성껏 선보살님 당신들께서 영원히 모든 괴로움에서 벗어나 온갖 즐거움을 얻을 수 있도록 제가 도울 수 있길 간절히 바랄 뿐입니다.

만약 선보살님 당신들이 저에게 보복하여, 선보살님들께서 쓰라린 고통과 원한 속에서 조금이라도 벗어나실 수 있다면, 저는 결코 감히 반항하지도 않고, 결코 감히 피하지도 않고, 결코 한 마디 원망의 말도 하지 않겠습니다.

이것은 제 자신이 지은 죄업이고, 반드시 제가 받아야 할 과보이기 때문입니다. 하지만 지금 저는 불법승 삼보에 귀의하여 부처님의 법을 듣고, 인과因果가 쉬지 않고 계속 돌아가는 이치를 분명하게 깨달았습니다. 그러므로 만약 선보살님 당신들께서 이번 생에 다시 저에게 보복하고 저를 해친다면, 인과因果의 법칙으로 인해 다음 생에 저 또한 선보살님 당신들을 보복하러 올 수 있다는 것을 반드시 분명하게 아셔야 합니다. 이렇게 되면 선보살님 당신들과 저는 한평생 또 한평생 끊어지지 않고 계속해서 서로 뒤엉켜, 세세생생 우리 모두가 번뇌와 쓰라린 고통 가운데에서 함께 지내게 될 것이니, 누구도 좋을

것이 없습니다. 이는 실로 다 함께 망하는 어리석은 짓일 따름입니다. 세세생생 이렇게 원망하고 서로 보복하여 언제 끝날지 기약이 없으니, 피차 서로의 앞날에 벌어질 상황은 눈으로 불 보듯이 뻔합니다.

총명하신 선보살님들이시여!

당신들께서 설사 저에게 보복하셨을지라도, 당신들은 지금도 여전히 육도 가운데 어느 곳인가에 계실 것입니다. 아직도 여전히 육도에 계시면서 여전히 육도에서 벗어날 수 없으니, 이것이야말로 가장 괴로운 일입니다. **더 이상 다시 미혹에 빠져서는 안 되며, 반드시 괴로움에서 벗어나 즐거움을 얻는 밝은 광명의 대도**大道**를 찾으셔야 합니다.**

저는 지금 깊이 잘 알고 있습니다.
일체 중생들은 모두 수없이 많은 세월 동안
우리 자신의 부모님이시고,
우리들에게 끝없는 은혜를 베푸셨으며,
일체 중생들은 모두 부처님이 될 수 있는
씨앗(佛性)을 가지고 있으므로,
모두가 언젠가는 반드시 아미타 부처님이 되실 것이고,
또한 우리 자신과 한 몸입니다.

저는 지금부터 미래 세상이 다할 때까지
생명으로 존재하는 매 순간순간마다,
허공 법계에 두루 존재하는

한 분 한 분의 모든 중생들에게
감사하는 마음, 효도하는 마음,
자애로운 마음, 정성과 공경을 다하는 마음,
부끄럽고 두려워하는 마음,
겸손하고 자신을 낮추는 마음이 가득하고,
인과因果를 깊이 믿고, 악을 끊고 선을 행하며,
살생을 그치고, 채식을 하며, 방생하고, 염불하며,
저에게 주어진 상황에 만족할 줄 알고,
항상 즐거워하며, 자애롭고 유순하며 온화하고,
마음 도량을 넓히고 키우며,
남을 잘 이해하고, 모든 사람들을 두루 포용하겠습니다.

저는 이 순간부터 세세생생 모든 중생들을 용서하겠습니다.
과거에 저를 죽였고 상처를 주었던 중생들을 너그럽게 용서하겠
습니다.
현재 저를 죽이고 상처 주는 중생들을 너그럽게 용서하겠습니
다.
미래에 저를 죽이고 상처 줄 중생들을 너그럽게 용서하겠습니
다.

그러나 만약 선보살님 당신들께서 이해해주지도 않고, 너그럽
게 용서해주지도 않고, 성내고 원망하며 보복하려는 이러한
마음을 지니신다면, 한없는 세월이 다하도록 지옥의 칼산과
칼나무들이 빽빽한 가운데에서 온갖 고통과 벌을 받음이
끝나지 않을 것이며, 또한 1초에 7만 번이나 참혹하게 죽었다
가는 곧 바로 다시 태어나는 상상을 뛰어넘는 끝없는 극심한
고통 가운데에서 영원히 빠져나올 기약이 없을 것입니다.

저는 진심으로 선보살님 당신들께서 영원히 조금의 고통도 다시는 받지 않으시기를 간절히 희망합니다.

부처님께서는 저희들에게 말씀해주셨습니다.

"일체의 유위법有爲法은 꿈 같고, 물거품 같고, 그림자 같고, 이슬과 같고, 또한 번개와 같으니라."

"무릇 모양(相)이 있는 것은 모두가 허망하니라."

"과거의 마음도 얻을 수 없고, 현재의 마음도 얻을 수 없으며, 미래의 마음도 얻을 수 없느니라."

"일체의 법은 있는 바가 없고, 필경에는 공空하여 얻을 것이 없느니라."

"모든 법은 다 공空하지만, 그러나 인과因果는 오히려 공空하지 않느니라. 그 까닭은 인因이 변하여 과果가 될 수 있고, 과果 또한 변하여 인因이 될 수 있으므로 인과는 공空하지 않으며, 또한 인과 과는 계속해서 이어지므로 인과는 공하지 않으며, 또한 인과 과는 계속해서 돌고 돌므로 인과는 공하지 않느니라."

그러므로 일체 법은 모두 절대로 인과를 떠나지 않습니다.

총명하신 선보살님들이시여!

당신들께서는 오직 한때의 쾌락만을 쫓아가셨을 뿐, 그것이 선보살님 당신들을 영원히 고통의 바다에 빠지도록 만들었다는 것을 생각하지 못하셨을 것입니다. 금생에 저는 다행히 부처님의 법을 듣게 되어 몸과 마음이 이제껏 가져본 적이 없는 이러한 즐거움을 느끼게 되었습니다. 마치 오랜 가뭄에 감로수를 만난 것처럼 몸과 마음을 깨끗하게 씻어낼 수 있었으며, 그리고 미혹된 마음으로부터 깨어나게 되었습니다. 무엇보다도 특히, 저는 이번 한 생에 해탈하고 성불할 수 있는 가장 수승한 염불법문을 듣게 되었습니다.

서쪽에는 오직 즐거움만이 있는 극락세계가 있습니다.
극락세계에는 고통 받는 지옥도 · 아귀도 · 축생도가 없고,
또한 태어나고 죽는 고통이 없으며,
어떠한 원한도 없고, 쓰라린 괴로움과 고난도 없으며,
더욱이 고통이란 말조차 없어 들을 수가 없습니다.
극락세계야말로 진정으로 영원히 변하지 않는
편안한 우리들의 고향집 앞마당입니다.

극락세계에는 더 없이 인자하고 선량하신 보살님들께서
우리들과 함께 지내며,
아미타 부처님의 자비롭고 온화하신 품속에서는
바람소리 · 빗소리 · 물소리가
모두 미묘한 법을 연설하고,
백학 · 공작이 밤낮으로 여섯 차례
항상 평화롭고 맑은 소리로 노래하며
미묘한 법을 말해줍니다.

극락세계는 청정하고 장엄하고 드넓고 반듯하며,
이루 말할 수 없이 수승하고 아름답습니다.
곳곳마다 밝은 빛을 뿜어내고,
향기롭고 깨끗함이 끝이 없으며,

땅은 황금으로 덮여 있고,
칠보 누각은 진주 나망으로 덮여 있으며,
사계절이 봄날처럼 화창하고,
밤낮으로 여섯 차례 하늘에서 미묘한 꽃비가 내리며,
허공에는 하늘음악이 울려 퍼집니다.
칠보로 이루어진 연못 속에는
여덟 가지 공덕의 물 위에
수많은 파란 연꽃, 하얀 연꽃,
노란 연꽃, 빨간 연꽃들이
활짝 피어 사방에 찬란한 빛을 뿌립니다.

지극한 정성으로 염불하는 모든 중생들은
아미타 부처님께서 오셔서 데려가 주시는
가피를 받아 서방정토 극락세계에 이르러
모두 연꽃 안에서 새롭게 태어납니다.
극락세계에는 더없이 착한 사람들이
모두 한곳에 모여 계시며,
어떤 분은 즐겨 법을 설하고,
어떤 분은 즐겨 법을 들으며,
즐거워 기뻐하지 않은 사람이 없습니다.
극락세계는 걱정과 근심이 없어
몸이 가뿐하고 자연스러우며,
편안하고 한가로워 자유로우며,
화목하고 길상하여 평안하며,
피부는 윤기가 흐르고 부드러우며,
모두가 영원히 청춘이고 늙지 않습니다.

황금색 빛나는 몸을 받으며,
수명은 끝이 없으며,
신통이 구족하고 자재하여 장애가 없으며,
궁전이 몸을 따르며,
옷과 음식이 원하는 대로 나타납니다.
불전을 장엄하는 깃발과 하늘덮개,
꽃향기와 하늘음악이 생각을 따라 이르며,
한순간에 시방세계 모든 부처님께 두루 공양 올리며,
온 허공법계는 다 우리가 자유자재로 오고가는 공간입니다.
극락세계에 태어난 사람들은 누구나
깨끗하고 텅 비어 있는 몸과
육신통을 갖춘 다함없는 몸으로
무수히 많은 몸을 온 법계에 나투어
중생들을 남김없이 다 제도하십니다.

서방정토 극락세계에는 아미타 부처님께서 계십니다. 아미타 부처님께서는 중생들에게 즐거움을 주려는 마음, 고통을 없애 주려는 마음, 함께 기뻐하는 마음, 평등한 마음이 끝이 없으시어, 48대원을 세우셨습니다. 아미타 부처님께서는 설사 우리들이 오역죄五逆罪와 십악十惡을 저지를지라도, 우리들을 차마 싫다고 내치지 않으시고, 또한 우리를 차마 떠나지 않으십니다. 아미타 부처님께서는 자비하신 마음으로 아무런 조건 없이 평등하게 일체 중생들을 구제하십니다. **마치 하나뿐인 자식이 돌아오길 기다리시는 부모님처럼 언제나 우리들이 돌아오길 간절히 바라고 계십니다.** 아미타 부처님께서는 **성불하신 십겁十劫 이래로 하루도 빠짐없이,** 우리들이 극락세계로 돌아오길 기다리고 계십니다. 아미타 부처님께서는 금색

팔을 길게 내미시어 극락세계에 태어나는 자를 맞이하려고, 지금 이 순간에도 늘 삼계의 고아이고 육도의 방랑자인 우리들을 애타게 기다리고 계십니다.

아미타 부처님께서는 발원하셨습니다.

우리들이 쌓은 죄업을 깊이 반성하고 뉘우치며, 염불하여 극락세계에 태어나길 간절히 발원한다면, 아미타 부처님께서는 반드시 우리들을 이끌어 극락세계에 태어나게 하시고, 우리들이 수없이 태어나고 죽는 고통 속에서 완전히 벗어나 영원한 평안을 누리도록 해주십니다.

지금 저는 선보살님 당신들께 이 수승한 방법을 소개하오니, 당신들께서도 날마다 저를 따라서 함께 예불하고, 경전을 읽고, 염불하여 극락세계에 태어나겠다고 간절히 발원하시길 희망합니다. 제가 이 세상에 없을 때에는 선보살님 당신들께서는 또한 열심히 경전을 듣고 열심히 염불을 잘 하셔야 합니다. 장래 우리들이 서방 극락세계에 태어나 함께 깨달음의 대도大道를 행하고 불법을 공부하는 한집안 식구인 보리권속菩提眷屬의 인연을 맺고, 모든 법이 생기지도 않고 없어지지도 않는 진리인 무생법인無生法忍을 증득하여 깨달아 다시 이 사바세계로 돌아와 중생을 제도한다면, 이 일이야말로 선보살님 당신들도 좋고 저도 좋으며, 또한 모두에게 좋은 방법입니다.

만약에 혹 선보살님 당신들께서 저보다 먼저 성취하신다면,

제가 목숨이 다할 때 서방 극락세계의 아미타 부처님, 관세음 보살님, 대세지보살님 이 세 분 성인을 따라 저를 마중 나와서 극락세계에 태어나도록 이끌어주십시오. 그러나 만약에 오히려 제가 먼저 성취한다면 저는 반드시 사바세계로 다시 돌아와서 선보살님 당신들을 제도하겠습니다. 이와 같이 우리들이 서로서로 정진 수행하도록 격려하고 일깨워주면서 함께 지극한 정성으로 염불하고 서방극락세계에 태어나길 발원하여, 하루 속히 모든 괴로움에서 벗어나 온갖 즐거움을 얻고, 불도를 이룰 수 있도록 정진합시다.

총명하신 선보살님들이시여!

우리들 각자 자신에게 상처를 주어 세세생생 육도에 윤회하며 고통의 바다에 빠지도록 한 흉악범은 다름 아닌 바로 우리들 각자 자신의 마음속에 있는 망상, 분별, 집착이며, 탐욕, 성냄, 어리석음이며, 아만과 의심입니다. 그러므로 우리들은 매 순간순간 우리 자신에게 이러한 마음이 일어나는 것을 절대로 관대하게 넘기지 말고, 뼈에 사무치도록 비통하게 여기셔야 합니다. 우리들 자신이 반드시 제거해야 할 진짜 원수와 적은 바로 나 자신의 탐내는 마음이며, 성내는 마음이며, 어리석은 마음이지, 바깥에 있는 사람들과 일과 사물이 결코 아닙니다. 우리들은 모두 이러한 탐내고 성내며 어리석은 마음으로 인해 상처 받은 사람들입니다. 우리들 모두는 다 함께 부처님 전에 깊이 반성하고 뉘우쳐서 다시는 죄를 짓지 않겠다고 맹세합시다.

저 ○ ○ ○ 는 아득히 멀고 먼 과거 세상에서부터 부모님께 효도하지도 않고 어른과 스승을 공경하지도 않았으며, 불법·승 삼보를 비방하고, 중생들에게 상처를 주었으며, 다른 사람들이 부처님의 법을 배우고 널리 전하는 것을 훼방한 이러한 일들에 대해, 부끄러워하고 두려워하며, 깊이 반성하고 뉘우칩니다. 또한 탐내고 성내며 어리석어 몸과 말과 생각으로 지은 일체 죄악에 대해 부끄러워하고 두려워하며, 깊이 반성하고 뉘우치며, 다시는 죄를 짓지 않겠습니다.

자기 자신을 높이고 남을 업신여기는 오만한 마음,
자기 스스로 만족하다 여기고 잘난 척 하는 마음,
아무도 안중에 없이 무례하고 건방지게 구는 마음,
음탕한 욕심을 채우려는 마음,
이기적이고 인색하며 탐내는 마음,
원망하고 분노하는 마음,
성내고 증오하며 보복하려는 마음,
남과 대립하고 화해하지 않는 마음,
시기 질투하는 마음, 경솔한 마음,
명리와 허영에 꽉 차있는 마음,
독차지하고 남을 억누르려는 마음,
내가 옳다는 고집으로 망상·분별·집착하는 마음,
게으르고, 흐리멍덩하고, 들뜬 마음,
잡담하여 산란해지는 마음,
적당히 대충 해결하려는 마음을 철저히 뿌리 뽑고,
그리고 제 마음속의 온갖 나쁜 악습들을
철저히 전부 다 남김없이 뿌리 뽑겠습니다.

저 ○ ○ ○ 는 대자대비의 마음으로 고통 받는 일체 중생들을 대신하여, 저의 마음을 불꽃이 일어나지 않는 다 타버린 재(死灰)처럼 하고, 잠을 잘 다스려 적게 자고, 말을 그치고, 모든 인연을 내려놓고, 일심으로 염불하는 그 순간 곧 바로 서방극락세계에 태어나, 무수히 많은 몸을 온 법계에 나투어 중생들을 남김없이 다 제도하겠습니다.

　시간은 바로 생명입니다.
　생명은 오직 부처님이 되시기 위해 존재하는 것입니다.

저는 간절히 발원합니다!

모든 인연 내려놓고, 죽을 힘을 다해 말을 그치며, 죽을 힘을 다해 염불하여, 이 자리에서 바로 서방극락세계에 태어나서 무수히 많은 몸을 온 법계에 나투어 중생들을 남김없이 다 제도하겠습니다. 이번 한 생 동안 저는 성실하게 계를 지키고 염불할 것이며, 감히 착하지 않은 생각을 조금도 일으키지 않을 것입니다. 그리하여 그 공덕의 과보로 저에게 돌아올 복이 있다면, 모두 다 함께 누리도록 하겠습니다.

저는 발원합니다!

저는 제가 배우고 닦은 계율과 선정과 지혜의 공덕을 수없이 많은 세월 동안의 부모님, 스승님, 저로 인해 상처 받은 모든 선보살님들, 어머니와 같은 시방세계의 일체 중생들에게 나누어 드려 모두가 끝없는 괴로움에서 벗어나 온갖 즐거움을 누리는 서방극락세계에 태어나시도록 하겠습니다.

아미타 부처님께서는 48대원 가운데 "저의 이름 아미타불을 열 번 부르면 반드시 극락세계에 태어나도록 해주겠습니다." 라고 서원을 세우시어, 언제 어느 곳에서라도 모든 중생들을 마중하여 서방극락세계에 태어나도록 이끌어주십니다. 그러므로 시방세계의 모든 중생들이 확실한 믿음과 간절한 발원으로 진실하게 염불하면 틀림없이 극락세계에 태어나 원만하게 부처님이 되십니다.

중생들은 모두가 부처가 될 수 있는 씨앗(佛性)을 가지고 계시므로, 염불하면 틀림없이 부처님이 되십니다. 일심으로 염불하면 반드시 극락세계에 왕생하여 원만하게 부처님이 되십니다.

진심으로 축원드립니다!

시방세계의 모든 부모님과 스승님, 그리고 모든 선보살님들과 모든 중생들께서는 부처님의 법을 배우고, 인과因果를 깊이 믿고, 악을 끊고 선을 행하며, 미혹을 깨뜨리고 깨닫고, 지극한 정성으로 염불하여 자재하게 극락세계에 태어나, 원만하게 부처님이 되어지이다!

나무아미타불! 아미타불! 아미타불!

* 참회 발원문을 다 읽으셨으면, 이제부터 정성과 공경을 다하여 '아미타불' 혹은 '나무아미타불'을 15분 동안(염불은 많이 할수록 좋습니다.) 염불하시면, 더욱 좋으며 실제로 큰 이익을 얻을 수 있습니다.

마음을 거두는 염불법(攝心念佛)

- 정공 큰스님

어떻게 마음을 거두어 들여 득력得力할 것인가? 염불할 때 염불기에서 나는 소리를 듣는다. 잡념은 모두 소리를 따라 들어온다. 그래서 염불할 때 대중을 따라 함께 수행하든 염불기를 켜서 하든 상관없이 열심히 자신의 염불소리를 경청하여야 한다. 마음으로 염불하던, 입으로 염불하던, 모두 한 글자 한 글자 또렷하게 염불하고 듣는다.

아阿~미彌~타陀~불佛~ 이처럼 소리를 내뽑지 말고, 음률을 넣어 염불하지 말라. 연속해서 멈추지 말고, 아阿 미彌 타陀 불佛, 한 글자 한 글자 사이에 잠시 멈추면 글자 글자가 분명해진다. 자신의 염불소리를 또렷하게 들을 수 있고, 망념이 저절로 그친다. 매우 쉽게 육근을 거두는 효과에 도달할 수 있다! 이 같은 염불방법은 처음 염불하는 사람과 망념이 많은 사람에게 매우 큰 도움이 된다!

염불할 때 이마나 가슴에 집중하지 말라. 그러면 쉽게 병이

난다. 코끝 및 입술 전방에 주의력을 집중하고, 눈은 반쯤 감거나 완전히 감는다. 자신에게 잘 맞는다고 느껴지는 것이 좋다!

왜 소리를 내뿜어서는 안 되는가? 소리를 내지 않고 염불할 때 만약 소리를 끌면 부처님 명호소리가 또렷하게 들리지 않고 머리가 어지럽기 쉽다! 이렇게 한 자 한 자 염하는 법은 득력할 때 염불소리가 귀 쪽에서 끊임없이 일어나고 이런 경계에 도달하면 소리를 내지 않아도 자신의 염불소리를 고요히 듣는다. 임종 시 조념助念하는 사람이 없다고 할지라도 자신의 이 한마디 부처님 명호에 의지해서 왕생할 수 있다.

그러나 염불하는 사람은 절대로 애써 이 경계를 추구하지 않는다! 오직 착실하게 염불하면 저절로 은밀히 오묘한 도에 계합하여 반드시 왕생할 자격이 생긴다.

부록3

정요십념법 精要十念法

정공淨空 법사

　　삼가 정공淨空 법사께서 선설하신 "간요 필생 십념법簡要必生十念法"을 정종淨宗의 학인들이 지금부터 자기 스스로 하는 수행(自修)과 다 같이 하는 수행(共修)의 일반적인 규칙으로 삼을 것을 제의합니다. 이에 대한 설명은 다음과 같습니다.

자기 스스로 하는 수행이란 하루 동안 아홉 차례 부처님 명호(佛號)를 열 마디 소리 내어 염하는 법을 말합니다. 즉 아침에 일어나서 한 차례, 잠들기 전 한 차례, 세끼 공양 때 각각 한 차례씩, 그리고 오전 일을 시작할 때와 마칠 때, 오후 일을 시작할 때와 마칠 때 각각 한 차례씩 모두 아홉 차례입니다. 매 차례마다 4자字 혹은 6자 아미타불 명호를 열 마디 소리 내어 부르는 것인데, 본래부터 해오던 일상의 정해진 수행일과와 목표량(定課)은 같게 행하면 됩니다.

함께 더불어 하는 수행이란 경전을 강의하든, 법회를 열든,

대중공양을 하든 특별히 정해진 의규儀規가 아닌 대중 집회를 진행할 때, 그 시작 때에 십념법十念法을 행하는 것을 말합니다. 또한 대중과 함께 합장하고 한 목소리로 "나무아미타불"을 열 마디 소리 내어 부른 다음에 강연·법회·대중공양 등의 활동을 진행하는 것을 말합니다.

자기 스스로 하거나 다 같이 하는 십념법대로 수행하면 특별한 법익法益이 있는데, 아래와 같습니다.

1. 이 법은 간단하고 행하기가 쉬우며, 짧은 시간에 효과를 대단히 크게 거둘 수 있고, 확실하고 절실하여 오래도록 폭넓게 행할 수 있습니다.

2. 이는 "불법을 가정에 두루 활용하는(佛法家庭)" 구체적이고 효율적인 방법입니다. 예를 들어 가정에서 세끼 식사 때마다 이를 행하면, 이 법을 믿든 믿지 않던 가족 구성원 모두 빠짐없이 가피(攝持)를 입을 뿐만 아니라, 부처님의 교화(佛化)를 받은 친척친구, 이웃사람들이 생기게 되어 사회에 널리 퍼지는 큰 이익이 있습니다.

3. 이 법은 간단하고 행하기가 쉬워서 하루 아홉 차례 행하면 아침부터 저녁까지 종일토록 부처님의 기운이 끊어지지 않습니다. 하루 생활하는 가운데 부처님의 생각이 계속 이어져서 하루 또 하루 오래도록 이와 같이 염불을 계속할 수 있으면 수행인의 기질과 심성이 차츰차츰 청정해지고 신심과 법락法樂이 생겨나니, 그 복이 많아 다함이 없습니다.

4. 만약 인연에 수순하고 사이좋게 지내면서 부처님 명호를 열 마디 소리 내어 부른다면, 섞이고 물듬(雜染)을 제거할 수 있고, 생각을 맑고 깨끗하게 하며, 정신을 모아서 도를 닦는

데 전념할 수 있으며, 나아가 하는 일(所辦)마다 쉽게 성사되고, 만나는 환경(所遇)마다 좋은 징조가 있으며, 부처님의 가피를 입으며, 불가사의한 공덕이 있을 것입니다.

5. 스스로 하는 수행과 다 같이 하는 수행은 서로 도움을 주고 서로 융합하여 자량資糧을 모으니, 개인의 왕생극락도 손 안에 있고, 공동으로 하는 보살대업도 다함께 이루어집니다.

6. 이 법은 두 가지 법으로 이름할 수 있습니다.

1) "정업가행십념법淨業加行十念法"으로 이미 정해진 일과를 행하고 있는 수행자들을 위한 것입니다. 본래부터 해오던 수행 일과와 목표량(課業)에 더욱 분발하여 증진 수행(加行)하는 것이기 때문입니다.

2) "간요필생십념법簡要必生十念法"으로 이 법은 지금 또는 앞으로 정업을 닦는 학인들 가운데 대부분 정해진 일과가 없는 사람들에게 알맞습니다. 오늘날 사회가 점차 변화함에 따라 매우 바빠 여유가 없으므로 법을 행하기에 걸림도 많고 어려움도 많기 때문입니다.

그러나 이 법은 자량資糧을 모으기가 쉽고, 믿음과 발원으로 그것을 행하기 때문에 쉽고 원만히 갖추어져 있습니다. 또한 "육근을 모두 거두어 들여 청정한 생각이 이어지게 한다(都攝六根 , 淨念相繼)."는 표준에도 아무런 흠이 없이 잘 부합한다고 할 수 있습니다.

이는 매번 염불하는 시간이 짧아 마음을 거두어들이기가 쉽고 나태해지지 않기 때문입니다. 또한 아홉 차례 염불로 공덕을 짓는 수행(功行)이 하루 종일 균형 있게 분포하여 관통하기 때문에 종일토록 몸과 마음이 부처님이 되지 않을 수 없습니다. 즉 하루종일 '생활을 염불화'하고, '염불을 생활화'하는 것입니다.

종합해 말하면, 이 법은 간단명료하고 행하기가 쉬우므로 막혀서 어려움을 겪는 고통이 전혀 없습니다. 만약 이와 같은 법이 크게 행해진다면 정업의 학인들에게도 다행한 일입니다! 미래 중생들에게도 다행한 일입니다! 모든 부처님께서도 기뻐하십니다.

나무아미타불!

1994년 제불환희일諸佛歡喜日
미국 정종학회 사부대중 동륜同倫께서
공경히 권청함.

남이 나를 비방하고 공격할 때
반박하거나 보복하지 말고,
한번 웃어버리고 마음에 두지 않으면
아무 일이 없습니다.
모두 환상이요 꿈이요 거짓된 것이니
한생각 분별심이 일어날 때
"나무아미타불" 염불로 돌리세요.
- 정공 상인

淨空八十九

你今天 당신은 오늘

笑了嗎

미소지었나요

아미타불 현세가피
무량수경 현대 영험록

1판 1쇄 펴낸 날 2016년 11월 14일(미타재일)
1판 4쇄 펴낸 날 2021년 6월 4일

저자 정종학회 **편역** 허만항
발행인 김재경 **편집** 김성우 **디자인** 최정근 **마케팅** 권태형 **제작** 대명인쇄
펴낸곳 도서출판 비움과소통
　　　　경기 평택시 목천로 65-15 송탄역서희스타힐스 102동 601호
　　　　전화 031-667-8739 팩스 0505-115-2068
홈페이지 blog.daum.net/kudoyukjung **이메일** buddhapia5@daum.net
출판등록 2010년 6월 18일 제318-2010-000092호

ISBN 979-11-6016-010-9 03220